법인에게 열리는 가상자산 투자 시대

기업의 투자와 사업 활용 전략

해외법인의 투자 사례 및 내국법인의 투자 방안,
회계·세무·법무·공시·AML/CFT·내부통제까지
실무 완전 해설

김기동 | 이창운

법인에게 열리는 가상자산 투자 시대
< 기업의 투자와 사업 활용 전략 >

초판인쇄 2025년 10월 13일
초판발행 2025년 10월 21일
지 은 이 김기동 이창운
발 행 인 이수형
발 행 처 (주)법률신문사
출판등록 1980.4.22 제6-46호
주 소 서울특별시 서초구 서초대로 396, 1402호
대표전화 02-3472-0602~5
팩 스 02-3472-0606
홈페이지 www.lawtimes.co.kr

ISBN 979-11-5919-054-4(13320)
정 가 45,000원

법인에게 열리는 가상자산 투자 시대

기업의 투자와 사업 활용 전략

저자 소개

김기동

법무법인 로백스 대표변호사

서울대학교 법학과를 졸업하고, 제31회 사법시험에 합격한 후 25년간 검사로 재직하며 금융 및 기업 관련 범죄 수사 분야에서 독보적인 전문성을 쌓았다.

대검찰청 부패범죄특별수사단장, 방위사업비리 정부합동수사단장, 원전비리 수사단장, 서울중앙지검 특수1부장·특수3부장 등 주요 반부패 수사 부서의 책임자를 여러 차례 역임하며 대한민국을 뒤흔들었던 대형 사건들을 성공적으로 이끌었다. 부산지검 동부지청장, 의정부지검 고양지청장, 사법연수원 부원장, 부산지검 검사장 등 주요 보직을 두루 거치며 실무 경험과 전문성을 모두 갖췄다.

현재는 기업 및 금융 분야 전문 로펌인 법무법인 로백스(LawVax, 법률백신이라는 뜻)를 설립해 대표변호사로 활동하고 있다. 변호사로서도 테라·루나 사건, 삼성전자 이재용 회장 사건, 카카오 사건 등 대형 금융 사건의 변론을 맡으며 활발하게 활동하고 있다.

이 책은 디지털자산을 단순히 금융상품으로 보는 것을 넘어, 기업 경영의 새로운 인프라로 정의하는 김기동 변호사의 깊이 있는 통찰을 담고 있다.

그는 25년간 검사로 재직하며 기업의 회계 부정 및 금융범죄를 수사해온 경험을 바탕으로, 가상자산 시장이 내포한 법적 위험을 누구보다 명확하게 분석한다. 특히 대검찰청 부패범죄특별수사단장 등 주요 반부패 수사 부서의 책임자로서 쌓은 노하우는 이 책의 핵심인 기업 내부통제와 리스크 관리 방안에 생생하게 녹아들어 있다.

현재 법무법인 로백스의 대표변호사로서, 김 변호사는 가상자산 관련 최신 판례와 규제 동향을 심층적으로 연구하며 기업의 법률적 고민을 해결하는 데 주력하고 있다. 그는 이 책을 통해 복잡하고 불확실한 가상자산 환경 속에서 기업들이 실질적인 사업 전략을 수립하고, 책임 있는 성장을 이루도록 돕고자 한다. 이 책은 새로운 시대의 흐름을 읽고 선제적으로 대응하려는 기업 경영진과 실무자들에게 필수적인 실전 지침서가 될 것이다.

저자 소개

이창운

(주)리&인사이트 대표

고려대학교에서 상법을 전공하고 석사와 박사 학위를 받았다. 금융감독원에서 30년간 근무하며 자본시장 조사, 증권사 검사, 감독 정책을 두루 경험한 자본시장 전문가이다. 공시심사실, 자본시장조사국 등에서 자본시장 불공정거래 조사 및 기업 공시 심사를 담당했고, 금융투자서비스국, 감독총괄국 등에서는 자본시장 감독 및 정책 수립에 참여했다.

2016년 대검찰청 부패범죄특별수사단에 파견되어 대우조선해양 분식회계 사건을 조사하는 등 기업 회계 부정 및 금융범죄 수사 분야에서 전문성을 발휘했다. 금융감독원에서 비서실장, 감독조정국장, 감독총괄국장 등 주요 보직을 역임한 후 2025년 8월 퇴직했다. 현재는 기업 컨설팅 회사 (주)리앤인사이트(Ri&Insight)를 설립하여 대표이사로 재직 중이다.

학술 활동으로는 "주식회사 이사·집행임원의 제3자에 대한 책임에 관한 연구"(석사), "신탁업 활성화를 위한 법적 개선방안 연구"(박사) 등을 발표했으며, 금융법학회지와 민사법학 등 주요 학술지에 전자자금이체, 지출비용 배상, 금융상품 중개업 규율체계 등 논문을 게재했다.

가상자산이 기업의 핵심 전략으로 떠오른 지금, 많은 기업은 여전히 제도적 불확실성에 고민하고 있다. 이창운 저자는 이들의 고민을 해결하고자 이 책을 집필했다. 금융감독원에서 30년간 자본시장 전문가로 활동한 경험을 바탕으로, 법인의 가상자산 투자 및 사업 진출에 필요한 제도적 해석과 전략적 실행 방안을 명쾌하게 제시한다.

저자는 대검찰청 부패범죄특별수사단 파견 시 대우조선해양 분식회계 조사 경험을 통해 기업의 회계 투명성과 법적 리스크 관리의 중요성을 잘 이해하고 있다. 이러한 경험은 법인 가상자산 투자의 위험 관리를 다루는 이 책에 녹아들어 독자들에게 실질적인 도움을 줄 것이다. 현재 기업 컨설팅 회사 ㈜리&인사이트의 대표로서, 저자는 금융감독원에서의 감독 경험을 기업 현장의 현실과 접목하여 실무자들이 실제로 마주하는 문제들에 대해 구체적이고 현실적인 해결책을 담았다. 이 책은 변화하는 금융 환경 속에서 기업이 가상자산을 단순한 유행으로 치부하는 것을 넘어, 새로운 성장의 기회로 활용할 수 있도록 돕는 실전 지침서가 될 것이다.

P R E F A C E

2025년, 우리는 기업의 디지털자산 투자 시대가 본격적으로 열리는 역사적 변곡점에 서 있습니다. 비트코인과 이더리움 등 주요 디지털자산은 더 이상 투기적 상품이나 신생 기술의 산물이 아닙니다. 이들은 글로벌 금융시장과 기업의 자산 포트폴리오, 심지어 실물경제 내 자산 운용 구조에까지 실질적으로 진입해 미래 산업의 기반이자 전략 자산으로 자리잡았습니다.

지난 2024년은 미국에서 가상자산 시장의 제도화, 회계기준 변화, 자산운용 패러다임 전환이 동시에 촉발된 해였습니다. 미국 회계기준(FASB)의 획기적인 변경으로 기업들은 가상자산의 보유·평가·공시 방식을 투명하게 다듬을 수 있게 되었습니다. 이는 곧 나스닥·S&P500 상장사들이 대규모 자산운용에 나서는 촉매제가 되었습니다.

2025년 7월 미국 의회가 '디지털자산 3법'을 의결하면서 스테이블코인의 제도화, 주요 가상자산의 법적 지위 확립, 거래 규범 정비 등 실질적 규제 환경이 조성됐습니다. 같은 해 8월 미국에선 퇴직연금 계좌에 가상자산 투자를 허용하는 대통령 행정명령이 내려져 비트코인이 역대 최고가를 기록했습니다. 이 모든 변화는 단순히 법적 허용을 넘어, 기업이 디지털자산을 자산 구조, 자금 운용, 사업모델 혁신까지 전략적으로 활용할 수 있는 인프라를 만들고 있습니다.

국내의 변화도 주목할 만합니다. 금융위원회는 2025년 2월 '법인의 단계적 가상자산시장 참여 허용' 방침을 선포했습니다. 비로소 한국 기업들도 가상자산을 재무적·운용적 측면에서 본격적으로 도입할 수 있는 실마리가 보였습니다. 하지만 한국 기업 현장에서는 여전히 회계처리, 세무규정, 공시의무, 내부통제 등 실무적 불확실성이 존재합니다. 이는 자산운용 및 사업 확장에 있어서 주요 고민거리로 남아 있습니다. "시기상조" "규정 미비"라는 의견이 여전히 현실을 지배하고 있지만, 세계와 시장은 이미 혁신의 방향으로 나아가고 있습니다.

가상자산은 이제 기업의 사업모델, 경영 체계, 가치 창출의 근본을 다시 묻는 '인프라 전환'의 기점에 있습니다. 단순한 투자 가능성 확인을 넘어서고 있습니다. 자산의 정의와 활용 방식, 리스크 관리, 경영 전략, 공시 및 투명성 요구 등 전방위적 대응이 요구되고 있습니다. 스테이블코인 등 디지털자산 기반 서비스는 자금관리, 재무구조 혁신, 고객·사업 생태계 확장에 실질적 수단이 되고 있습니다. 특히 실제 기업활동에서는 단순 투자와 보유만이 아니라, 자금 조달 구조 혁신, 유통·결제 시스템 개선, 기존 사업과의 시너지 창출 등이 구체적으로 논의되고 있음을 확인할 수 있습니다.

이런 변화는 경영진, 재무 담당자, 회계·세무·법률 전문가, 리스크 관리자, IT책임자 등의 체계적인 공동 대응을 촉구하고 있습니다. 기존 시스템의 한계를 넘어, 회계기준 명확화, 세무 처리 표준화, 공시 체계 구축 등 프레임 워크의 변화가 시장의 요구로 자리 잡았습니다. 기업 실무자들은 이제 가상자산 투자가 당면한 과제를 넘어, 실질적 사업 기회 창출과 내부 리스크 관리, 시장 변화 대응 등 짜임새 있는 전략을 준비하고 실행해야 합니다.

이 책은 바로 이러한 변화의 한가운데를 가로지릅니다. 이 책은 가상자산이 기업 경영에 미치는 다층적 영향과 실제 활성화 전략을 실무적으로 안내합니다. 단지 '할 수 있다'는 가능성을 다루는 데서 그치지 않습니다. 이 책은 "어떻게 해야 효율과 가치를 높일 수 있는가"를 깊이 설명합니다. 미국, 아랍에미리트(UAE), 한국 등 주요 글로벌 거버넌스 변화와 최신 규제 동향, 실제 대기업과 중견기업 현장의 생생한 사례, 그리고 투자·회계·세무·법무·공시·내부통제에 이르는 모든 실무 프로세스를 체계적으로 정리했습니다.

기업은 이제 관객의 자리에서 벗어나야 합니다. 기업은 변화를 선도하는 창조자가 되어야 합니다. 기술을 자산으로 만들고, 자산을 전략으로 연결하며, 무엇보다 사회적 책임과 투명성 속에서 지속 성장을 꾀할 수 있어야 합니다. 한국 기업들이 글로벌 스탠더드에 부합하는 실질적 해법과 전략 지침을 갖추고,

새로운 시대의 중심에서 디지털자산을 실질적 성장 동력으로 활용하는 데, 이 책이 확고한 길잡이가 되기를 진심으로 바랍니다.

이 책은 많은 분들의 도움으로 만들어지고, 출간되었습니다. 먼저 훌륭한 출판사의 이름으로 이 책을 발간할 수 있게 해주신 법률신문사 이수형 사장님과 김세웅 편집국장님께 감사드립니다. 김대지 전 국세청장님, 백상훈 B&H 세무법인 대표님, 이호능 관세사님, 장형년 세무사님, 한현지 주한UAE 대사관 경제연구관님 등 많은 분들이 자료 제공과 조언을 아끼지 않으셨습니다. 이길성·허진철 금융감독원 국장님, 법무법인 LawVax의 나의엽 기업감사지원센터 부센터장님, 김단·허슬기·고지철 변호사님을 포함한 LawVax의 구성원들이 원고를 정성스럽게 살펴봐 주셨습니다. 모든 분들께 깊은 감사의 말씀을 드립니다.

2025년 9월

공저자 올림

C O N T E N T S

<제1부> 기업과 가상자산: 새로운 연결

<제2부> 해외 기업의 가상자산 투자·사업 사례

C O N T E N T S

<제3부> 기업 가상자산 전략의 공통 기반

C O N T E N T S

<제4부> 가상자산 유형과 사업모델별 전략

<제5부> 가상자산 투자 관련 Q&A

법인에게 열리는 가상자산 투자 시대:
기업의 투자와 사업 활용 전략

제 1 부

기업과 가상자산: 새로운 연결

1

기업 환경의 변화와 가상자산의 재정의

1.1 분산화·디지털 전환의 시장 구조

가상자산은 이제 단순한 거래의 대상을 넘어 기업의 운영 방식과 고객과의 관계를 근본적으로 바꾸는 요소가 되었습니다. Web2 시대의 비즈니스는 기업이 주도했지만, Web3 시대에는 기업과 고객이 함께 만들어가는 구조로 바뀌고 있음을 의미합니다. 이러한 변화는 일시적인 기술적 유행이 아니라, 회사 미래를 결정짓는 큰 흐름임을 기업들은 인식해야 합니다.

Web3의 구조적 특징

Web3[01]는 기존의 Web2와 다음과 같은 구조적 차이가 있습니다.

첫째, 소유권과 통제권이 기업에서 개인으로 넘어갑니다. Web2에서는 기업이 데이터를 수집하고 통제했지만, Web3에서는 사용자가 데이터와 자산을 직접 보유하게 됩니다.

둘째, 인증 방식이 근본적으로 바뀝니다. 기존의 이메일, SNS 계정에 의한 인증 방식을 넘어서 블록체인(Blockchain) 지갑 자체가 신원인증 도구가 됩니다. 회원가입이 필요 없는 서비스, 비중앙화 로그인, 계정 없는 결제 등 다양한 신사업이 가능하게 되었습니다.

셋째, 참여자에 대한 직접적인 보상입니다. Web3는 생태계 성장에 기여하는 참여자(contributor)에게 토큰이나 NFT(Non-Fungible Token, 대체불가능토큰) 권한으로 직접 보상합니다. 이를 통해 사용자가 생태계의 소유자가 되고, 성장을 이끄는 동력으로 기능합니다.

---

01 Web1은 정보를 보기만 하는 시대, Web2는 참여하지만 소유권은 플랫폼에 있는 시대였습니다. Web3는 사용자가 자신이 만든 콘텐츠의 소유권을 직접 가질 수 있는 새로운 인터넷 시대입니다.

Web 진화 상황

구분	Web1 (정보열람)	Web2 (참여 중심)	Web3 (소유 기반)
사용자 역할	정보 소비자	콘텐츠 생산자 겸 소비자	참여자이자 자산 소유자
수익 구조	없음	플랫폼 중심 수익	사용자 보상 중심 구조
인증 방식	ID/PW	이메일/SNS 계정	지갑 기반 인증
운영 주체	중앙 서버	플랫폼 기업	커뮤니티(DAO* 등) * DAO(Decentralized Autonomous Organization, 탈중앙화자율조직)

Web3의 실제 사례들

Web3는 이미 수많은 프로젝트와 기술을 통해 우리 삶에 들어와 있습니다. 대표적인 사례는 다음과 같습니다.

ENS(Ethereum Name Service)**는 복잡한 지갑 주소를 바꾸고 있습니다.** 기존 인터넷이 복잡한 IP 주소 대신 'www.example.com'과 같은 도메인을 사용했듯이, ENS는 복잡한 가상자산 지갑 주소를 'yourname.eth'처럼 기억하기 쉬운 이름으로 바꿔줍니다.

Arweave(아르위브)**는 '영구적으로 보존되는 인터넷'을 만듭니다.** 기존 서버는 사용료를 내야 파일이 유지되지만, Arweave에 저장된 데이터는 한 번 저장하면 영구적으로 보존됩니다. 논문, 기록물, 공공데이터 등을 저장하는 데 유용합니다.

Filecoin은 '남는 저장공간을 빌려주는 클라우드'입니다. 데이터를 저장하려는 사람과 저장공간을 제공하려는 사람을 중앙 서버 없이 연결하는 탈중앙화된 파일 저장 시장입니다.

Web3를 구성하는 핵심 기술

블록체인, 스마트 계약(Smart Contract), 분산 저장(Distributed Storage), 지갑 기반 인증 이 네 가지 핵심 기술과 토큰화(Tokenization) 구조가 Web3 생태계의 기반이 됩니다. 이러한 기술들은 단순히 한 가지 기능을 제공하는 것이 아니라, 서비스 설계 자체를 바꾸는 핵심 모듈로 작용합니다.

- **블록체인:** 데이터를 중앙 서버가 아닌 분산 네트워크에 기록하여, 거래의 투명성과 신뢰성을 보장합니다.
- **스마트 계약:** 정해진 조건에 따라 자동으로 계약이 이행되고 정산되는 구조를 만듭니다.
- **분산 저장:** 중앙 서버에 의존하지 않아 해킹이나 검열 위험이 적고, 콘텐츠의 진위를 검증할 수 있습니다.
- **지갑 기반 인증:** 개인 맞춤형 서비스를 제공하고, 해킹으로부터 계정을 안전하게 보호합니다.
- **토큰화 구조:** 자산, 포인트, 권한 등을 토큰화하여 새로운 비즈니스 모델을 설계할 수 있습니다.

Web3, 실물경제와 연결되다

Web3는 시장 구조 자체를 변화시키고 있습니다. 이미 수많은 글로벌 브랜드, 게임사, 핀테크, 콘텐츠 플랫폼들이 **NFT, 스테이블코인, DAO**를 활용해 새로운 시장을 만들어가고 있습니다.

이러한 흐름은 기술적 실험을 넘어, 실물경제와도 밀접하게 연결되고 있습니다. 그 대표적인 사례가 바로 DePIN, RWA, 그리고 ZK 인증 기반 서비스입니다.

DePIN(Decentralized Physical Infrastructure Network, 탈중앙 물리 인프라 네트워크)은 물리적인 인프라를 개인이 직접 구축하고 토큰으로 보상받는 구조입니다. 대표적인 사례인 Helium(헬륨) 프로젝트에서는 개인이 와이파이 공유기와 비슷한 '핫스팟' 장치를 설치해 무선 네트워크 범위를 확장하는 데 기여하고, 그 대가로 토큰을 받습니다. 이 모델은 통신망, 전기차 충전소와 같이 기존에 정부나 대기업이 독점적으로 운영하던 인프라를 개인이 참여해 분산 운영하는 새로운 방식을 가능하게 합니다.

RWA(Real World Assets, 실물연계자산)는 부동산, 미술품, 채권 등 기존의 실물자산을 토큰화해 블록체인에서 거래할 수 있는 가상자산으로 바꾸는 기술입니다. 고가의 실물자산을 소액으로 분할 소유하거나 담보로 활용할 수 있게 되어, 가상자산 생태계와 실물경제를 효과적으로 연결하게 됩니다.

ZK 인증 기반 서비스(Zero-Knowledge Proof, ZKP)는 영지식 증명(ZKP) 기술을 활용하여 개인정보를 노출하지 않으면서도 특정 사실을 증명할 수 있게 해줍니다. 즉, '내가 자격을 갖췄다'는 사실만을 증명하고, 이를 위한 생년월일이나 주민등록번호 등 정보는 공개하지 않습니다. 이러한 강력한 프라이버시 보호 기능 덕분에 ZK 인증은 금융, 의료, 투표 등 다양한 서비스의 중요한 기반 기술이 될 수 있습니다.

기존 기업들이 수직 통합으로 사용자를 플랫폼 안에 묶어두려 했다면, **Web3는 수평적 연결 구조가 본질**입니다. 기업은 앞으로 '플랫폼을 만드는 주체'가 아닌 '플랫폼에 참여하는 주체'로 전환될 수밖에 없습니다. 따라서 기업은 단순히 기술을 연결하는 API(Application Programming Interface, 소프트웨어 간 소통 규칙과 도구) 통합을 넘어, 권한과 가치를 나누고 리스크를 함께 관리하는 방식으로 사업구조를 재설계해야 합니다.

이미 많은 기업들이 이러한 방향으로 움직이고 있습니다. 글로벌 콘텐츠 기업은 NFT 기반 멤버십을, 핀테크 기업은 자체 스테이블코인 결제를, 소비재 기업은 DAO 투표를 통한 브랜드 공동운영을 실험하고 있습니다.

Web3 전략은 새로운 기술을 도입해 매출을 늘리려는 것이 아니라, **'사용자와의 관계'**를 새롭게 만드는 데 있습니다. 기존에는 기업이 일방적으로 제품을 제공하고 소비자는 이를 사용하는 구조였다면, Web3에서는 **사용자가 브랜드 운영에 참여하고 보상을 받으며 함께 성장하는 구조**로 바뀝니다. 이러한 관계 속에서 고객은 더 자주 참여하고, 자발적으로 브랜드를 홍보하게 됩니다.

Web3는 기술 혁신이 아닌 **비즈니스 구조의 혁신**이며, 가상자산은 이 구조 안에서 작동하는 자산, 데이터, 참여의 통합 단위입니다. 기업은 Web3의 본질을 기술 도입이 아닌 시장 구조 설계의 관점에서 접근해야 하며, 지금이 바로 그 전략적 전환의 출발점입니다.

1.2 가상자산은 자산인가 인프라인가

가상자산은 이제 단순한 투자 대상이 아니라, 사업의 기반을 구축하고 사용자를 연결하는 '인프라적 자산'으로 진화하고 있습니다.

자산으로서의 기능

회계상으로 가상자산은 무형자산, 재고자산, 금융상품 등으로 분류됩니다. 기업이 가상자산을 보유하는 것만으로도 회계 평가 의무가 발생하며, 가상자산 거래를 통해 이익을 얻었을 경우 세금 납부 의무가 발생합니다. 비트코인이나 이더리움을 보유할 경우, 시세가 떨어지면 평가손실이 발생할 수 있고, 2024년부터는 강화된 공시 의무에 따라 이를 공시해야 합니다. 이러한 특성 때문에 가상자산은 **자산운용 전략**이나 재무구조를 조정하는 수단으로 활용되기도 합니다.

인프라로서의 기능

가상자산이 담긴 스마트 계약은 거래 조건을 자동으로 실행하고, DAO의 의결 시스템은 참여자 간 권한을 분배하며, NFT는 서비스의 사용자 권리를 부여하는 기능을 합니다. 이 모든 기능은 토큰이나 NFT라는 '자산'을 통해 구동됩니다. 즉, **자산이 곧 시스템이자 시스템이 곧 자산**인 셈입니다.

예를 들어, 고객이 NFT를 소지함으로써 특정 상품을 구매하거나 이벤트에 참여할 수 있다면, 이 NFT는 단순한 거래 자산을 넘어 하나의 '접근 권한'이자 '데이터 인증 수단'이 됩니다. 즉, 가상자산은 플랫폼에 대한 사용 권한을 구조화하는 도구입니다.

기업 전략의 핵심: '보유 여부'가 아니라 '역할 부여'

이처럼 가상자산은 자산으로서의 특성(관리와 통제의 대상)과 인프라로서의 특성(설계와 활용의 대상)을 분리하여 이해할 수 없습니다. 기업은 이 두 가지 특성을 동시에 다루는 전략적 접근이 필요합니다.

미국의 Strategy(스트래티지, 구 MicroStrategy)는 원래 소프트웨어 기업이었지만, 비트코인을 대량으로 보유하는 전략을 채택하면서 이 회사에 대한 평가, 즉 기업가치 평가 모델 자체를 바꾸어버렸습니다. 반면, **스타벅스**는 'Odyssey(오디세이)' 프로젝트를 통해 로열티 시스템 전체를 NFT 인프라로 재설계하여 고객 경험과 생애 가치를 크게 향상시켰습니다.

기업이 가상자산을 도입할 때 가장 먼저 결정해야 할 것은 어떤 역할을 부여할 것인가입니다. 이를 위해서는 회계, 기술, 법률, 리스크, 전략 등 다양한 요소를 한데 모아 종합적으로 논의해야 합니다. 가상자산은 특정 부서만의 문제가 아닌, **회사 전체의 사업구조를 재설계**하는 중대한 이슈이기 때문입니다.

1.3 기업이 참여해야 할 이유: 경쟁·혁신·생존 요인

> 한때 기술기업이나 개인 투자자들의 영역이었던 가상자산은 이제 금융기관과 대기업들까지 참여하는 거대한 흐름이 되었습니다. 기업이 여기에 참여하지 않으면 새로운 생태계에서 주도권을 잃거나 도태될 수 있습니다. 이제 고민할 것은 참여 여부가 아니라, '어떻게 설계하고 실행할까'입니다.

굳이 기업이 왜 지금 Web3에 참여해야 하는지 묻는다면 다음과 같이 답할 수 있습니다.

첫째, 시장 구조가 바뀌어 기업의 생존 방식 자체를 변화시킵니다. Web3 환경에서는 기업이 고객 데이터를 직접 수집하고 관리하기 어려워지면서, 기존의 광고 중심 마케팅, 플랫폼 기반 유통, 계정 기반 CRM (Customer Relationship Management, 고객관리) 전략은 점점 힘을 잃게 됩니다.

둘째, 신뢰의 방식이 중앙집중형에서 분산형으로 이동하고 있습니다. 과거에는 브랜드나 기관의 보증이 신뢰의 기반이었다면, 이제는 블록체인에 기록된 투명한 정보, 스마트 계약에 기반한 자동 실행, 커뮤니티의 검증이 신뢰를 대신합니다.

셋째, 자산 구조 혁신이 비용 구조를 바꿔줍니다. NFT를 통해 멤버십 시스템을 운영하면, 카드 발급, 관리, 회수에 들어가는 물리적 비용을 없앨 수 있습니다. 스테이블코인을 활용한 해외 결제는 중개 수수료, 환전 비용, 정산 기간을 모두 줄여줍니다.

넷째, 이용자 참여 구조가 전환되고 있습니다. Web3에서는 고객이 소비자에 머무르지 않고, 브랜드의 생산자, 전파자, 설계자로 적극 참여합니다. DAO, NFT 커뮤니티, 파트너십 토큰 등을 통해 참여가 자산으로 보상되는 새로운 구조가 기업 외부에서 자율적으로 형성되고 있습니다.

다섯째, 가상자산 규제 도입이 오히려 참여의 근거가 되고 있습니다. 초기에는 법제 미비가 기업 참여의 걸림돌이었지만, 이제는 국내외에서 제도화가 본격화되고 있습니다. 역설적으로 이는 기업이 합법적이고 정당한 방식으로 시장에 참여할 수 있는 명확한 길을 열어주고 있습니다.

여섯째, 경쟁 기업들은 먼저 움직이고 있습니다. 수많은 글로벌 상장기업이 이미 비트코인을 보유자산으로 편입했고, 소비재, 패션, 게임 산업에서는 NFT를 활용한 사용자 Lock-in 전략(락인전략, 사용자를 묶어두기 위한 전략)이 전 세계적으로 확산되고 있습니다. 한국 기업이 회계기준이나 법률 문제를 이유로 머뭇거리는 동안, 글로벌 경쟁사들은 이미 실행과 학습을 반복하며 앞서 나가고 있습니다.

일곱째, 내부 혁신의 계기로 작용합니다. NFT를 도입하면 기존 CRM을 재설계하게 되고, DAO와 제휴하면 내부 권한 구조를 다시 들여다보게 됩니다. 스테이블코인을 정산 수단으로 도입하면 회계팀, IT팀, 법무팀이 함께 모여 기업의 혁신을 이야기하게 됩니다.

2

한국의 법인 투자 제한: 규제 장벽과 제도 진화

2.1 한국 법인 투자 금지의 역사

한국은 가상자산 시장이 빠르게 성장하고 개인 투자자들의 참여율도 매우 높은 나라였지만, 법인이 가상자산을 보유하거나 투자하는 것은 사실상 제한되어 왔습니다. 그러나 최근에는 법인도 특정 조건을 충족하면 가상자산을 보유할 수 있는 방향으로 제도가 변화하고 있습니다.

사실상의 금지

국내 어떤 법률에서도 명시적으로 법인의 가상자산 보유를 금지하고 있지 않지만, **불확실한 회계, 세무, 공시 기준** 때문에 기업들은 가상자산 보유를 꺼려 왔습니다.

이러한 불확실성은 **2017~2018년 가상자산 시장이 과열되었을 때 시작**되었습니다. 당시 정부는 투기 억제를 위해 법인의 가상자산 투자에 대해 부정적인 입장을 보였습니다. 금융위원회는 '법인의 가상자산 투자 또는 거래는 바람직하지 않다'는 입장을 여러 차례 밝혔습니다. 이 발언은 법적 구속력은 없었지만, 기업에는 강력한 신호로 작용했습니다. 특히 상장기업들은 금융감독원의 공시 가이드라인과 회계감사 과정에서 이러한 보수적 입장을 간접적으로 경험했고, 가상자산 관련 사업을 스스로 제한하는 분위기가 형성되었습니다.

가장 큰 장벽은 **회계기준의 부재**였습니다. K-IFRS에서는 가상자산을 무형자산으로 분류할 수 있었지만, 비상장 토큰이나 변동성이 높은 자산에 대해서는 가치 하락에 따른 손상 회계처리나 감사 문제로 이어질 수 있었습니다.

세무 측면에서도 명확한 기준이 없었습니다. 법인이 보유한 가상자산에 대한 과세 기준, 양도차익 계산법 등이 통일되지 않아 스타트업과 벤처기업에 큰 부담이 되었습니다. **공시 기준**도 불명확했습니다. 가상자산의 가치 변동을 공시하는 방법이나 기준이 없어, 상장기업들은 공시 의무를 제대로 이행하기 어려웠습니다.

AML(Anti-Money Laundering, 자금세탁방지) 규제도 영향을 미쳤습니다. 2021년 개정된 「특정 금융거래정보의 보고 및 이용 등에 관한 법률(특정금융정보법)」은 가상자산사업자(VASP, Virtual Asset Service Provider)에게 실명 확인 입출금계정을 통한 거래, AML/CFT(Combating the Financing of Terrorism, 테러자금조달방지) 시스템 구축, 내부통제 강화, 의심거래보고 등을 요구했습니다. 이로 인해 실명 확인 입출금계정을 통하지 않는 원화-가상자산 거래가 전면 금지 되었으며, 실명 확인 입출금계정이 발급되지 않는 법인은 일반 거래소에서 실물자산처럼 자유롭게 거래하는 것이 사실상 어려워졌습니다.

일부 기업들은 투자 목적이 아닌 기술 개발이나 고객 보상(reward) 테스트 명분으로 소액의 가상자산을 보유하기도 했지만, 극히 제한적인 범위에서 이루어졌습니다. 실질적인 투자나 장기 보유는 시도조차 어려웠습니다.

국내 **스타트업**의 경우, 테스트 목적으로 NFT를 발행하거나 DAO 커뮤니티에 참여한 사례가 있었지만, 대부분 회계처리나 감사에 어려움을 겪으면서 기업 내부에서도 별도 사업구조로 격리되어 있었습니다.

특히 **상장기업**은 공시 기준과 회계처리 방식이 더욱 엄격하게 적용됩니다. 이 때문에 가상자산과 관련된 모든 행위는 감사 거절, 투자자 불신, 금융당국의 반복적인 질의 대응 부담으로 이어질 수 있었습니다. 결국, 기술 도입 역량이 충분하더라도 실행에 많은 제약이 따랐습니다.

변화의 신호: 2023년 이후 정책 전환

변화의 실마리는 2023년 말부터 본격화되었습니다. 금융위원회가 **「가상자산 이용자 보호 등에 관한 법률**(가상자산 이용자 보호법)**」**을 마련하고, 회계기준원과 기업회계기준심의위원회가 공동으로 **「가상자산 회계처리 감독지침」**을 제정·시행하면서, 정책 기조가 '금지에서 관리'로 전환되기 시작했습니다.

2024년부터는 K-IFRS와 일반기업회계기준(K-GAAP)을 적용하는 모든 기업에 **「가상자산 회계처리 감독지침」**이 적용됩니다. 이 지침에는 자산 분류, 손상검사, 공정가치 평가, 공시 방식 등이 규정되어 있습니다. 특히, K-IFRS 제1001호(재무제표 표시) 개정안에 따라 **가상자산 주석 공시 기준**도 정비되었습니다.

금융위원회도 '기술적 목적의 가상자산 보유는 사업구조 내에서 수용될 수 있다'는 변화된 입장을 밝혔습니다. 이를 계기로 가상자산의 회계 및 공시 반영이 실무적으로 가능해지는 제도 환경이 마련되고 있습니다.

2025년 현재, 법인의 가상자산 투자나 보유가 아직 '포괄적으로 허용'된 것은 아니지만, VASP·비영리기관 등을 중심으로 가상자산 매매 실명계좌 발급이 단계적으로 허용되기 시작했습니다. 예를 들어, **NGO 단체 월드비전**(World Vision)은 기업 명의로 이더리움을 매도한 첫 사례입니다.

과거에는 '보유 자체가 금기'였다면, 이제는 '사업구조와 내부통제 요건을 충족하면 제한적으로 허용되는 보유'로 바뀌고 있습니다.

2.2 회계·세무·공시 장벽: 실무상 부담 요인

기업이 가상자산을 보유하고 활용하는 데 있어 가장 큰 걸림돌은 회계, 세무, 공시와 관련된 제도적 불확실성입니다. 명확한 기준이 부재하거나 불완전한 제도적 환경은 우리 기업의 Web3 및 가상자산 기술 내재화와 글로벌 경쟁력을 저해하는 요인으로 작용해 왔습니다.

회계기준의 불확실성과 손상 리스크

2024년부터 적용된 **「가상자산 회계처리 감독지침」**에 따르면, 가상자산은 원칙적으로 **무형자산**으로 분류됩니다. 그러나, 보유 목적이나 거래 방식에 따라 **재고자산** 또는 **금융상품**으로도 처리할 수 있어 하나의 자산 분류로 일관되게 처리하기 어렵습니다. 예를 들어, 동일한 비트코인이라도 단순 보유, 투자 목적, 중개 목적 등에 따라 회계처리가 달라질 수 있습니다. NFT와 같이 유동성이 낮고 표준화되지 않은 자산은 분류 자체가 어려운 경우도 많습니다.

무형자산으로 분류될 경우, 가상자산의 가치가 상승해도 재무제표에 반영되지 않습니다. 반대로 가치가 하락하면 손상차손을 인식해야 하므로, 회계상 수치와 실제 가치 간에 괴리가 발생할 수 있습니다. 특히 시가 산정이 어려운 비상장 가상자산의 경우, 이러한 괴리는 더욱 두드러져 감사 과정에서 판단의 불확실성을 키울 수 있습니다.

과세 유예와 해석의 불확실성

세무 영역에서는 제도적 공백과 실무적 불확실성이 여전합니다. 당초 2025년 1월 시행 예정이던 가상자산 소득 과세는 2027년으로 유예되었고, 이로 인해 가상자산 소득에 대한 체계적인 과세 기준이 아직 정립되지 않았습니다.

물론 일부 유권해석이나 사전답변 사례가 있지만, 소득 인식 시점, 손익 귀속 기준, 수익의 실현 여부 등 주요 쟁점에 대한 명확한 기준은 아직 마련되지 않았습니다.

특히 기업이 **스테이킹**(staking, 자산 예치 보상) **보상이나 Airdrop**(에어드롭, 무상 토큰 배포)으로 토큰을 받는 경우, 과세 기준의 불확실성은 더욱 커집니다.

- **스테이킹 보상:** 수령 시점에 과세 대상이 되는지, 아니면 보유 중인 미실현 수익으로 간주해야 하는지에 대한 기준이 일관되지 않습니다. 기획재정부는 최근 일부 유권해석을 통해 스테이킹 보상을 수령 시점의 시가로 평가해 기타소득으로 과세하는 방안을 검토 중이라고 밝혔지만, 확정된 입장은 아닙니다.

- **Airdrop:** 사용자가 인지하지 못한 상태에서 자동으로 지갑에 지급되는 경우, 실질적으로 통제하지 못했음에도 과세 의무가 발생한다는 문제가 있습니다. 미국 IRS(Internal Revenue Service, 국세청)의 경우 '실질적 통제 가능성'을 기준으로 과세 여부를 판단하지만, 한국은 아직 이러한 기준이 불명확합니다.

NFT 또한 마찬가지입니다. 거래 대상이 자산인지, 콘텐츠인지, 디지털 권리인지에 따라 과세 항목이 달라질 수 있습니다. 2차 유통 시 발생하는 로열티[02] 수익을 기타소득, 사업소득, 저작권 사용료 중 무엇으로 분류할지에 대한 기준도 명확하지 않습니다.

이러한 세무상의 불확실성은 기업이 가상자산을 사업구조에 포함하는 것을 꺼리게 만드는 주요 원인이 됩니다.

공시 체계의 불완전성과 감사 리스크

2024년 K-IFRS **제1001호**(재무제표 표시) **개정**으로 가상자산 관련 주석 공시 기준이 강화되었습니다. 하지만 가상자산의 복합성과 시장의 빠른 변화로 인해, 세부적인 공시 형식이나 내용은 여전히 기업의 자율적 해석에 맡겨진 부분이 많습니다.

이러한 '기업 자율'은 때로 공시 누락으로 이어질 수 있고, 이는 공시 의무 불이행으로 간주되어 **'감사의견 거절'** 등 위험을 초래할 수 있습니다. 실제로 여러 상장기업이 가상자산 보유 사실이나 NFT 기반 로열티 체계를 사업보고서에 명시하지 않아 투자자와 감사인 간의 정보 비대칭이 심화된 사례가 있습니다.

---

02 로열티란 NFT가 2차 시장에서 거래될 때마다, 미리 설정해 놓은 비율로 NFT의 원작자나 지정된 권리자에게 수익이 발생하는 구조를 의미합니다.

회계, 세무, 공시 체계의 미비는 **기업에게 리스크**로 작용하여 기업들은 가상자산을 직접 보유하기를 꺼립니다. 필요한 경우 외부 위탁이나 해외법인을 통하여 **간접적으로 보유**하거나, 관련 사업을 **'기술 실험' 수준**으로 제한하고 있습니다. 이는 한국 기업의 기술 내재화와 **글로벌 경쟁력을 저해**하는 요인이 되고 있습니다.

그러나 기업 입장에서는 '해석의 공백을 실무 설계로 어떻게 메울 것인지' 전략적으로 접근할 필요가 있습니다. 가상자산 관련 리스크를 미리 진단하고, 내부 지침을 수립하며, 필요시 별도 관리조직을 마련하는 등 체계적인 준비를 통해 제도적 불확실성을 선제적으로 극복하는 기업만이 시장에서 경쟁력을 확보할 수 있기 때문입니다.

2.3 법 개정과 정책 변화: 점진적 허용 방향

2025년 현재, 금융위원회, 금융감독원, 기획재정부는 법인의 가상자산 활용을 제도권 안에서 수용하려는 움직임을 보이고 있습니다. 이제 국내 기업도 가상자산 투자를 준비해야 하며, 이러한 준비를 갖춘 기업만이 변화하는 시장에서 실질적인 기회를 잡을 수 있습니다.

가상자산 이용자 보호법: 실무 인프라 정비의 시작

이러한 변화의 핵심은 2024년 7월부터 시행된 가상자산 이용자 보호법입니다. 이 법은 **VASP의 의무와 감독을 명시**하며, 법인이 제도화된 거래소를 통해 가상자산을 거래할 수 있는 환경을 마련했습니다.

위 법률에 따라 거래소는 고객자산 분리보관, 원화 예치금 보호, 이상 거래 감시, 보험 가입 등의 의무를 지게 되었습니다. 이는 거래소를 제도적으로 신뢰할 수 있는 대상으로 바꾸는 중요한 전환점이 되었습니다. 그 결과, 가상자산 거래나 투자를 하는 법인은 회계감사 과정에서 보유자산이 실제로 존재하며(실재성), 거래 상대방이 믿을 수 있는 제도권 거래소라는 것을 쉽게 증명할 수 있게 되었습니다.

디지털자산기본법: 포괄적 규율체계의 초석

근본적인 제도 기반은 2025년 입법을 목표로 준비 중인 「디지털자산기본법」을 통해 마련될 전망입니다. 이 법안은 가상자산의 정의와 분류, 자산별 규율 원칙, 생태계 주체의 의무, 감독 기관의 권한, 시장 질서 유지 등 **전반적인 규율 체계를 포괄적으로 정립**하는 것을 목표로 합니다.

특히 이 법은 기존 자본시장법의 틀에 얽매이지 않고 **비증권형 토큰**(결제형, 유틸리티, NFT 등)**에 대한 독립적인 규제 체계**를 구축하려 합니다. 이러한 접근은 기업의 자산 운용 및 사업구조 개발에 의미 있는 기회를 제공할 것입니다.

이 법안과 관련하여 다음과 같은 주요 내용이 검토되고 있습니다.

- 디지털자산의 정의 및 적용범위
- 디지털자산 매매업, 중개업 등 업권별 진입규제
- 이해상충 관리, 정보교류 차단 등 업권별 행위규제
- 발행, 유통, 공시규제

단순히 '가상자산의 보유 허용 여부'를 규율하는 것을 넘어서서, '제도권 내 법인의 가상자산 보유·발행·운용을 명시적으로 인정'하는 구조적 전환을 의미합니다.

STO 제도화와 기업 참여의 조건

우리나라의 STO(Security Token Offering, 토큰증권 발행) 제도는 아직 초기 단계지만 점차 제도적 틀이 갖춰지고 있습니다. 금융위원회는 2023년 **「토큰증권 발행·유통 규율체계 정비방안」**을 발표하여 토큰증권이 자본시장법상 '증권'에 해당함을 명확히 했고, **발행**은 '계좌관리기관'을 통해 관리하는 구조를 제시했습니다. 발행인도 일정 요건을 충족하면 '발행인 계좌관리기관'으로 등록해 자기 발행 증권을 직접 등록·관리할 수 있도록 할 예정입니다. 유통은 금융위 인가를 받은 장외거래중개업자와 한국거래소가 개설하는 디지털증권시장을 통해 이루어지는 이원적 방식으로 설계되고 있습니다.

현재 일부 토큰증권은 금융위 사전 검토를 거쳐 시범 발행 단계에 있으며, 예탁결제원의 전자등록 시스템('프로젝트 펄스')과 코스콤 플랫폼을 중심으로 시범 발행·모의 유통 테스트가 진행되고 있습니다. 이를 통해 기업은 비상장 지분증권(주식)과 부동산 수익증권 등 조각투자형 증권 등을 토큰 형태로 발행·유통할 수 있는 길이 열리고 있습니다. 제도는 **단기적으로는 장외 유통 중심**으로, **장기적으로는 상장 시장과의 연계**를 통해 확장되는 흐름을 그리고 있습니다.

그러나 **해결해야 할 과제**도 적지 않습니다. 무엇보다 증권성 판단 기준이 여전히 불명확하고, 발행·유통을 뒷받침할 계좌관리기관·유통플랫폼·수탁기관·공시체계 등 인프라가 완전히 정비되지 않았습니다. 또한, 발행·유통 가능한 토큰증권의 범위가 제한적이며, 지분증권과 수익증권은 허용되지만 채무증권 발행 여부는 불확실하고, 상장증권·예탁증권(DR)·파생결합증권 등에 대해서는 제외됨이 명확히 제시되었습니다. 더불어 투자자 보호 장치와 결제·청산 안정성 등도 여전히 논의가 필요한 부분입니다.

법인의 가상자산 시장 참여 로드맵

이러한 흐름은 금융당국이 법인의 가상자산 시장 참여를 제도권 안에서 수용하려는 구체적인 계획으로 이어지고 있습니다. **2025년 2월 13일 금융위원회가 발표한 「법인의 가상자산 시장 참여 로드맵」**은 가상자산 거래를 3단계로 허용하는 내용을 담고 있습니다.

"**1단계**로 **법집행기관·비영리법인·가상자산거래소**에 한해 **현금화 목적 거래**를 허용한다", "**2단계**로 **상장회사·전문투자자**의 **투자·재무 목적 거래를 시범적** 허용한다", "**일반 법인의 전면 참여는 외환·세제 정비와 추가 입법 이후** 중장기 과제로 추진한다"는 내용입니다.

특히, 위 로드맵에는 **일반 법인이 시장에 자유롭게 참여하는 마지막 단계**로 넘어가기 위해서는 다음과 같은 선결 과제들이 필요하다고 명시되어 있습니다.

- **2단계 가상자산법 마련:** 현재 시행 중인 가상자산 이용자 보호법은 1단계 법률이며, 이후 VASP의 영업행위 규제, 스테이블코인 규율체계 등을 포함한 '2단계 가상자산법'이 추가로 마련되어야 합니다.
- **외국환거래법 정비:** 국경을 넘나드는 가상자산 거래를 투명하게 관리하기 위해 외국환거래법을 정비하고 모니터링 및 보고체계를 구축해야 합니다.
- **CARF**(Crypto-Asset Reporting Framework) **구축:** OECD가 추진하는 가상자산 과세 목적 거래 정보 교환 체계인 CARF를 도입해, 국제적인 수준의 세금 부과 및 관리 시스템을 마련해야 합니다.

이재명 정부의 가상자산 정책 방향과 국정과제

이재명 정부는 대선 과정에서 가상자산을 **국가 전략자산으로 제도화**하겠다는 방향을 제시하며, △**원화 기반 스테이블코인** 발행 허용, △비트코인 등 주요 **가상자산 현물 ETF** 도입, △부동산·지식재산권 등 실물자산을 토큰화한 **STO**

제도 도입, △투자자 보호 장치를 전제로 한 **조건부 ICO 허용** 등을 공약했습니다.

이어 2025년 8월, 대통령 직속 국정기획위원회는 「국정운영 5개년 계획(안)」을 발표하며 '디지털 자산 생태계 구축'과 '가상자산 시장 선진화'를 주요 국정과제로 포함시켰고, 이를 통해 가상자산 산업을 중장기적으로 육성하겠다는 정부의 전략적 의지를 재확인하였습니다.

이러한 흐름은 현재가 **'규율체계가 정비되는 과도기'**임을 명확히 보여줍니다. 기업들은 더 이상 허용 여부를 묻기보다, 제도 내 참여 요건을 어떻게 설계하고 충족할지를 전략적으로 고민해야 합니다.

3

미국의 법인 투자 제도

3.1 디지털자산 3법: 법인 투자 전환의 분기점

2025년 7월, 미국 하원이 GENIUS Act, CLARITY Act, Anti-CBDC Surveillance State Act를 의결했습니다. 이를 '디지털자산 3법(Digital assets regulatory package)'이라 부릅니다. 이로써 미국은 국내 가상자산 규제 체계를 정비하고, 법인 투자자의 시장 진입을 제도적으로 허용하는 역사적 분기점을 마련했습니다. 2025년 8월 현재 세 법안 가운데 GENIUS Act(상원을 먼저 통과)만 대통령 서명이 이뤄진 상황이며, 세 법은 각각 목적과 내용은 다르지만, 서로 긴밀하게 연결되어 있습니다. 이들은 새로운 디지털 화폐 질서를 미국 중심으로 구축하고, 가상자산 감독기관의 역할을 재배치하려는 일련의 노력을 체계적으로 정비했다는 점에서 중요한 의미를 가집니다.

(1) GENIUS Act

GENIUS Act 주요 내용

구분	주요 내용
법 개요	- 2025년 7월 하원 통과 및 대통령 서명 완료 - 미국 최초의 연방 차원 스테이블코인 규율 법률
주요 목표	- 스테이블코인을 신뢰할 수 있는 회계자산 및 결제수단으로 제도권에 편입, 민간 발행 허용과 동시에 연방 금융당국의 감독체계 구축
대상 자산	- '지급결제용 스테이블코인(Payment stablecoins)': USD 등 명목화폐와 1:1 연동, 현금·단기 국채로 100% 담보, 환매 가능 (알고리즘형·가상자산 담보형은 제외)
발행자 규제	- **은행:** FDIC 가입 은행 → OCC 감독 하 발행 가능 - **비은행:** 재무부 등록 + OCC 승인 필요 - 연방 감독 원칙, 일정 요건 충족 시 주 정부 인가로 규제
준비금 요건 및 보호 장치	- 발행액 100% 현금·현금성 자산 보유 의무, 월간 준비금 내역 공시·외부감사, 환매 권리 법적 보장, 준비금은 분리·파산 격리 계좌에 보관되며, 발행자 파산 시 소비자가 우선 보호
시장 참여 기준	- 발행 총액 제한 없음. 다만, 투명성, 보수적 준비금 운용이 중요 - 복잡한 구조보다는 전통 금융사·결제기업의 단순 구조 스테이블코인만 허용될 전망
시행 절차	- 법 발효 후 180일 내 시행령 마련 기존 USDT, USDC, PYUSD 등도 일정 기한 내 등록 필수

2025년 7월 하원을 통과하고 대통령 서명까지 마친 GENIUS Act(Guiding and Empowering the Nation to Innovate and Utilize Stablecoins Act of 2024)는 스테이블코인을 연방 차원에서 최초로 규율하는 법률입니다.[03] 이 법률을 통해 기업은 스테이블코인을 단순히 결제수단이 아닌 **회계자산**으로 인식할 수 있게 되었고,

03 GENIUS Act는 법 시행일로부터 18개월(2027년 1월 18일) 또는 시행을 위한 최종 규정 발표 후 120일 중 더 이른 시점에 발효됩니다. 우리나라도 이에 맞추어 2025년 10월 '디지털자산혁신법' 발의를 준비 중입니다.

직접 발행이나 사업적으로 활용할 수 있게 되었습니다.

이 법률의 핵심은 **'Payment stablecoins**(지급결제용 스테이블코인)**'**을 민간이 발행할 수 있도록 하되, 연방준비제도이사회(Federal Reserve, 연준)와 재무부, OCC (통화감독청, 재무부 산하 독립 기관) 등 금융 감독기관의 감독하에 두는 것입니다.

'지급결제용 스테이블코인'은 미국 달러 등 명목화폐에 1:1로 연동되며, 현금이나 단기 국채 등 실물자산으로 담보되고 환매가 가능한 **'준비금 기반 스테이블코인**(reserve-backed stablecoin)**'**을 의미합니다. 알고리즘 기반 스테이블코인이나 가상자산 담보형 스테이블코인은 이 범주에서 명시적으로 제외되었습니다.

연방예금보험공사(FDIC)에 가입된 은행은 **OCC의 감독** 아래 발행할 수 있습니다. 비은행 발행자는 **재무부에 등록한 후 OCC의 승인**을 받아야 합니다. 이로써 미국은 민간 기업의 스테이블코인 발행을 허용하면서도, 통화 공급에 따른 위험을 관리할 수 있는 감독체계를 동시에 구축했습니다.

특히, 이번 법률은 연방 수준의 감독을 원칙으로 하되, 일정 요건(미상환 발행액 100억 달러 미만)을 충족하는 발행자에게는 주 정부 인가를 통해 규제를 받을 수 있는 선택지를 제공하여 규제의 유연성을 확보했습니다.

모든 발행자는 발행액에 상응하는 **현금 및 현금성 자산**(미국 재무부 단기증권 등)을 1:1로 보유해야 합니다. 또한, 월간 준비금 내역 공시와 함께 회계감사 법인의 검토 및 CEO/CFO의 인증이 의무화됩니다. **환매 권리**는 법적으로 보장되며, 파산 시 소비자의 자금이 우선 보호되도록 스테이블코인 준비금은 분리·파산 격리 계좌(segregated, bankruptcy-remote account)에 보관해야 합니다. 이외에도 발행·환매 내역에 대한 정기적인 공시 의무와 시스템 리스크 방지를 위한 **감독기관 보고** 요건도 명문화되었습니다.

위와 같이 GENIUS Act는 발행 총액에 대한 직접적인 상한선은 두지 않으면서도, **발행 구조의 투명성과 준비금 운용의 보수성**을 중요한 기준으로 삼고 있습니다.

(2) CLARITY Act

CLARITY Act 주요 내용

구분	주요 내용
법안 개요	- 2025년 8월 현재 하원 통과, 상원 심의 및 대통령 서명을 앞둔 상태 - 가상자산을 '디지털 증권'과 '디지털 상품'으로 명확히 분류하고, 각각 SEC와 CFTC가 담당하는 이중 감독체계 확립
주요 목표	- 기존처럼 SEC가 사후 소송으로 관할권을 주장하던 불확실성을 해소, 발행 초기부터 법적 성격과 감독기관을 명확히 규정
'증권'과 '상품' 분류 기준	- '성숙한 블록체인 시스템(Mature Blockchain System)'을 기준으로 분류 - 성숙도 부족: 디지털 증권 → SEC 감독 - 성숙도 충족: 디지털 상품 → CFTC 감독
절차적 구조	- 발행자는 신규 자산을 법정 기준에 따라 SEC 또는 CFTC에 직접 등록 - 자산의 성격은 발행 시점에 '성숙한 블록체인 시스템' 여부로 확정
법적 근거	- 미국 증권법 관련 하위 테스트(Howey Test)와 연계 • 특정 주체 노력으로 수익 창출 = 증권 • 자율적·분산적 구조 = 상품

거래소 규제	- **디지털 상품 거래소:** CFTC 감독 - **디지털 증권 거래소:** SEC + FINRA 감독 - 거래소는 공시, 커스터디, 내부통제, 이해상충 공개 등 의무
DeFi·DAO 포함	- 일정 조건 충족 시 DeFi·DAO도 등록 대상, 감독 사각지대 축소 효과 기대

가상자산 분류를 위한 이중 감독체계의 도입

CLARITY Act는 모든 가상자산을 '디지털 증권(Digital Securities)'과 '디지털 상품(Digital Commodities)'으로 구분하고, 각각 SEC와 CFTC라는 다른 감독기관을 통해 사전에 법적 지위를 확정하도록 설계되었습니다.

CLARITY Act의 핵심은 **'성숙한 블록체인 시스템(mature blockchain system)'** 여부를 기준으로 '디지털 상품'을 정의하는 것입니다. '디지털 상품'은 ① 성숙한 블록체인 시스템과 본질적으로 연결되고, ② 특정 개인이나 집단이 네트워크를 일방적으로 통제하지 않는 구조를 가지며, ③ 소유권을 부여하지 않는 자산으로 정의되어 CFTC의 관할 하에 놓입니다.

이는 미국 판례상 증권성 판단 기준으로 확립된 **'하위 테스트(Howey Test)[04]'**와 맞닿아 있습니다. 특정 주체의 노력에 따라 수익이 창출되는 구조라면 이는 **'투자계약'**이자 **'증권'**으로 분류되지만, 발행자 등 특정 주체가 네트워크를 통제하지

---

04 하위 테스트는 미국 연방대법원이 특정 거래가 '증권'에 해당하는지 판단하기 위해 만든 기준입니다. 투자, 공동사업, 수익 기대, 타인의 노력 등 4가지 요건을 모두 충족하면 증권으로 간주되어 증권법의 규제를 받습니다. 특히 가상자산이 증권인지 아닌지를 판단할 때 중요한 기준이 됩니다.

않고 시스템이 자율적으로 작동하면, 이는 상품으로 간주된다는 것입니다.

이는 기존처럼 SEC가 소송을 통해 사후에 관할권을 주장하던 방식에서 벗어나, 발행 시점부터 명확한 규제 지위를 확보하게 하려는 중요한 제도적 변화를 의미합니다. 발행자는 새로운 가상자산을 유통하기 전에 그 자산이 '디지털 증권'인지 '디지털 상품'인지에 따라 SEC 또는 CFTC에 등록해야 합니다.

성숙도가 부족하면 해당 자산은 **디지털 증권**으로 간주되어 SEC의 규제를 받고, **성숙도가 충족**되면 **디지털 상품**으로 분류되어 CFTC의 감독 대상이 됩니다. 이렇게 분류 기준이 정교화되면서, 미국 내 법인들은 가상자산을 제도화된 자산군으로 간주할 수 있게 되었고, 투자 가능성과 회계·공시 기준 정립의 전제가 마련되었습니다.

한편, 거래 플랫폼에 대한 등록 요건도 강화됩니다. **디지털 상품 거래소**(Digital Commodity Exchange)는 CLARITY Act에 따라 CFTC의 감독을 받으며, **디지털 증권 거래소**는 기존 증권거래법에 따라 SEC와 금융산업규제청(FINRA)의 감독을 받습니다. 모든 거래소는 공시 의무, 커스터디 기준, 내부통제 체계를 갖추고, 자체 발행 토큰과 관련한 이해 상충을 방지·관리할 수 있는 구조를 구축해야 합니다. DeFi나 DAO 역시 일정 조건을 충족하면 등록 대상이 될 수 있어 감독 사각지대가 해소될 것으로 기대됩니다.

(3) Anti-CBDC Surveillance State Act

Anti-CBDC Surveillance State Act 주요 내용

구분	주요 내용
법안 개요	- 2025년 8월 현재 하원을 통과하여 상원 심의 단계 진행 중 - 연준이 개인 계좌 형태의 중앙은행 디지털화폐(CBDC)를 발행·운영하는 것을 금지
주요 목표	- 정부가 CBDC를 통해 국민의 거래를 감시·통제할 수 있다는 우려를 제도적으로 차단. 자유주의적 통화 질서 확립
주요 금지 조항	- **개인 계좌 개설 금지:** 연준의 개인 계좌 개설 및 금융 서비스 제공 금지 - **연구, 개발 및 통화정책을 위한 사용 금지:** 연준의 CBDC와 이와 유사한 자산 연구 및 통화정책 사용 금지
적용 범위	- 중앙은행이 발행하는 공식 디지털 법정통화에만 적용 - 민간 스테이블코인, 전자화폐, 기존 지급결제수단에는 해당 없음
정치·철학적 배경	- 보수 진영의 정부 불신과 개인 자유 보호 논리에서 출발
시장·전략적 의미	- 공공 CBDC를 금지하면서도 민간 스테이블코인을 제도화하는 시장 중심 통화 전략 채택 - 통화 통제 권한(정부 vs 시장)에 관한 입법적 선언의 의미

Anti-CBDC Surveillance State Act는 미국 연준이 개인 계좌 형태의 중앙은행 디지털화폐(CBDC)를 발행하거나 운영하는 것을 금지하는 내용을 담고 있습니다. 법률 명칭에 '감시(surveillance)'라는 단어가 포함된 것에서 알 수 있듯이, 이 법은 **CBDC가 정부의 사적 거래 감시 수단으로 악용될 수 있다는 우려를 제도적으로 차단**하는 데 목적이 있습니다.

법안의 주요 내용은 다음과 같습니다.

- **개인 계좌 개설 금지:** 연준은 개인에게 계좌를 직접 개설해주거나 금융 서비스를 제공할 수 없습니다.
- **연구, 개발 및 통화정책을 위한 사용 금지:** 연준은 CBDC와 이와 유사한 자산을 연구, 개발, 생성할 수 없으며, 통화정책에 사용할 수 없다.

이러한 금지 조항은 오직 중앙은행이 발행하는 CBDC에만 적용되며, 기존의 전자화폐나 민간의 지급결제수단과는 무관합니다.

이 법안이 제안된 배경에는 미국 내 보수 진영, 특히 공화당 정치인들이 가진 **정부 불신과 사적 자유 보호에 대한 강력한 신념**이 자리 잡고 있습니다. 이들은 CBDC가 도입되면 정부가 국민의 소비 패턴을 추적하거나 특정 지출을 제한할 수도 있다고 우려해왔습니다. 다른 국가들이 공공 디지털화폐를 통해 통화 주권을 강화하려는 흐름과 달리, 미국은 오히려 **민간이 발행하는 스테이블코인을 제도화하고 공공 디지털화폐는 금지**하는 전략을 택한 것이다.

(4) 세 법 간 전략적 조합과 감독기관 구조 개편

이 세 법은 미국 내 가상자산 규제 체계를 근본적으로 재편합니다. **SEC는 디지털 증권**을, **CFTC는 디지털 상품**을 감독하며, **연준과 재무부**(OCC 포함)**는 스테이블코인**을 전담하게 됩니다.

이러한 감독체계 분업화는 가상자산 시대에 맞춰 설계된 미국식 금융감독 프레임워크의 청사진입니다.

미국의 디지털자산 3법과 법인 투자 영향

법 명칭	주요 내용	법인에 미치는 영향
GENIUS Act	스테이블코인 발행 요건 명확화 및 연방 감독체계 도입	직접 발행 및 보유에 대한 법적 근거 마련, 회계 투명성 증대
CLARITY Act	가상자산의 증권/상품 분류 기준 명확화, SEC-CFTC 관할권 정립	자산별 합법적 투자 기준 확보, 사전 리스크 예측 및 설계 가능
Anti-CBDC Surveillance State Act	소매형 CBDC 발행 금지	민간 가상자산의 지급결제 기능 유지, 탈중앙화 금융 기회 확대

이러한 프레임워크가 정립되면서 미국 내 많은 기업, 자산운용사, 핀테크 기업들이 비트코인, 이더리움, USDC 등 주요 가상자산을 회계상 자산으로 인식하고, 이를 투자 포트폴리오에 편입하거나 결제 시스템에 연동하려는 움직임을 보이고 있습니다. 이러한 미국의 규제 프레임워크는 향후 **글로벌 표준 논의의 중요한 기준점이** 될 것이고, **자산 분류 체계, 발행자 요건, 회계 인정 기준** 등은 한국의 제도 설계에도 비교 기준이 될 수 있을 것입니다.

3.2 가상자산 분류 체계 정비: 법인 투자 허용 구조

디지털자산 3법은 가상자산의 법적 정체성을 명확히 함으로써, 법인이 제도권 내에서 가상자산에 투자할 수 있는 길을 열었습니다. 이제 가상자산은 일정한 요건을 충족하면 공식적으로 금융상품으로 인정되며, 법인은 내부통제와 회계기준을 바탕으로 가상자산을 투자 전략에 포함할 수 있는 환경이 조성되었습니다.

법인의 투자 전략은 **사전에 명확히 분류된 자산군 내**에서 설계 가능하므로, 자산운용사의 상품 구성, 상장기업의 자기보유 전략, 벤처투자자의 초기 투자 판단 등에 중요한 변화가 예상됩니다. 미국은 이를 통해 가상자산을 **'투자 가능한 제도권 금융자산'**으로 포섭하는 구조를 정립하고 있으며, 이러한 흐름은 향후 국제 회계기준과 감독체계에도 직접적 영향을 미칠 것으로 평가됩니다.

가상자산 분류 기준 및 법인 투자 허용 구조

분류 기준	자산 유형	감독기관	법인 투자 허용성	주된 기준 요소
디지털 증권	Digital Securities	SEC	증권법 규제 준수 시 허용	발행자의 통제력, 내부자 보유율, 투자계약 여부
디지털 상품	Digital Commodities	CFTC	상품 선물법 규제 준수 시 허용	충분한 분산성, 탈중앙화된 네트워크
지급결제용 스테이블코인	Payment Stablecoins	연준, 재무부, OCC	연방 규제 준수 시 허용	1:1 준비금 보유, 환매권 명시
기타	미승인 가상자산	해당 없음	제한 또는 금지	복잡한 구조, 준비금 미비, 불안정성

트럼프 정부는 '미국 우선주의(America First)' 기조를 가상자산 분야에도 확장하여, 가상자산을 **미국의 경제 성장과 글로벌 리더십을 강화하는 핵심 동력**으로 보고 있습니다.

트럼프 정부는 가상자산 시장의 성장을 가로막는 규제와 세금 부담을 대폭 완화하겠다는 입장도 밝혔습니다. 바이든 행정부에서 제기되었던 **가상자산 채굴에 대한 '디지털 자산 에너지 소비세(DAME)'를 철폐**하고, 개인의 **'자기 수탁권'**을 보장하여 투자자들이 별도 수탁기관의 개입 없이 가상자산을 직접 소유하고 관리할 수 있도록 할 방침입니다.

트럼프 정부의 정책 중 가장 파급력이 큰 조치는 **퇴직연금 계좌에 가상자산 투자를 허용**하는 것입니다. 2025년 8월, 트럼프 대통령은 퇴직자 소득보장법(ERISA) **401(k)**(미국의 대표적인 확정 기여형(DC형) 퇴직연금 제도) 등 퇴직연금에 가상자산 투자를 허용하는 행정명령에 서명했습니다. 401(k)와 같은 미국의 대규모 퇴직연금(약 43조 달러 규모)에서 가상자산에 투자할 수 있도록 공식적으로 허용될 경우, 이는 가상자산 시장의 신뢰도를 높이고 엄청난 규모의 자금 유입을 촉진할 수 있습니다.

트럼프 정부는 비트코인을 금과 유사한 '전략적 비축 자산'으로 고려하거나, 미국 달러에 연동된 스테이블코인을 확대하여 달러화의 글로벌 패권을 강화하려는 방향성을 보이고 있습니다. 이와 같은 정책들은 가상자산을 경제적 이익을 위한 수단으로 보는 것을 넘어, **국가 안보와 금융 주권**의 측면에서 접근하고 있음을 보여줍니다.

3.3 회계·세무 인프라 정비: 법인의 투자 움직임 변화

미국 FASB(회계기준위원회)는 가상자산을 '공정가치'로 평가하는 기준을 도입해 기업들이 가상자산의 가치 변동을 재무제표에 반영할 수 있게 했습니다. 또한, 미국 IRS(국세청)의 세무 가이드라인이 개정되면서, 가상자산은 거래가 발생했을 때만 세금을 내면 된다는 원칙이 명확해졌습니다. 이제 미국 법인들은 비트코인을 인플레이션 헤지 및 현금 관리 목적으로 매수하는 등 가상자산 투자를 시작했습니다.

공정가치 평가 기준 도입과 회계상 변화

2023년 12월, 미국 **회계기준위원회(FASB)는 가상자산에 대한 공정가치 평가 회계기준(ASU 2023-08)**을 공식 채택했습니다. 이전까지 가상자산은 '무형자산(intangible asset)'으로 분류되어, 가치가 상승해도 재무제표에 반영할 수 없고 가치가 하락했을 때만 손실 처리해야 하는 문제가 있었습니다. 이로 인해 가격 변동성이 큰 가상자산의 실제 가치와 회계상 수치 간에 괴리가 발생했습니다.

새로운 기준에 따르면, 다음 세 가지 요건을 모두 충족하는 가상자산에 한해 매 기말 기준으로 '공정가치'를 반영하고, 이로 인한 평가이익과 손실 모두 손익계산서에 인식할 수 있게 되었습니다.

① **서로 교환 가능한 동종의 가상자산:** 비트코인이나 이더리움처럼 서로 동일한 가치를 지녀 교환할 수 있는 자산이어야 합니다. NFT처럼 각각 고유한 가치를 지닌 자산은 제외됩니다.

② 시장 거래 가능성: 해당 가상자산은 일반적으로 활성화된 공개 시장에서 거래될 수 있어야 합니다. 다만 FASB는 활성 시장이 없는 자산을 원천적으로 배제하지는 않았습니다.

③ 가격 접근성: 시장 가격 정보를 쉽게 파악할 수 있어야 합니다.

이 기준은 2024년 12월 15일 이후 시작하는 회계연도부터 적용되지만, 기업의 조기 적용도 허용하고 있습니다.

이로써 기업은 가상자산을 **실질적인 운용자산이나 투자자산으로 인식**할 수 있는 길이 열렸고, 외부감사 및 공시 과정에서의 투명성도 크게 높아졌습니다. 미국은 재무제표상에서는 가상자산을 무형자산과 분리하여 별도로 표시해야 하며, 공시 의무도 강화되어 투자자들이 기업의 가상자산 보유 현황을 더 명확하게 파악할 수 있게 되었습니다. 예를 들어, Strategy나 Coinbase(코인베이스) 등과 같은 상장기업들은 이 기준을 바탕으로 보유자산의 평가손익을 적극적으로 공시할 수 있게 되었습니다.

세무 가이드라인 정비와 실무 적용 기준

IRS 역시 **2024년 가상자산 과세 가이드라인**을 개정하며, 실현 시점에 따른 과세 명확화를 중심으로 세무처리 구조를 정비했습니다. 이는 법인 실무에 다음과 같은 영향을 미칩니다.

- **단순 보유에 대한 미과세 원칙 확인:** 법인이 가상자산을 단순히 보유할 경우, 평가이익이 발생하더라도 세무상 과세 대상이 되지 않습니다.
- **실질적 이전 시점에 과세:** 자산을 판매, 교환하거나 서비스 제공의 대가로 가상자산을 받는 등 실질적인 이전이 발생했을 때 과세합니다.
- **복합 수익모델에 대한 가이드라인 마련:** 스테이블코인 거래, NFT 거래, 커스터디 수익, 렌딩 수익 등 다양한 수익모델에 대한 처리기준이 구체화되었습니다.

이러한 세무 기준은 앞으로 법인이 가상자산 사업에 진출할 때 투자, 회계, 세무가 유기적으로 설계되어야 함을 의미합니다. 회계상 공정가치 반영과 세무상 실현주의 적용이 병행된 점을 감안, 기업은 리스크 관리와 세후 수익률을 동시에 고려하는 복합적인 구조를 인식하고 전략을 짜야 합니다.

미국 주요 법인의 비트코인 보유 현황

최신 데이터에 따르면, 미국 법인들의 가상자산 투자가 급속히 확산되고 있습니다. 2025년 8월 11일 기준, **161개의 상장기업**이 총 93만 3,591 BTC(약 1,138억 달러 상당)를 보유하고 있으며, 이는 전체 비트코인 공급량의 4.4%에 달합니다.

미국 주요 상장법인의 비트코인 보유 현황 (2025년 8월 11일 기준)

순위	회사명 (종목코드)	보유량 (BTC)	시장가치 (달러)	전체 공급량 대비 비중
1	Strategy (MSTR)	628,791	$72,857M	2.994%
2	MARA Holdings (MARA)	50,000	$5,793M	0.238%
3	XXI (CEP)	43,514	$5,042M	0.207%
4	Bitcoin Standard Treasury Company (BSTR)	30,021	$3,479M	0.143%
5	Riot Platforms (RIOT)	19,225	$2,228M	0.092%
6	Trump Media & Technology Group (DJT)	18,430	$2,135M	0.088%
7	Metaplanet Inc. (MTPLF)	17,132	$1,985M	0.082%
8	Galaxy Digital Holdings (GLXY)	12,830	$1,487M	0.061%
9	CleanSpark (CLSK)	12,608	$1,461M	0.060%
10	Coinbase Global (COIN)	11,776	$1,364M	0.056%
11	Tesla (TSLA)	11,509	$1,334M	0.055%

출처: BitcoinTreasuries.net, 2025년 8월 11일

Strategy는 62만 8,791 BTC로 기업 보유량 1위를 유지하며, 전체 비트코인 공급량의 약 3%에 근접했습니다. 2025년 8월 11일 발표에 따르면, 회사는 8월 4일부터 10일까지 추가로 155 BTC를 1,840만 달러에 매입했으며, 이는 첫 비트코인 구매 5주년을 기념하는 지속적 투자 전략의 일환입니다.

Tesla의 사례는 회계처리 방식의 진화를 보여줍니다. 2024년 4분기 재무보고에 따르면, Tesla는 11,509 BTC(취득가 3억 8,700만 달러, 공정가치 10억 7,600만 달러)를 보유하고 있으며, 2024년부터 가상자산에 대해 공정가치 회계처리를 채택했습니다. 이에 따라 4분기 순이익에 6억 달러의 비트코인 시가평가이익이 반영되었습니다.

한편, 상장사들의 비트코인 매입량이 ETF 매입량을 3분기 연속 초과하는 현상이 나타나고 있습니다. 2분기 동안 상장기업들은 약 13만 1,000 BTC를 추가 매입하여 보유량을 18% 증가시켰습니다.

이러한 현상은 "Bitcoin Treasury Strategy"의 확산을 의미합니다. 기업들이 인플레이션 헤지, 현금 관리 효율성 제고, 주주 가치 증대를 목적으로 비트코인을 재무자산으로 적극 활용하고 있는 것입니다. 특히 채굴기업(Marathon Digital, Riot Platforms 등)들은 생산된 비트코인을 즉시 매각하지 않고 보유하는 "HODL(Hold On for Dear Life) 전략"을 통해 재무 안정성과 시장 영향력을 동시에 확보하고 있습니다.

법인의 가상자산 투자가 본격화되고 있는 배경에는 명확한 규제 프레임워크와 회계기준의 정립이 있습니다. 이는 과거 규제 불확실성으로 인해 가상자산 투자를 망설였던 전통적인 기업들도 점진적으로 시장에 진입할 수 있는 토대가 마련되었음을 의미합니다.

3.4 법인의 스테이블코인 발행: 허용과 통제 요건

미국은 '정부 중심의 중앙은행 디지털화폐(CBDC)' 대신 '민간 발행 규제 기반 스테이블코인'을 제도화하며, 법인 중심의 디지털 경제 확장 전략을 추진하고 있습니다. 이는 기업의 스테이블코인 발행 및 활용 가능성을 열어주는 동시에, 시장 안정성과 회계 투명성을 확보하는 모델로서 국제적인 주목을 받고 있습니다.

GENIUS Act는 스테이블코인을 단순한 가상자산이 아닌 **'제도화된 지급결제수단'**으로 인정하며, 기업이 직접 발행하거나 사업에 통합할 수 있는 법적 기반을 마련했습니다.

이전에는 민간 프로젝트(예 테더 USDT, 서클 USDC 등)에 의해 발행되던 스테이블코인은 투명성이 낮아 제도권 금융기관이나 상장기업이 활용하기에는 리스크가 컸습니다. 그러나 GENIUS Act는 연방 또는 주 정부 인가를 받은 법인에 한해 스테이블코인 발행을 허용하며 다음과 같은 요건을 제도화했습니다.

스테이블코인 발행 법인의 주요 요건

구분	내용
면허 요건	연준(Fed) 또는 주 금융당국의 인가 필요 (은행·비은행 모두 가능)
회계 기준	1:1 준비금 유지, 월간 준비금 내역 공시 및 외부 회계감사 의무화
환매 요건	보유자 요청 시 즉시 미국 달러로 환매 가능해야 하며, 시기와 절차를 사전 고지해야 함
공시 및 보고	발행 잔액, 준비금 구성을 정기적으로 공시
준비금 운용제한	준비금은 현금, 단기 미국 국채, 연방보증 MMF 등 고유동성 자산에 한정하며, 가상자산 투자 및 렌딩 활용은 금지

이러한 규제 구조는 스테이블코인을 회계상 **'현금등가물'**이나 **'보증된 금융자산'에 준하는 항목**으로 분류할 수 있는 가능성을 열어주었습니다. 덕분에 법인은 이를 결제수단, 회계자산, 플랫폼 보상 시스템 등으로 다양하게 활용할 수 있는 **실무적 기반**을 갖게 되었습니다. 예를 들어, 글로벌 플랫폼 기업은 스테이블코인을 보상 수단이나 공급망 결제통화로 활용하거나, 전자지갑 기반 B2B 사업에 통합할 수 있게 되었습니다.

무엇보다 중요한 변화는 내부통제 요건이 명문화되었다는 점입니다. 발행자는 준비금 구성 변경, 재무위험 대응계획, 고객별 보유액 상한선 등 복잡한 리스크 관리를 사전에 문서화하고 외부 검증을 거쳐야 합니다. 이는 기존 가상자산 프로젝트에 없던 신뢰성을 제도적으로 부여하며, 금융기관은 물론 일반 기업까지도 스테이블코인을 **법적, 회계적, 전략적으로 통제 가능한 자산**으로 다룰 수 있는 근거를 제공합니다.

3.5 한국 법인에 주는 시사점: 전략적 대응 방향

> 미국 디지털자산 3법은 한국 법인이 제도적 정합성을 갖춘 '투자 가능한 구조'를 어떻게 만들 수 있을지에 대한 구체적인 방향을 제시하고 있습니다. 이제 한국은 가상자산의 기업 활용을 더 이상 금기시할 수 없게 되었습니다. '위험하니 금지하자'는 태도에서 벗어나, '통제 가능한 구조 안에서 활용하자'는 방향으로의 전환이 필요한 시점입니다.

한편, 미국 GENIUS Act의 통과는 지급결제용 스테이블코인을 연방 감독체계 하에 허용하면서, 이자 지급 금지, 준비금 요건, 소비자 보호 등 구조적 규제를 명문화한 첫 사례로 평가받습니다. 이러한 글로벌 변화는 한국에서도 스테이블코인을 제도권 내로 편입해야 한다는 논의를 촉발하고 있습니다.

(1) 한국 법인에 주는 시사점

가상자산 보유 목적의 명확화

미국 디지털자산 3법의 제정은 가상자산을 둘러싼 법적 불확실성을 크게 줄

였을 뿐 아니라, 법인이 가상자산을 **'정상적인 자산'**으로 보유·활용할 수 있는 기반을 명문화했습니다. 이는 한국 법인에게도 전략 수립과 구조 설계의 중요한 기준점이 될 수 있습니다.

먼저, 한국 법인은 **가상자산에 대한 보유 목적**을 명확히 해야 합니다. 미국은 가상자산을 단순히 투자수단으로 보유하는 것과, 지급결제, 보상 시스템 등 실사용 목적으로 보유하는 것을 구분합니다. 이에 따라 회계, 세무, 공시 기준도 달라집니다. 예를 들어, 스테이블코인을 직원 복지 포인트로 사용하는 경우와 DAO 거버넌스 토큰을 장기 보유하며 의사결정에 참여하는 경우는 회계적으로 다른 자산 분류와 리스크 관리체계를 요구합니다.

이러한 분류는 한국에서도 점차 요구될 전망입니다. 2023년 제정된 **「가상자산 관련 회계처리 감독지침」**은 가상자산의 회계, 공시, 보호 체계를 일부 반영하고 있지만, 법인의 보유 및 운용에 대한 세부 구조는 여전히 미흡합니다. 한국의 규제 역시 미국의 방향성을 따를 가능성이 높으므로, 한국 법인은 미국식 분류 모델을 참고하여 보유 목적별 내부기준을 수립하고 관리체계를 고도화할 필요가 있습니다.

회계, 공시, 내부통제 정합성 확보

다음으로, 회계, 공시, 내부통제 전반에 걸쳐 정합성을 갖춘 제도 설계를 사전에 준비해야 합니다. 미국에서는 **FASB**가 가상자산의 공정가치 평가를 회계기준으로 채택하여, 기업이 자산가치 변동을 적극적으로 재무제표에 반영할 수 있게 되었습니다. 이는 한국에서도 **K-IFRS** 내 무형자산 분류와 공정가치 도입 여부에 대한 논의를 촉진할 것이며, 상장법인을 중심으로 회계처리 기준을 선제적으로 수립하는 것이 경쟁력으로 작용할 수 있습니다.

또한, **내부통제** 차원에서도 가상자산 지갑 관리, 거래 승인, 리스크 평가에 대한 '통제기준 문서화'가 필수적입니다. 미국 스테이블코인 법안은 준비금 내역 공개, 환매 책임, 공시 주기 등 구체적인 내부통제 항목을 요구하고 있습니다. 한국 기업은 이러한 해외 법규를 기반으로 한 **'Best Practice'**를 수용하는 기준을 마련해야 합니다.

해외 거점 기반 제도의 수용 전략

마지막으로, 글로벌 시장과의 연결 가능성을 염두에 두고 국내 규제에만 얽매이지 않고, **미국, EU, UAE** 등 해외 제도를 '거점별 실무 모델'로 활용해야 합니다. 예를 들어, 미국 DAO에 참여하는 경우, 미국 제도를 직접 적용받게 됩니다.

한국 법인이 '국내 법제 미비'라는 불확실성에 갇히기보다는, 외부 제도에 기반한 안정적인 운용 구조를 선제적으로 도입한다면 위험을 최소화하고, 전략적 선택의 폭을 넓힐 수 있을 것입니다.

(2) 한국의 스테이블코인 도입 논의

글로벌 규제 변화: GENIUS Act가 던진 신호

GENIUS Act는 민간 발행 허용과 동시에 강력한 감독체계 구축이라는 이중 기조를 담고 있습니다. 미국이 스테이블코인을 제도화하면서도 중앙은행 디지털화폐(CBDC) 대신 민간 주도의 결제용 자산에 힘을 실었다는 점은, 한국에서도 '원화 스테이블코인 도입 가능성'을 정책적 의제로 끌어올리는 계기가 되고 있습니다.

금융권 및 빅테크 등의 대응 움직임

금융권

신한·KB·하나·우리 등 4대 금융지주는 Circl사(USDC 발행사)와 접촉하며 원화·달러 스테이블코인 협력을 검토하고 있습니다. KB금융은 그룹 차원의 TF를 운영하고 있으며, 신한은 '땡겨요' 앱을 통한 결제 실험을 진행하고 있습니다. 하나은행과 우리은행은 상표권 출원과 내부 워킹그룹 운영을 통해 제도 변화에 대비하고 있습니다. 카드사들 또한 여신금융협회를 중심으로 '스테이블코인 TF'를 가동하여 결제 시장 변화에 선제적으로 대응하고 있습니다.

빅테크

네이버·카카오 등은 자체 간편결제 생태계(N페이, 카카오페이)에 스테이블코인을 결합할 수 있는 방안을 검토하고 있습니다. 특히 카카오는 블록체인 자회사 크러스트와 그라운드X를 통해 이미 디지털 자산 발행 및 커스터디 역량을 확보하고 있어, 플랫폼 기반 스테이블코인 결제 모델을 추진할 가능성이 높습니다. 네이버 또한 전자상거래와 핀테크 결제 서비스에 스테이블코인을 접목하여 해외 사업 확장을 모색하고 있습니다.

법인 투자·사업 전략에 대한 시사점

국회 입법 논의와 별개로, 금융위원회는 오는 10월 '가상자산 이용자 보호법 2단계' 개정안에 스테이블코인 규정을 포함하여 국회에 제출할 계획임이 알려진 가운데, 정부안은 발행 자격, 준비금 요건, 환매 절차, 외부감사와 공시 기준 등을 포괄할 것으로 전망됩니다.

따라서, 정부가 제시할 스테이블코인 제도화에 발맞춰 **법인들이 선제적으로 준비해야 할 주요 전략**은 다음과 같습니다.

① **발행 구조 시뮬레이션 및 준비금 요건 분석:** 정부안은 준비자산의 구성, 발행 주체 자격, 이자 지급 가능 여부 등을 세부적으로 규정할 가능성이 높습니다. 따라서 각 법인은 금융회사, 빅테크, 플랫폼 등 자사의 비즈니스 모델에 맞는 최적의 발행 구조를 사전에 면밀히 검토해야 합니다.

② **선제적인 내부통제 및 리스크 관리 시스템 구축:** 향후 법제화될 규제에는 준비금 관리, 환매 절차, 외부감사 및 공시요건 등이 기본적으로 포함될 것입니다. 법인이 이러한 관리체계를 선제적으로 구축해 둔다면, 향후 규제가 시행될 때 시장에서 경쟁 우위를 확보할 수 있습니다.

③ **글로벌 연계 및 제휴 전략 수립:** 해외에서 발행된 스테이블코인을 일정 조건하에 허용할 수 있다는 전망이 있습니다. 이를 활용하여 글로벌 발행사와의 협력 또는 제휴 모델을 적극적으로 검토함으로써 사업을 다각화하고 국제 경쟁력을 강화할 수 있습니다.

④ **컨소시엄 기반의 협력 모델 모색:** 금융회사 중심의 컨소시엄 모델이 정책적으로 검토되는 만큼, 기술기업과 금융사의 협업을 통한 공동 발행 및 운용 구조는 현실적인 대안이 될 수 있습니다.

4

UAE의 법인 투자 제도: 라이선스와 감독 체계

4.1 UAE의 가상자산 규제 체계와 감독기관: VARA·FSRA 중심

UAE는 블록체인 기술과 가상자산을 새로운 국가 성장 동력으로 보고, 2020년대 초부터 에미리트별로 규제 체계를 정비해 왔습니다. 특히 두바이와 아부다비는 금융자유구역을 중심으로 각기 다른 독립 감독기관을 설립하며, 제도적 신뢰 확보와 글로벌 가상자산 기업 유치라는 두 가지 목표를 동시에 추구하고 있습니다.

다만 한국 기업들이 가상자산과 UAE를 관련지어 검토할 때 명확히 구분해야 할 점이 있습니다. VASP를 계획하거나 검토하는 기업들은 특히 UAE의 규제를 깊이 있고 충분하게 검토해야 합니다. 전 세계 어디를 가도 VASP에 대한 규제는 있습니다. VASP가 아니라 가상자산 단순 보유만을 생각하는 경우에도 규제는 검토해야 합니다. 정도의 차이가 있을 뿐입니다.

두바이: 세계 최초 가상자산 전담 규제청 VARA

두바이는 2022년 'Law No. 4 of 2022'에 근거하여 세계 최초로 가상자산 전담 독립 규제기관 VARA(Virtual Assets Regulatory Authority, 가상자산규제청)를 출범시켰습니다. VARA는 DWTCA(Dubai World Trade Centre Authority) 구역을 중심으로 DIFC(Dubai International Financial Centre, 두바이 국제금융센터)를 제외한 두바이 전역의 가상자산 사업을 관할합니다. 적용받는 자유경제구역(Fee Zone)에는 DMCC(Dubai Multi Commodities Centre, 두바이복합상품센터), DSO(Dubai Silicon Oasis, 두바이실리콘오아시스), IFZA(International Free Zone Authority, 두바이국제자유무역지대) 등이 있습니다. 라이선스는 다음과 같습니다.

두바이 VARA의 라이선스 체계

라이선스 명칭	주요 활동 범위	비고
VA Advisory	가상자산 관련 자문, 리서치	거래 중개 불가, 투자자 위험 공시 의무
VA Broker-Dealer	매매 중개, 시장 조성	AML/CFT·KYC 준수
VA Custody	커스터디, 지갑 서비스	고객 자산 분리 보관, 지갑·키 보안체계, 정기 보고 및 자산 대조·검증
VA Exchange	거래소 운영	AML/CFT·KYC 요건 엄격, 시장감시 체계 필수
VA Lending/ Borrowing	대출·차입 플랫폼 운영	유동성·담보 관리 필요
VA Transfer & Settlement	온체인 송금·결제	OTC(Over-the-Counter, 장외거래) 서비스 포함 가능, 거래 기록 투명성 유지 의무

VARA는 가상자산 활동을 'Virtual Asset Activity'로 규정하고, FATF(국제자금세탁방지기구) 권고에 따라 AML/CFT(Combating the Financing of Terrorism, 테러 자금 조달 방지) 기준을 강력히 반영한 규제 프레임을 구축했습니다.

특히 VARA는 비즈니스 모델, 리스크, 기술 아키텍처, 지갑 구조 등을 상세히 제출하게 하는 **라이선스 신청 절차**를 통해 제도의 신뢰성과 실무 안정성을 확보하고 있습니다.

DIFC 지역: DFSA(DIFC 금융서비스규제청)

영미법 기반 법체계를 가진 DIFC에서는 DFSA가 'Digital Assets Law No. 2 of 2024'에 근거하여 디지털 자산 관련 활동(거래, 커스터디, 자산 운용, 자문 등)을 규제하고 라이선스를 발급합니다.

DFSA의 Crypto Token Regime은 다음과 같은 특징들을 포함합니다.

- **토큰 인가 체계** (Recognition-based model): DFSA는 Initial List에 포함된 토큰이라든지, 개별 신청을 통해 인가된 **'Recognised Crypto Token'**만 DIFC 내에서 금융 서비스 제공이 가능하도록 규정합니다. 인가되지 않은(unrecognised) 토큰이나 Privacy Token, Algorithmic Token 등은 사용이 금지됩니다.

- **인가 기준 및 절차:** DFSA는 다음 항목들을 중심으로 평가합니다.
  - 해외 규제 상태, 투명성, 시장 규모·유동성·변동성, 기술 적절성 검토
  - 스테이블코인의 경우 준비금 및 가격 안정성 등 추가 심사 항목 포함
- **인가 토큰 예시 및 절차 비용:** 2024년 9월 기준, DFSA가 공식 인가한 토큰은 Bitcoin, Ethereum, Litecoin, Toncoin, Ripple로, 전 세계 시가총액의 약 80%를 차지합니다. 인가 신청 시에는 수수료가 약 5,000 USD로 책정되어 있습니다.
- **지속적 감독 및 제재:** DFSA는 불공정 행위, 시장 혼란, 인증 요건 미충족 등 문제 발생 시 인가 취소, 벌금 부과, 영업 정지 등 제재 조치를 단행할 수 있습니다.

아부다비: 금융 자유구역 ADGM 내 FSRA

아부다비는 ADGM(Abu Dhabi Global Market, 아부다비 글로벌마켓)이라는 금융 자유지역 내에 설치된 **FSRA**(Financial Services Regulatory Authority)를 통해 가상자산 관련 업무를 감독합니다. FSRA는 2018년부터 가상자산을 **기존 금융법 체계 안에 통합**하여 규제해왔습니다.

아부다비 FSRA는 FATF 기준에 맞춰 다음과 같은 방식으로 가상자산 사업을 규제합니다.

- Digital Assets Framework 내에 편입된 사업만 허용됩니다.
- Custody, Exchange, Intermediary, Fund Management 등 각 부문별 등록이 의무화됩니다.
- 모든 신청자는 기술 리스크 관리 계획과 자금세탁방지 시스템을 제출해야 합니다.
- 토큰증권은 기존 증권법을 준용해 심사합니다.

아부다비 FSRA의 라이선스 체계

활동 명칭 (Regulated Activity)	활동 범위	주요 요건
Multilateral Trading Facility (MTF)	가상자산 기반 거래 플랫폼 운영	최소 6개월치 운영비 + FSRA가 요구 시 추가 최대 6개월치(합계 최대 12개월) 자본금, AML/CFT·KYC 및 시장감시 체계 필수
Dealing in Investments as Principal	자기계정 매매 (자체 포지션 보유·거래)	자본금 요건은 활동 규모에 따라 산정, 이해상충 및 시장조작 방지 의무
Dealing in Investments as Agent	고객을 대신한 매매·청약·인수 대리, OTC 중개 포함	6개월치 운영비 자본 요건, AML/CFT·KYC 의무, 익명 기반 개인거래 등은 사실상 인가 불가
Advising on Investments or Credit	투자·신용 관련 자문	투자자 보호 규정, 가상자산 위험 공시 의무
Arranging Deals in Investments	투자거래의 주선·중개	자본 요건 소규모, 고객 이해상충 방지 및 공정한 계약 조건 확보
Managing Assets	펀드 운용, 위탁 투자, 포트폴리오 관리	6개월치 운영비 자본 요건, 신탁·펀드 구조 가능, 투자자 자산 분리 관리 필수
Providing Custody	가상자산 보관 및 관리	USD 250,000 이상 또는 6개월치 운영비 중 큰 금액 자본금 요건, 지갑·키 보안체계, 월별 보고 및 주간 단위 자산 대조·검증 의무

FSRA는 특히 기술 리스크, 시스템 설계, 내부통제 기준 등에서 금융감독청에 준하는 수준의 문서 제출을 요구하며, 투자자 보호와 시스템 안정성을 매우 중요하게 생각합니다.

이러한 기조에 따라 최신 규정에서는 알고리즘 스테이블코인을 금지하고, 안정성과 신뢰성이 검증된 자산만 취급할 수 있도록 하는 AVA(Accepted Virtual Assets) 제도를 신설했습니다. 이 제도는 사업자가 취급하려는 가상자산에 대해 자율적으로 심사(Self-assessment)한 뒤 라이선스 관련 수수료(Application Fee, Annual Fee 등) 납부와 함께 이를 FSRA에 통지하는 화이트리스트 방식입니다. 이처럼 제도가 계속 변화하고 있으니 사업 신청 시 최신 고시를 반드시 추가 확인해야 합니다.

통합 법률 부재와 에미리트별 규제의 중요성

UAE 연방 정부 차원에서는 SCA(증권상품청)에서 **가상자산 및 가상자산사업자 규제에 관한 내각 결정**(Cabninet Decision No. 111/2022 On the Regulation of Virtual Assets and Their Service Providers)에 따라 가상자산을 규율하고 있습니다. 동시에 두바이와 아부다비가 각자의 **금융자유지역**(FZ, Financial Free Zone) 내에서 감독권을 행사하며, 제도적 중심지는 **VARA**(두바이)와 **FSRA**(아부다비) **관할로 양분**되어 있습니다.

따라서 UAE에서 가상자산 사업을 계획하는 기업은 다음 사항을 확인해야 합니다.

- 사업 장소가 어느 에미리트에 속하는지
- 해당 구역의 규제기관이 누구인지
- 필요한 라이선스 유형과 신청 조건이 무엇인지

결론적으로, UAE 내 가상자산 규제는 국가 단위 법률보다 **각 금융 자유지역의 내부 규정이 실질적인 기준**이 되며, 이는 법인 설립부터 투자 실행, 송금 및 세무까지 사업 전반에 영향을 미칩니다.

UAE의 주요 가상자산 규제기관 비교

기관명	관할 지역	주요 기능	특징
SCA	UAE 전체 (일반 지역)	증권형 가상자산 및 일반 사업자 등록 감독	중앙정부 산하 금융규제 기관
VARA	두바이 전역 (본토 및 자유지역, 단 DIFC 제외)	가상자산 라이선스 발급, 거래소·커스터디 등 규제	두바이 특화 독립 규제기관
DFSA	DIFC 내	가상자산 라이선스 발급 및 규제	개별 토큰 인정 모델, AML/ CFT, 투자자 보호 중심의 국제 수준 규제
FSRA	아부다비 ADGM 내	VASP 등록, 펀드·운용사 등 감독	국제 표준에 근접한 감독체계

가상자산 규제 통합 움직임: SCA-VARA 전략적 제휴

UAE는 가상자산 규제 통합 법률이 없는 상황에서, 분리된 규제 체계를 조화롭게 운영하기 위한 중요한 움직임을 보이고 있습니다. 최근 SCA와 VARA는 VASP의 등록, 감독, 법률 개선을 아우르는 전략적 파트너십을 체결했습니다. 이 제휴의 목표는 중복 규제를 없애고 일관된 시장 환경을 조성하는 것입니다.

- **면허 상호 인정:** 두바이에서 VARA 라이선스를 받은 사업자는 복잡한 절차 없이 SCA에 등록하여 UAE 전역에서 활동할 수 있게 됩니다. 하지만 이는 자동적으로 면허가 인정되는 '자동 여권(passporting)'이 아닌, 각 지역의 규제 요건을 충족해야 하는 '조건부 상호 운용 모델'입니다.

- **공동 감독 및 협력 강화:** 두 기관은 시장의 건전성과 투자자 보호를 위해 공동 감독체계를 마련했습니다. VASP의 등록, 심사부터 실시간 정보 공유, 합동조사에 이르는 통합 프로세스를 가동하며, FATF 기준에 맞춘 AML/CFT 분야 협력도 강화할 계획입니다.

이번 협력은 **두바이 본토와 UAE 연방 차원의 규제 일원화를 목표로 할 뿐, DIFC나 ADGM과 같은 프리존은 통합체계에 포함되지 않습니다.**

4.2 UAE에서 법인의 가상자산 보유·투자 범위: 가능 영역과 한계

UAE는 법인이 가상자산을 직접 보유하고 운용하는 것을 공식적으로 허용하는 세계에서 몇 안 되는 국가 중 하나입니다. 두바이 VARA(DIFC는 DFSA) 또는 아부다비 FSRA 등에서 라이선스를 취득하면 다양한 가상자산 활동이 가능하며, 법인 명의로 비트코인이나 이더리움을 직접 매입하고 보유하여 수익을 추구하는 구조도 허용됩니다.

직접 투자와 간접 투자 모두 가능하지만, 라이선스가 중요

법인이 가상자산을 **'자기 자금**(self-investment)**'**으로 매입하여 포트폴리오의 일부로 보유하는 것은 원칙적으로 허용됩니다. 하지만 가상자산 관련 서비스를 제3자에게 제공하거나 제3자의 자산을 운용하려면 해당 라이선스를 취득해야 합니다.

본사 자금을 이용해 비트코인을 보유하는 것
▼
라이선스 없이도 가능

외부 고객 자금을 모아 가상자산을 매입·운용하는 것
▼
자산운용 라이선스 필요

3자의 전송을 대행하거나 커스터디를 제공하는 것
▼
Transfer/Custody 라이선스 필요

즉, 기업이 자기 보유(self-custody)를 넘어 비즈니스 영역으로 확장하고자 한다면, 필요한 라이선스 등록이 선행되어야 합니다.

자산 유형별 규제 기준과 Web3 친화적 환경

UAE 감독기관은 자산 유형에 따라 보유 가능성, 자기 계정 거래 허용 여부, 리스크 등급을 구분하여 관리합니다. **각 자산의 기술적 구조, 익명성, 시장 투기성, 보유 목적** 등에 따라 다른 기준이 적용되며, 발행 방식이나 스마트 계약 구조에 따라 취급 방식이 달라질 수 있습니다.

예를 들어, **비트코인**(BTC)과 **이더리움**(ETH)은 실물 자산(Commodity)으로서 UAE 내 법인이 직접 보유하거나 자기 계정으로 거래하는 것이 허용됩니다. 기업은 자체 지갑을 통해 보관하거나, 제3의 커스터디 기관을 이용할 수 있습니다. 반면, **스테이블코인**(예 USDT, USDC) 발행의 경우, 발행 주체의 담보 구조, 규제 준수 여부, 회계 투명성 등에 따라 감독기관별 판단이 달라져 제한적으로 허용되는 경우가 많습니다.

한편, **프라이버시 코인**(Privacy Coins)은 금융당국이 엄격하게 규제하는 자산입니다. 이는 송신자와 수신자의 정보, 거래 금액 등이 암호화되어 외부에서 거래 내역을 추적할 수 없는 가상자산입니다. 대표적으로 Zcash(ZEC)나 Monero(XMR)가 여기에 속하며, 이처럼 익명성이 높은 코인은 자금세탁(AML) 위험이 매우 크다고 판단되어 UAE 내에서 거래가 대부분 금지됩니다.

NFT나 **DAO** 토큰과 같은 Web3 자산은 원칙적으로 허용됩니다. 다만, DAO 토큰의 경우 단순 보유인지, 거버넌스 참여용인지, 재무적 목적의 지분 투자 성격인지에 따라 규제 접근이 달라집니다. UAE는 이러한 Web3 자산에 대해 기술적 특성과 사업 목적에 따라 유연한 규제 기준을 적용하며, DAO 참여로 발생하는 수수료 수익 등도 국제회계기준(IFRS)에 맞춰 회계처리 및 과세가 가능하도록 체계를 마련하고 있습니다.

대부분의 자유지역(Free Zone)에서는 일정 요건 충족 시 **법인세율**이 0%로 유지되며, 가상자산 관련 수익도 일반 사업소득과 동일하게 취급됩니다. 이러한 **유연한 제도와 세제 우위** 덕분에 많은 글로벌 Web3 프로젝트와 가상자산 기업들이 UAE로 본사를 이전하고 있으며, UAE는 명실상부한 **가상자산 기업의 국제 허브**로 자리매김하고 있습니다.

UAE 소재 법인의 가상자산 보유 가능 자산 현황

자산 유형	보유 허용 여부	비고
비트코인(BTC), 이더리움(ETH)	허용	실물 매입 및 지갑 보유 가능
스테이블코인 (USDT, USDC 등)	부분 제한	일부 감독기관은 자체 기준 만족 시에만 허용
프라이버시 코인 (ZEC, XMR 등)	금지 또는 회색지대	자금세탁 리스크로 대부분 불허
NFT	허용	보유 목적은 가능, 유통/거래는 제한될 수 있음
DAO Token	경우에 따라	운영 주체, 목적, 스마트 계약 구조 따라 상이

사업 목적과 라이선스의 중요성

UAE에서 법인이 가상자산을 보유하거나 거래하려면, 그 목적이 **정관**(Object Clause)과 **상업 라이선스**(Commercial License, Activity Code 포함)에 명확히 기재되어 있어야 합니다. 특히 FSRA와 VARA는 인가 심사 및 감독 과정에서 '정관·라이선스 목적'과 실제 활동의 일치 여부를 꼼꼼히 확인합니다.[05]

단순한 재무 투자 목적을 넘어 가상자산 서비스 제공(Virtual Asset Service Provider, VASP) 등을 사업 범위에 포함하려면, 법인 설립 단계에서부터 **목적 조항과 사업 코드** 등록에 신중해야 합니다.

다만, 일부 프리존에서는 **자기자금만을 활용한 자기계정 거래**(Own Funds Proprietary Trading)의 경우 프리존이 발급하는 **상업 라이선스만으로 허용**되며, 금융 규제기관(VARA, FSRA 등)의 별도 인가가 요구되지 않습니다. 예를 들어, **DMCC**(Dubai Multi Commodities Centre, 두바이 자유무역 지대)에서는 Activity Code에 'Proprietary Trading'을 명시하고 필요 시 VARA의 확인 절차(NOC: No Objection Certificate,

---

05 일부 법인 설립 대행사는 자기자금 목적으로 법인을 설립하는 경우 '소프트웨어/IT' 목적만으로도 내부적 가상자산 보유·활용은 가능하다고 안내하기도 합니다. 다만 이는 편의적 해석에 가깝고, 거래·중개·수탁·거래소 운영 등 영업 활동을 하려면 해당 활동이 정관과 라이선스에 명시되어 있어야 하며, 은행 계좌 개설·투자자 대응·감독기관 심사 단계에서 실제 활동과 목적의 일치 여부가 면밀히 확인될 수 있습니다. (VARA는 수행하려는 각 VA Activity별로 개별 인가를 요구하고, FSRA도 해당 Regulated Activity에 대한 FSP 인가를 전제로 심사·감독합니다.) 지역·관할(예: ADGM, DIFC, DMCC, Dubai Mainland)에 따라 문구·코드·NOC 요구사항이 다를 수 있으므로 사전 확인이 필요합니다.

이의 없음 확인서)를 거친 경우, RAK DAO(Ras Al Khaimah Digital Assets Oasis, 라스알카이마 디지털자산 오아시스 자유지대)에서는 자체 라이선스에 해당 활동을 등록하면 자기자금 거래가 가능합니다. 그러나 제3자의 자금을 운용하거나 고객을 상대로 서비스를 제공하려는 경우에는 관할 규제기관의 라이선스를 취득해야 합니다.

대기업뿐 아니라 스타트업이나 중소법인도 가능

UAE의 가상자산 제도는 일정 자산 규모 이상의 대기업에게만 허용되는 폐쇄적인 구조가 아닙니다. 스타트업, 벤처기업, 중소 규모 법인도 사업 목적과 요건을 충족하면 가상자산 보유 및 활용이 가능합니다. 실제로 기술 기반 스타트업, Web3 프로젝트 팀, DAO 법인화 조직 등 **다양한 소규모 법인들**이 두바이와 아부다비의 규제 체제 내에서 활발히 VARA(두바이), ADGM(아부다비) 등에서 활발히 활동하고 있습니다.

다만, AML/CFT와 KYC(Know Your Customer, 고객확인)에 대한 요구는 기업 규모가 아닌 사업 리스크에 따라 심사 강도가 달라집니다. 특히 은행 계좌 개설이나 감독기관 라이선스 취득 시에는 사업계획서의 실행 가능성, 경영진의 이력, 내부통제 체계의 적절성 등을 기준으로 평가받습니다.

기업 규모와 관계없이 가상자산 관련 영업이 가능하려면 다음 세 가지 조건을 충족해야 합니다.

정관 및 사업 목적의 적법성

해당 가상자산 유형과 활동이 법인 설립 목적에 명시되어 있어야 합니다.

규제기관 등록 또는 허가

필요시 SCA, VARA, ADGM 등 관련 감독기관의 라이선스를 확보해야 합니다.

AML/CFT 요건 이행 능력

내부 규정, 담당자, 정책 수립 등 실질적인 대응 역량을 갖춰야 합니다.

4.3 법인의 가상자산 라이선스 유형: 카테고리와 신청 요건

UAE는 가상자산 보유 및 활용을 원칙적으로 허용하지만, 단순한 자기보유(self-investment)를 넘어 정기적 매매, 제3자 대상 서비스, 플랫폼 운영 등 사업적 활동을 위해서는 관할 규제기관의 라이선스 등록이 필수입니다.

'Proprietary Trading' 라이선스: UAE의 특별한 규제

'Proprietary Trading'이란, 법인이 자기 계산으로 가상자산을 직접 매수·매도하는 행위를 말합니다. 일반적으로 자기자금만 활용하는 거래는 고객 자금을 운용하는 펀드 매니지먼트나 제3자의 주문을 중개하는 브로커-딜러 활동과 달리, 모든 수익과 손실이 전적으로 법인 자신에게 귀속된다는 점에서 차이가 있습니다.

하지만, 이러한 거래도 시장 유동성에 영향을 주거나, 기업 내부의 미공개 정보를 이용해 부당한 거래를 할 우려가 있기 때문에, UAE 규제기관은 이러한 활동을 허용하되, 일정 수준 이상의 **자기자본 요건과 리스크 통제체계**를 갖출 것을 요구합니다.

실제로 ADGM의 FSRA와 DIFC의 DFSA에서는 'Proprietary Trading'을 원칙적으로 정식 Regulated Activity(Dealing in Investments as Principal)로 분류하여 감독당국의 인가(Financial Services Permission 또는 라이선스)를 받도록 하고 있습니다. 다만 자기자본만을 이용한 순수한 자체 거래는 인가 대상에서 제외될 수 있으나, 시장조성이나 제3자 자금 운용 등은 반드시 인가가 필요합니다. 두바이 VARA는 자기자금을 활용한 가상자산 거래의 규모가 일정 수준(30일 누적 2.5억 달러)을 초과할 경우 NOC(No Objection Certificate)를 받도록 하고 있습니다.

사업목적별 라이선스 구분

라이선스는 사업 목적에 따라 구분되며, 거래중개(Broker-Dealer), 자산보관(Custody), 거래소 운영(Exchange Operator), 자산운용(Asset Manager), 투자자문(Advisory Provider) 등이 있습니다.

이들은 독립적으로 신청할 수도 있지만, 여러 라이선스를 조합하여 결합형 사업 모델로 등록하는 것도 가능합니다. VARA나 FSRA는 라이선스 간 결합 가능성을 공식적으로 인정하며, 이에 따른 리스크 통제 수준과 IT 인프라를 함께 심사합니다.

주요 라이선스 유형별 특징 및 요건

라이선스 유형	설명	요구사항 예시
Broker-Dealer	가상자산 매매 중개 및 주문 집행	자기자본 요건, 거래 감시 시스템 등
Custody Provider	고객 자산 보관 및 관리	하드웨어 보안 모듈(HSM) 기반 보안, 콜드월렛 관리체계, 월간 보고 및 자산 대조·검증 의무
Exchange Operator	가상자산 거래소 운영	기술 인프라, AML/CFT·KYC 체계, 시장감시 시스템, 재무요건
Asset Manager	가상자산 기반 투자상품 운용	펀드 구조 설계, 보고 체계, 신탁 구조 등
Advisory Provider	가상자산 관련 투자자문 서비스	자문 대상자 적격성 요건, 이해상충 방지책

※ 각 라이선스는 단독 또는 복합 형태로 신청 가능하며, 관할지(FSRA, DFSA, VARA)에 따라 일부 명칭과 요구 요건이 달라질 수 있음.

라이선스 신청 절차 및 제도적 특징

UAE에서 가상자산 사업을 하려면 관할 규제기관으로부터 사전 인가를 받아야 하며, 대부분 아래와 같은 절차를 거칩니다.

- **1단계** 초기 접촉 및 사전 인터뷰
- **2단계** Expression of Interest(EOI) 및 사업개요 제출
- **3단계** 라이선스 신청서 및 관련 문서 제출 (정관, AML 정책, 기술 매뉴얼 등)
- **4단계** 인터뷰 및 실사 (Fit & Proper Test, 인프라 검토 등)
- **5단계** 조건부 승인 후 라이선스 발급 (Pre-License → Final License 구분 가능)

UAE의 라이선스 제도는 전통 금융규제와 유사한 구조를 취하면서도, Web3 사업의 기술적 특성을 고려해 신청 단계부터 기술 아키텍처, 스마트 계약 설계 등에 대한 설명을 필수화합니다. 이는 형식적 등록이 아니라, **실제 사업 운영 가능성을 기반으로 인가 여부를 판단**한다는 의미입니다.

또한, 대부분의 감독기관은 **'조건부 승인(pre-approval)' 제도**를 운영하여, 일부 요건이 충족되지 않았더라도 일정 조건을 부과해 단계적으로 라이선스를 부여하는 유연성을 보입니다. 이는 초기 진입 장벽을 낮추되 이후 사업성과와 규

정 이행에 따라 제도를 강화하는 **점진적 인가 모델**로 해석될 수 있습니다.

라이선스 신청 주요 요건

라이선스 신청 시, 법인의 실체성, 경영진의 적격성, 자본금, 내부통제 체계, AML/CFT 역량, IT 보안체계 등을 포함한 종합적인 기준을 충족해야 합니다.

주요 요건은 다음과 같습니다.

① 경영진 적격성	주요 책임자(Fit & Proper Person)에 대한 이력 검토, 금융업 경력, 준법 성향 확인
② 자본 요건	사업 유형에 따라 최소 자본금 요건 (예) 커스터디는 일반적으로 더 높은 자본 요구)
③ 내부통제 시스템	거래 모니터링, 위험 식별 및 보고 체계, 고객 정보 보호 방안 등
④ AML/CFT 정책	KYC, STR(Suspicious Transaction Report, 의심거래 보고), 외부감사 대응 매뉴얼
⑤ 기술 인프라	커스터디의 경우 월렛 인프라, 거래소는 주문 체결 엔진과 보안체계
⑥ 현지 사무소 요건	일부 라이선스는 UAE 내 실제 사무공간과 현지 직원 고용이 요구됨

4.4 UAE 주요 지역별 투자 절차: DMCC·DIFC·ADGM 등 비교

UAE 주요 지역별 가상자산 투자 진출 비교표

	두바이 DMCC (VARA 관할)	두바이 DIFC (DFSA 관할)	아부다비 ADGM (FSRA 관할)
주요 Free Zone / 관할	DMCC (Dubai Multi Commodities Centre)	DIFC (Dubai Int'l Financial Centre)	ADGM (Abu Dhabi Global Market)
감독청	VARA (Virtual Assets Regulatory Authority)	DFSA (Dubai Financial Services Authority)	FSRA (Financial Services Regulatory Authority)
주요 라이선스 유형	거래소, 브로커, 커스터디, 발행·자문 등 (세분화되어 있음)	투자토큰, STO, 자본시장 연계형 디지털자산	거래소, 커스터디, 브로커, 펀드 등 (국제기준에 따른 세부 라이선스)
특징	- 설립·승인 절차 비교적 빠름 - 은행 계좌 개설 상대적으로 유연 (단순 투자 목적은 신속, VASP 계좌는 VARA 인가 후 심사 필요) - 스타트업 및 중견기업 진출 활발	- 영미법 기반, 국제금융지구 - 증권형 토큰(STO)·펀드형 구조에 강점 - 승인 요건 까다로움 - 가상자산 목적 계좌 개설은 라이선스 취득 전에는 사실상 불가, 인가 후에도 엄격 심사	- FATF 기준에 충실한 규제 체계 - 글로벌 거래소·기관투자자 선호 - 승인 절차와 비용이 까다롭지만 신뢰도 높음 - 인가 보유 법인은 은행 계좌 개설 가능하나 절차 길고 요건 엄격
장점	- 실무적 진입장벽 낮음 - 자회사·SPC 설립 용이 - 브랜드 인지도와 Web3 커뮤니티 집중	- 자본시장 및 증권성 토큰에 특화 - 금융사·기관 투자자와 시너지	- 규제·신뢰도 세계 최고 수준 - 글로벌 파트너십 유치에 유리 - 장기적 사업 안정성
단점	- 규제 프레임워크가 계속 발전 중이며, 세부 지침도 보충 중 - 제도 성숙도는 FSRA보다 낮음	- 초기 진입 장벽 높음 - 단순 투자 목적 법인에는 비효율적	- 승인 절차·비용 부담 큼 - 스타트업·소규모 기업에는 진입장벽
국내 법인 자회사 진출 적합성	초기 진출 및 빠른 투자 집행에 최적 (자회사·SPC 설립 후 거래·커스터디 활용)	STO/자본시장 연계 전략을 고려할 경우 적합 (단순 투자 목적엔 비효율)	글로벌 투자 유치 및 제도적 안정성 필요시 최적 (중견·대기업 중심)

(1) DMCC 지역 (VARA 관할)

DMCC 지역 투자 절차 (Prop Trading 기준)

자기자금만 활용 (라이선스 불필요)		타인자산 개입·브로커리지 포함 (라이선스 필요)
사업 목적을 '자기자금만을 활용한 자기계정 거래'로 명확히 기재	① 사전 검토	사업이 광범위할 경우 DMCC 외 FSRA와도 사전 협의 필요
DMCC Free Zone Company (FZCO/FZ-LLC) 등록	② 법인 설립 신청	좌동
MOA·AOA에 'Proprietary Trading (Own Funds Only)'로 한정	③ 사업 목적 등록	라이선스 심사 대상
별도 라이선스 불필요, 일반 Consulting/Trading License로 충분	④ 라이선스 심사	VA License 필요 (FSRA 또는 VARA 추가 검토)
외부 고객에 대한 AML/CFT 시스템은 요구되지 않음. 단, 자체 자금 출처 등에 대한 내부적 증빙 및 리스크 관리는 필요	⑤ 규제 요건 충족	강화된 AML/CFT 체계, 내부통제, 리스크 관리 프로세스 요구
DMCC 기반 은행 계좌 (자본금 증빙)	⑥ 은행 계좌 개설	좌동 + 추가 심사 (거래 구조·고객 자산 수탁 여부 확인)
자기자금만으로 가상자산 매매 가능	⑦ 운영 개시	규제기관 보고·감독 하에 Prop Trading/브로커리지 가능

라이선스 취득 세부 절차 (VARA 관할 활동의 경우, 2단계 구조)

A. Stage 1

Initial Approval (IA)

① **IDQ 제출:** VARA에 Initial Disclosure Questionnaire(IDQ) 제출(사업모델·경영진 이력·내부통제 초안 포함)

② **서류 제출 및 초기 비용 납부:** 사업계획서, 조직도, 주요 인력 (Compliance Officer, MLRO 등) 이력 및 적격성 선언, 자본금 증빙 자료 제출 + 신청비 일부 납부

③ **IA 승인 획득:** 법인 설립 및 준비 단계로 진입 가능

A. Stage 2

Full Market Product (FMP) License 신청 및 발급

① **운영 요건 충족:** 두바이에 물리적 사무실 확보, 핵심 인력 채용, IT 및 컴플라이언스 체계 구축. 강화된 AML/CFT 및 리스크 관리 시스템 구축은 필수이며, 운영 요건 서류 제출 및 심사 시 관련 자료를 상세히 요구받을 수 있음

② **서류 제출 및 심사:** 운영 구조, AML/CFT 및 내부통제, 리스크 관리 프로세스 관련 자료 제출 → 문서심사 및 현장 실사 가능

③ **비용 납부:** 신청비 잔액 및 연간 감독비 납부

④ **라이선스 발급:** FMP License 발급, 조건부 또는 정식 영업 가능

(※ 라이선스는 보통 1년 단위로 발급되며 매년 갱신·감독비 납부 필요)

◗ 주요 가상자산 활동 영역 (VA Activities, VARA 규정상 분류)

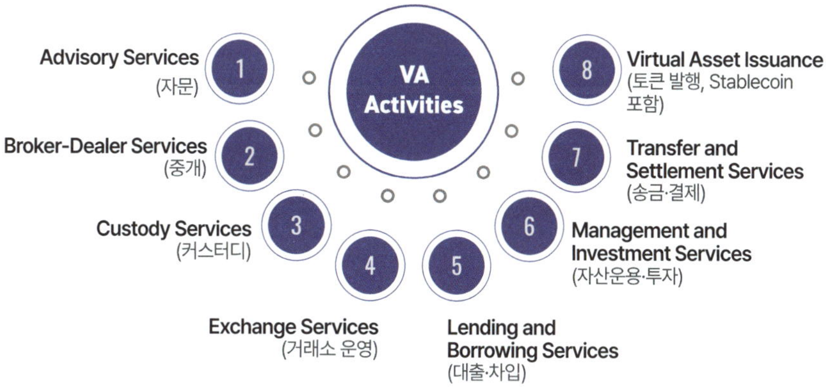

참고사항

- **법인 등록 절차와 라이선스는 별개:** DMCC에서 법인 설립(FZCO/FZ-LLC 등록) 후, 별도로 VARA 라이선스를 신청해야 함
- 자기자금만 활용한 Prop Trading은 위 라이선스 취득 대상이 아님 → DMCC의 일반 Trading/Consulting License로 충분
- **타인자산 개입 시 VARA 라이선스 필수:** 고객자산 수탁·운용, 브로커리지·거래소 운영 등은 반드시 VARA 인가 필요
- **지속적 의무:** FMP 라이선스 보유 기업은 강화된 FATF 권고안에 따라 AML/CFT 및 트래블룰, 내부통제, 분기·연간 보고의무를 충족해야 함

(2) DIFC 지역 (DFSA 관할)

DIFC 지역 투자 절차 (Prop Trading 기준)

(자기자본만 활용하는 경우도 원칙적 DIFC 인가 필요, 단 순수 자기 계산은 예외 가능)

자기자금만 활용 (Prop Trading)	단계	타인자산 개입·브로커리지 포함
• 목적을 'Proprietary Trading (Own Funds Only)'으로 명확히 설정	① 사전 검토	• 목적을 'Proprietary Trading & Brokerage'로 기재 • 외부 고객자산 운용 시 Asset Management 또는 Arranging/Dealing 라이선스 필요
• DIFC Companies Registrar에 등록 (LLC/LTD 구조) • 초기 자본금 및 조직 구조 보고	② 법인 설립 신청	• 좌동
• Non Financial Entity 등록 필요	③ 라이선스 신청	• Investment Firm License 내 Brokerage/Asset Management 권한 추가
• 사업계획서, 경영진 적격성 (Fit & Proper Test) • AML/CFT 정책 제출 원칙적 불요 (단, AML 규정 준수)	④ 심사 요건	• 고객자산 보호정책, 강화된 AML/CFT 절차 추가 • 내부감사·리스크 위원회 요건 강화
• 기본 AML 규정 준수 • 거래 모니터링, 리스크 관리 보고 주기 설정	⑤ 규제 요건	• 고객예치금 분리보관, 강화된 AML/CFT 보고의무 • 외부감사·정기검사 대상
• DIFC 내 국제은행 계좌 개설 (DFSA 인가 증빙 필요)	⑥ 은행 계좌 개설	• 좌동 + 고객예치금 계좌 별도 요구
• 자기자금만으로 거래 가능, DFSA 정기 감독·보고 의무	⑦ 운영 개시	• 브로커리지/운용 서비스 제공, 강화된 감독·보고 의무

라이선스 취득 세부 절차 (DIFC/DFSA 관할)

① 의향서(Letter of Intent) 제출

- 신청 전, DFSA에 사업 의향을 서면으로 전달하여 사전 상담을 진행
- 이 과정에서 사업모델의 인가 필요성·규제 적합성을 비공식적으로 검토받을 수 있음

② 규제 사업계획서(Regulatory Business Plan) 제출

- 사업모델, 수익 구조, 리스크 관리, 내부통제, 기술 인프라, 인력 배치 등을 종합적으로 기술
- DFSA는 이 단계에서 자본 적정성(ICAAP 반영), 리스크 프레임워크, 조직 독립성 등을 중점 검토

③ 정식 신청서(Form PFN AUT-1 등) 제출

- 신청 수수료 납부와 함께 정식 문서 제출
- 포함 문서: 비즈니스 플랜, 재무 모델, 포괄적인 AML/CFT·KYC 시스템 및 절차, 조직도, ICAAP 및 내부 리스크 평가 보고서 등

④ 심사 및 조건부 승인(IPA: In-Principle Approval)

- DFSA 담당 심사관이 지정되어 약 2~3개월간 질의응답·인터뷰 진행
- IPA 승인 시, 법인 설립, 자본금 예치, 사무실 확보 등 구체적 조건이 부과됨

⑤ 법인 설립 및 조건 이행

- DIFC Registrar of Companies에 회사 등록 (LLC/LTD)
- 자본금 납입, 물리적 사무소 확보, 은행 계좌 개설 등 IPA 조건 충족

⑥ 최종 승인 및 라이선스 발급

- 조건 충족 증빙을 DFSA에 제출 → 최종 'Financial Services Permission' 라이선스 발급
- 이후 정식 영업 가능

참고사항

- **인가된 Crypto Token만 사용 가능:** DFSA는 DIFC 내 금융서비스에서 Recognised Crypto Token만 활용 가능하도록 제한
  → DFSA는 인가 심사 시 FATF 및 국제 규제 기준에 맞춰 토큰의 유동성, 기술 안정성, AML/CFT 위험성 등을 종합 검토함
  → 초기 승인 리스트 포함 여부 확인 또는 개별 신청 절차 필요
- **인가 기준:** 인가 신청 시 규제 상태, 시장 유동성, 기술 안정성, 스테이블코인일 경우 준비금·가격 안정성 등 종합 검토
- **규제 샌드박스(ITL) 활용:** 혁신적 비즈니스 모델은 Innovation Testing Licence(ITL)를 통해 제한적·조건부 운영 후 정식 라이선스로 전환 가능
- **DFSA의 엄격한 규제:** DIFC는 글로벌 금융 허브로서 AML/CFT 관련 국제 기준(FATF)을 철저히 준수하며, 라이선스 발급 후에도 정기적 보고 및 감사를 통해 규제 준수 여부를 엄격히 감독함

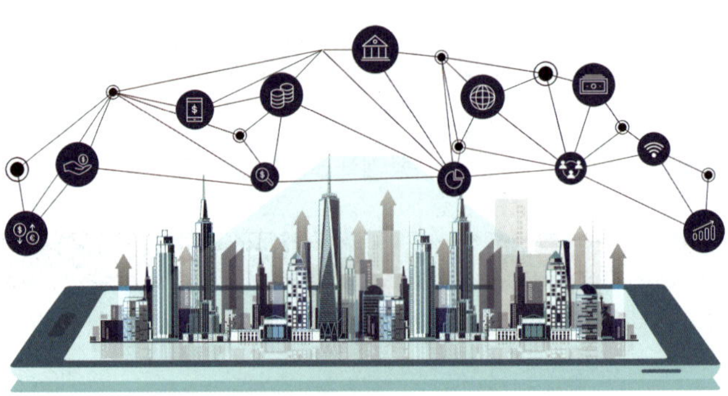

(3) ADGM 지역 (FSRA 관할)

ADGM 지역 투자 절차 (Prop Trading 기준)

(자기자본만 활용하는 경우도 원칙적 FSRA 인가 필요, 단 순수 자기 계산은 예외 가능)

자기자금만 활용 (Prop Trading)	단계	타인자산 개입·브로커리지 포함 (강화된 인가 필요)
• 목적을 'Proprietary Trading (Own Funds Only)'으로 설정 • FSRA FSP 범주 확인 ('Dealing in Investments as Principal') • 순수 자기 계산(own account only)은 인가 대상에서 제외될 수 있음	① 사전 검토	• 시장조성(Market Making), 제3자자금운용, 고객거래중개시 반드시 인가 필요 • 고객 자산 운용 포함 시 Managing Assets / Dealing as Agent 등 추가 라이선스 필요
• ADGM Registration Authority에 등록 (SPV 또는 LLC 가능) • 초기 자본금·임원 적격성 보고	② 법인 설립 신청	• 좌동
• VA 라이선스 불요	③ 라이선스 신청	• Investment Business License(FSP) 필요 • 브로커리지/자산운용 권한 포함 가능
• Fit & Proper Test (경영진 경력, 자격) • AML/CFT 기본 체계 및 리스크 관리 정책 제출	④ 심사 요건	• 강화된 AML/CFT 체계 • 고객 자산 분리, 외부감사 및 리스크 위원회 요건
• AML/CFT, 내부통제, 리스크 보고 의무 (자기자금만 운용해도 기본 요건 요구) • 정기 보고(분기/연간)	⑤ 규제 요건	• 고객예치금 별도 계좌 관리 • STR 보고, FATF 권고안 준수, 국제제재리스트 필터링
• ADGM 내 은행 계좌 개설 (인가 증빙 필요) • 예외로 인가 대상에서 제외되는 경우에도 은행 심사 시 확인 절차 있음	⑥ 은행 계좌 개설	• 좌동 + 고객예치금 계좌 별도
• 자기자금만으로 거래 가능, FSRA 감독·보고 대상 (인가 제외 사례는 감독 범위 축소)	⑦ 운영 개시	• 브로커리지/운용 서비스 제공, 강화된 규제 감독·보고 의무

라이선스 취득 세부 절차 (ADGM/FSRA 관할)

① 사전 상담(Pre-application meeting)

FSRA Authorisation 팀과 초기 미팅을 갖고 사업모델·활동범위(가상자산 관련 규제 대상 여부), 필요한 라이선스 범주(FSP 범위)를 확인합니다. 이후 정식 접수 전에 요건과 제출 자료 범위를 합의합니다.

② 정식 신청서 제출(Formal Application)

FSRA에 금융서비스 인가(FSP)를 신청합니다. 일반적으로 규제 사업계획서, AML/CFT 시스템 및 절차, 내부통제·리스크관리 체계, 주요 인력 Fit & Proper 자료 등을 포함합니다. 가상자산을 취급하려면 FSRA가 고시한 Virtual Assets Application(VAS) Form 제출 및 다루려는 자산의 인정 범위 확인이 필수입니다('Accepted Virtual Asset' 관련 안내·통지 절차 존재).

③ 심사 및 조건부 승인(IPA, In-Principle Approval)

FSRA가 서류·인터뷰를 통해 심사한 뒤 조건부 승인(IPA)을 부여합니다. IPA에는 법인 설립, 사무공간·주요 인력 확보, 자본금 예치, IT·보안·거버넌스 체계 등 구체적 이행 조건이 명시됩니다.

④ 법인 설립 및 조건 이행

ADGM Registration Authority(등록당국)에서 법인(통상 LTD/LLC 형태의 Operating Company)을 등록하고, IPA에 기재된 사전 이행조건(사무실, 은행계좌·자본 예치, 정책·절차 마련 등)을 완료합니다. 특히, SPV는 보유·구조화 목적의 법인 형태로, 규제 사업 영위에는 적합하지 않습니다.

⑤ 최종 승인 및 FSP 발급(Final Approval)

조건 이행 증빙을 제출하면 FSRA가 Financial Services Permission(FSP) 을 발급합니다. 가상자산 활동은 FSP에 기재된 허가 범위 내(예 자체 자금에 의한 매매, 중개·보관 등)에서만 영위할 수 있습니다.

⑥ 운영 개시 및 사후 감독

영업 개시 후에는 정기 보고, 변경 승인, 자체점검 등 FSRA의 사후 감독을 이행합니다. 취급 대상 토큰이 FSRA가 인정(Accepted)하는 가상자산 범주에 속하는지 지속적으로 확인·관리해야 합니다.

참고사항

- **가상자산 취급의 전제:** ADGM에서 가상자산 서비스를 하려면, FSRA의 'Virtual Asset Framework'(가상자산 활동 규율)에 따라 해당 활동이 규제 대상임을 전제로 FSP 인가를 받아야 하며, 취급 자산은 'Accepted Virtual Assets' 범주에 속해야 합니다(신규 자산은 별도 통지·평가 절차 적용).
- **서류·양식:** 가상자산 관련 신청에는 Virtual Assets Application(VAS) Form 등 전용 양식과 안내 문서가 적용됩니다(FAQ·양식 안내 참조).
- **엄격한 AML/CFT 규제 준수:** ADGM은 국제 자금세탁방지기구인 FATF의 권고안을 철저히 준수하며, 특히 가상자산에 대한 AML/CFT 규제를 엄격하게 적용합니다. 인가 후에도 정기적 감사와 보고 의무를 통해 지속적인 규제 준수 여부를 감독합니다.

5

해외 주요국 제도 비교: 일본·EU·아시아 사례

5.1 일본: 등록·공시와 회계기준의 유연성

일본은 가상자산에 빠르게 대응한 국가입니다. 2017년 세계 최초로 가상자산 거래소 등록제를 도입한 후, 이용자 보호와 금융질서 유지를 위한 법적·제도적 체계를 지속적으로 정비해 왔습니다. 가상자산 산업을 제도권으로 편입시키는 동시에, 법인의 가상자산 보유 및 활용이 가능하도록 회계, 세무, 공시 기준을 유연하게 설계했습니다.

일본의 법인 가상자산 투자제도 요약

구분	주요 내용
제도 개요	• 2017년 세계 최초로 가상자산 거래소 등록제 도입 • 금융청(FSA)이 「자금결제법」·「금융상품거래법」을 통해 VASP 등록·거래·내부 통제 기준을 규율
등록 기반의 관리	• 비제도권 위험을 제도권 관리체계로 편입 • 기업이 가상자산을 활용하려면 등록 사업자와 거래해야 합법 활동 가능 • 유틸리티 토큰과 증권형 토큰을 구분, 유틸리티 토큰은 증권 규제 대상에서 제외
회계기준의 유연성	• 일본공인회계사회(JICPA) 주도로 2020년 「회계처리 지침」 발표 • 보유 목적에 따라 비유동 무형자산 또는 단기매매자산 분류 • 시장가격이 있으면 공정가치 평가 허용 • NFT는 발행 목적(판매, 로열티, 브랜드 전략 등)에 따라 자산·수익 인식 시점 구분 적용
공시·수탁 제도	• 가상자산을 '기타 자산' 또는 '비유동 무형자산' 등 항목에 기재하고 주석 공시 의무화 • 등록된 거래소·수탁기관은 FSA 감독 하 리스크 관리·AML·해킹 방지 요건 충족 • 법인은 이들을 통해 안정적 접근 가능
Web3·STO 확장	• Sony, Line, Rakuten 등 대기업이 NFT·블록체인 게임·커스터디 사업 추진 • Rakuten은 NFT 마켓플레이스를 운영, 연간보고서에 토큰 보유 내역 공시 • **STO 제도화:** 토큰증권을 금융상품으로 분류, 발행자 등록제와 투자자 보호 규정 적용
세무 가이드라인	• NFT 과세체계 정비 중 (소비세, 양도세, 귀속 시점 등) • 세무사 단체와 협업해 현장 적용 가능한 지침 보급
의의와 한계	• **중도 전략:** 투자자 보호·AML은 엄격, 기술 활용은 자율성 부여 • 한국 대비 실무 친화적·재무 반영 가능한 시스템 구축 • NFT 과세·DAO 법인격 등은 논의 진행 중

등록 기반 관리체계

일본 금융청(FSA)은 **「자금결제에 관한 법률**(자금결제법)**」** 및 **「금융상품거래법」** 등을 정비하여, VASP의 등록 요건, 이용자 보호, 내부통제 기준을 명확히 규정했습니다. 이를 통해 가상자산 산업을 비제도권의 위험에서 제도권 관리체계로 편입시켰습니다.

주목할 점은, 일본은 기업의 참여 가능성을 사전에 차단하지 않았다는 것입니다. 예를 들어, 가상자산을 보유하거나 사업에 활용하려는 기업은 등록된 사업자와의 거래를 전제로 합법적인 범위 내에서 활동할 수 있습니다.

일본은 초기부터 **'유틸리티 토큰'**과 **'증권형 토큰'**을 구분하여 다뤄왔습니다. 유틸리티 토큰은 플랫폼 이용이나 콘텐츠 접근 등 일반적인 소비자 거래의 일환으로 간주되어 증권으로 보지 않습니다.

회계기준의 유연성

NFT나 토큰을 발행할 경우, 일본의 회계기준은 실질 목적과 구조에 따라 자산 분류와 수익 인식 시점을 조정할 수 있도록 유연하게 열려 있습니다. 이러한 제도는 미국의 기준보다도 유연하다고 평가받습니다.

회계기준은 **일본공인회계사회**(JICPA)를 중심으로 정비되었습니다. **2020년 발**

표된 「회계처리 지침」은 가상자산을 보유 목적에 따라 '비유동 무형자산[06]' 또는 '단기매매자산[07]'으로 분류하고, 시장가격이 있을 경우 공정가치 평가를 허용합니다. 이는 한국과 가장 큰 차이 중 하나입니다.

기업이 NFT를 발행할 때도 그 목적(단기 판매, 고객 로열티, 브랜드 전략 등)에 따라 회계처리가 달라질 수 있으며, 자산으로 인식하거나 수익으로 인식하는 시점에 유연한 선택이 가능합니다.

공시 및 수탁 제도 확립

일본의 공시 제도는 **자율성과 명확성**을 동시에 갖추고 있습니다. 가상자산을 일정 규모 이상 보유하거나 사업에 활용하는 경우, '기타 자산[08]' 또는 '비유동 무형자산' 항목으로 명시하고, 별도 주석 공시를 통해 리스크 요인과 전략 목적을 서술하는 방식이 정착되어 있습니다.

법인 참여에 있어 가장 주목할 만한 특징은 거래 상대방의 규제 상태를 명확히 파악할 수 있다는 점입니다. 등록된 거래소와 수탁기관은 FSA의 정기적

---

06 1년 이상 보유하는 물리적 형태가 없는 자산을 뜻합니다. 소프트웨어, 특허권, 영업권 등이 있으며, 정액법으로 상각 처리하는 보수적인 회계 방식을 특징으로 합니다.

07 단기간 내 시세차익을 목적으로 보유하는 금융자산입니다. 주식, 채권 등이 포함되며, 시가로 평가하고 평가손익을 당기손익으로 인식하는 것이 특징입니다.

08 유동/비유동자산 분류에 명확히 속하지 않는 자산을 의미합니다. 보증금, 임차보증금 등이 여기에 해당하며, 비중이 클 경우 재무제표 주석에 세부 내역을 공시하여 투명성을 확보하는 것이 특징입니다.

인 감독을 받으며, 리스크 관리, 해킹 방지, 자금세탁 방지 기준을 충족해야 합니다. 법인은 이들을 통해 제도적 안전망 안에서 안전하게 가상자산에 접근할 수 있습니다.

Web3 및 STO 영역까지 확장

일본은 기업의 Web3 전략에 제도적 기반을 제공하고 있습니다. **Sony, Line, Rakuten** 등 대기업들은 NFT, 블록체인 기반 게임, 커스터디 서비스 등 다양한 Web3 프로젝트를 추진 중이며, 이들 기업은 회계 및 공시 기준에 따라 모든 구조를 재무제표에 반영하고 있습니다.

특히 **Rakuten**은 NFT 마켓플레이스(NFT 온라인 거래 플랫폼)를 운영하며, 사업 수익과 토큰 보유 내역을 연간보고서에 기재하고 있습니다. 이처럼 일본은 '기술 실험이 가능한 규제'가 아니라, '재무 반영이 가능한 시스템'을 먼저 구축한 것이 특징입니다.

NFT 관련 세무 가이드라인도 정비 중입니다. 소비세(부가세) 부과 여부, 양도세 계산 방식, NFT 거래 수익의 귀속 시점 등이 차례로 명시되고 있으며, 세무사 단체와의 협업을 통해 현장 적용이 가능한 가이드가 보급되고 있습니다.

STO에 대해서도 일본은 빠르게 제도화를 진행했습니다. **자금결제법 및 금융상품거래법 개정**을 통해 토큰증권을 정식 금융상품으로 분류하고, 발행자 등록제와 투자자 보호 규정을 적용하고 있습니다. 일부 증권사와 금융기관은 이미

이를 활용한 토큰형 부동산 상품이나 수익증권형 토큰 프로젝트를 상용화했습니다.

유연한 모델

한국 기업이 주목해야 할 점은 일본이 선택한 **'중도 전략'**입니다. 투자자 보호와 자금세탁 방지에는 엄격하지만, 사업구조 내 기술 활용은 기업의 자율성을 인정하는 방식입니다. 이는 한국의 규제 설계에 참고할 만한 **유연한 모델**로 평가됩니다.

물론 일본 제도 역시 아직 모든 영역에서 완비된 것은 아닙니다. NFT 세무 기준은 여전히 변화 중이며, DAO에 대한 법인격 부여 등은 논의 초기 단계입니다. 그러나 큰 틀에서 '실제로 작동하는 규제-회계-공시 연계 시스템'이 구축되어 있다는 점은 분명한 강점입니다.

5.2 EU: MiCA를 통한 가상자산 규제 단일화

EU는 블록체인 기반 자산을 금융시스템에 통합하기 위해 가장 체계적으로 제도를 정비해 온 지역입니다. MiCA를 통해 EU 모든 회원국의 가상자산 규제 단일화를 추진하면서도, 각 회원국이 고유의 회계·공시·보유 구조를 유지할 수 있도록 하는 방식으로, 법인의 참여를 제도권 내로 통합하려는 공통된 방향성을 보입니다.

MiCA 시행: 초국가적 규제 프레임

EU의 MiCA를 통한 법인 가상자산 투자 규율 요약

구분	주요 내용
제도 개요	• 2023년 발효(2024년 2단계 적용), 세계 최초 초국가적 가상자산 규제 프레임워크 • EU 27개 회원국에 동일 적용
규제 범위	• **스테이블코인:** EMT(E-Money Token, 유로화 연동), ART(Asset-Referenced Token, 자산연동), 유틸리티 토큰 • CASP(Crypto-Asset Service Provider): 거래·커스터디·투자자문·운용·발행 지원 서비스
발행·보유 규율	• 기업 직접 보유·발행 허용 • 일정 규모 이상 자산 보유 시 EBA 또는 국가 금융당국 등록 필수 • 자본·내부통제 요건 충족 의무
공시 (White Paper)	• 일정 규모 이상 자금 모집·토큰 발행 시 공시 문서 제출 의무 • **내용:** 기술 구조, 투자 위험, 발행자 신원·재무상태 • 허위·기만 시 민·형사 책임
감독체계	• **ESMA:** CASP 규제 및 시장 감독 • **EBA:** 스테이블코인 발행자 등록, 자본 요건 등 금융안정 담당
회계·세무 구조	• MiCA 자체적으로는 단일 회계·세무 규정 없음 • 법적 정의·라이선스 체계만 통일 • 각 회원국이 이를 토대로 국가별 회계·공시 제도 정비 가능
실무적 의미	• 기업이 제도권 내에서 합법적으로 가상자산을 발행·보유·활용 가능 • EU 단일시장 내 가상자산 서비스 제공이 가능해져 국경 간 사업 확장 용이

2023년 발효된 MiCA(Markets in Crypto-Assets Regulation)는 유럽 전체의 가상자산 규제 체계를 단일화하는 세계 최초의 **초국가적 규제 프레임워크**입니다. 이 규정은 스테이블코인 발행자 요건, CASP(Crypto-Asset Service Provider, 가상자산사업자) 인가제, 정보공개 의무 등을 포괄하며 EU 전역에 동일하게 적용됩니다.

MiCA는 가상자산 유형을 **유로화 연동 스테이블코인**(EMT, E-Money Token), **자산연동형 스테이블코인**(ART, Asset-Referenced Token), **기타 유틸리티 토큰**으로 분류해, 각각의 발행 요건, 공시 기준, 투자자 보호조치를 규정하고 있습니다. 기업의 직접 보유와 발행도 허용하며, 일정 규모 이상의 자산을 보유한 경우 유럽은행감독청(EBA) 또는 각국 금융당국에 등록하고 자본 및 내부통제 요건을 충족하도록 요구합니다.

또한, 거래 플랫폼, 커스터디, 운용·조언(투자자문) 서비스 등을 인가 대상인 CASP로 규정하여, 법인이 이러한 서비스를 제공하려면 사전 인가 및 운영 기준을 충족해야 합니다.

MiCA는 **가상자산 공개**(White Paper 발행)에 대해서도 일정한 표준을 요구합니다. 일정 규모 이상의 자금을 모집하거나 대중을 대상으로 토큰을 판매하는 경우, 발행자는 기술적 구조, 투자 위험 요소, 발행자의 신원 및 재무상태 등을 포함한 공시 문서를 작성해 제출해야 합니다. 허위나 기만적 기재에 대해서는 민·형사 책임이 적용될 수 있습니다.

MiCA의 감독체계는 기능별로 분담되어 있습니다. 일반적인 CASP에 대한 규제와 감독은 **유럽증권시장감독청**(ESMA)이 담당하고, 스테이블코인 발행자에 대한 등록과 자본 요건 등 금융안정성 관련 사항은 **유럽은행감독청**(EBA)이 주관합니다.

MiCA는 회계 및 세무에 대한 통일 규정을 명시하지는 않았습니다. 대신, 가상자산의 법적 정의와 라이선스 체계를 통일함으로써, 각 회원국이 이를 기반으로 국가별 회계기준과 공시 체계를 정비할 수 있도록 했습니다.

특히 독일, 프랑스, 룩셈부르크 등 주요 국가들은 MiCA의 정의와 라이선스 체계를 회계·세무 실무에 접목해, 기업의 자산 보유와 사업 활용이 가능한 구조를 단계적으로 마련 중입니다.

ESMA와 EBA는 각자의 감독 범위 내에서 MiCA의 시행령과 세부지침을 지속적으로 보완하고 있으며, 전 회원국의 이행 상태와 라이선스 등록 상황을 단계별로 점검하고 있습니다.

독일: 커스터디 인가와 유연한 회계·세무 환경

독일은 EU 내에서도 가장 적극적으로 법인의 가상자산 참여를 제도화한 국가입니다. 2020년부터 가상자산을 '금융자산'의 범주로 명시하고, 기업이 이를 직접 보유하거나 인가된 커스터디 기관에 보관할 수 있도록 허용했습니다.

특히, **독일 금융감독청**(BaFin)**은 가상자산 커스터디 서비스**를 '금융업'으로 규정하고, 별도의 인가제도(Kryptoverwahrgeschäft)를 통해 명확한 법적 지위를 부여했습니다. 이에 따라 독일의 많은 기업들은 직접 보유에 따르는 회계 및 보안 리스크를 줄이기 위해, 인가된 커스터디 기관과의 계약을 통해 자산을 관리하는 방식을 선호하고 있습니다.

회계적으로는 IFRS를 채택하면서도 자산 분류에 자율성을 부여하고 있어, 기업은 가상자산을 **'영업 외 투자자산'** 또는 **'비유동 금융자산'** 등으로 회계에 반영할 수 있습니다. 또한, 기업들은 연차보고서에 가상자산 보유 현황을 명시적으로 구분하고, 공시 주석을 통해 리스크 요인과 전략적 목적을 함께 설명하고 있습니다.

세무적으로는 **법인의 가상자산 활용을 장려하는 구조**가 정비되어 있습니다. 법인이 가상자산 투자로 얻은 수익에 일반 법인세가 부과되는 것은 동일하지만, 소규모 사업자를 위한 세금 감면 혜택과 더불어 자산의 취득가액을 산정 시 '선입선출법(FIFO)' 등 다양한 회계처리방식에 대한 선택권을 부여함으로써 가상자산 사업의 활성화를 유도하고 있습니다.

프랑스: DASP 라이선스 중심의 법인 참여 모델

프랑스는 MiCA 이전부터 DASP(Digital Asset Service Provider, 가상자산사업자) 제도를 운영해 왔습니다. 이 제도는 법인의 가상자산 활동 성격에 따라 등록 또는 협업 요건을 다르게 적용합니다.

법인이 단순히 가상자산을 보유하거나 회계상 자산으로 인식하는 수준에서는 DASP 등록을 요구하지 않습니다. 즉, 고객을 대상으로 하는 매매, 수탁 등의 서비스가 아니라면 기업 내부 지갑에서 자산을 독립적으로 운용할 수 있습니다.

그러나 법인이 **가상자산을 매수·매도하는 행위**는 DASP 등록이 필요합니다. 만약 법인이 직접 DASP 라이선스를 취득하지 않았다면, 공식 등록된 DASP와의 협업을 통해 거래를 수행해야 합니다.

여기서 '협업'은 단순히 컨설팅이나 기술 제휴를 의미하는 것이 아닙니다. 법인이 상업적으로 활용할 경우, 반드시 DASP로 등록된 사업자를 통해서만 실행해야 한다는 제도적 요건을 뜻합니다. 직접적인 거래 행위, 수탁 활동 등을 법인이 자체적으로 수행하는 것은 DASP 등록 없이는 금지됩니다.

프랑스 법인의 DASP와의 협업 사례

협업 항목	법인의 행위	DASP의 역할
커스터디 위탁	자체 지갑 대신 DASP의 커스터디 서비스 사용	키 관리, 보안, 인출 서비스 제공
매매 실행 위탁	DASP 플랫폼을 통해 매수 및 매도 지시	거래 체결 및 기록 보관
정산·송금 대행	가상자산 입출금 처리 요청	송금 처리, 수수료 징수

스위스: 기능 기반 토큰 분류와 DAO·NFT 수용

스위스는 EU에 속하지 않지만, 유럽 금융시스템과 긴밀히 연계된 독립적인 규제국가로서 가상자산 제도화에 있어 선도적인 위치에 있습니다. **FINMA**(스위스 금융감독청)는 가상자산을 기능에 따라 **'자산 기반 토큰'**, **'결제 토큰'**, **'유틸**

리티 토큰'의 세 가지 유형으로 분류하고, 각 유형에 맞는 규제와 공시, 회계 지침을 제공합니다.

FINMA는 DAO나 NFT 등 Web3 기반 구조에 대해서도 기술적 형태가 아닌 실제 기능에 따라 규제 기준을 달리 적용하는 '**기능 중심의 규제**'를 제도화하였으며, DAO와 관련해서는 '**법인 분리 책임 모델**'을 도입하였습니다. DAO의 법적 활동을 대리하는 별도의 법인을 두어, DAO 참가자들이 법적 불확실성 없이 은행 계좌 개설, 계약 체결 등 법인 자격이 필요한 활동을 안전하게 수행할 수 있도록 하고 있습니다.

이러한 유연한 제도 덕분에, 법인은 DAO에 직접 참여하거나 DAO 기반 서비스 제공자로 활동할 수 있으며, NFT를 통해 고객 보상, 진품 인증, 브랜드 체험 등 다양한 구조를 제도권 내에서 구현할 수 있습니다.

FINMA의 토큰 분류는 회계처리에도 직접 적용됩니다. 프로젝트의 자산은 유형 분류에 맞춰 회계상 처리되며, 기업은 이를 공시보고서에 명시하고 재무제표에는 리스크 요소와 사업 목적을 함께 기재합니다. 스위스 회계감사 업계는 FINMA와 협력하여 가상자산 보유 기업을 위한 별도 감사 기준을 정비하고 있으며, 이는 실무 수용성과 신뢰성을 동시에 강화하는 방식으로 작동합니다.

EU 및 인접국 법인의 가상자산 참여 제도 비교

국가/기관	규제 프레임	법인 참여 구조	회계·공시 특성
EU 전체	MiCA 규정	자산별 정의 및 서비스별 인가 구조	회계는 각국 자율, 공시는 통합 추진
독일	금융자산 분류 + 커스터디 인가	직접 보유 또는 인가된 수탁기관 기반 운용	자산 분류 자율, 공시 주석 확대
프랑스	DASP 등록제	라이선스 기반 보유 또는 제휴 참여	목적별 평가 기준, 공시 명문화
스위스	기능 중심 3분류 모델	DAO·NFT까지 포함한 실질적 구조 수용	회계감사 기준 별도 정비, 분리 책임 구조

5.3 아시아: 유연한 Web3 참여 모델

아시아 주요 금융 허브들은 미국이나 EU보다 유연하고 실험적인 규제를 통해 가상자산 생태계를 제도권으로 편입시키고 있습니다. 특히 싱가포르와 홍콩은 고유의 법률 체계와 금융 인프라를 바탕으로 법인의 가상자산 참여를 적극 허용하면서, Web3 생태계로의 전략적 전환을 추진하고 있습니다.

싱가포르: 기능 중심의 규제와 실무 유연성

싱가포르는 아시아에서 가장 먼저 법인의 가상자산 보유와 활용을 제도화한 국가입니다. **싱가포르 통화청**(MAS)은 2019년부터 **「지급서비스법**(Payment Services Act, PSA)**」**을 시행하며 가상자산을 **'Digital Payment Token**(디지털 결제형 토큰)**'**으로 정의하고, 관련 서비스를 라이선스 기반으로 관리하고 있습니다.

MAS도 **'기능 중심 접근'**을 채택하고 있습니다. 이에 따라 법인의 보유 목적, 운용 방식 등에 따라 공정가치 또는 원가 평가를 선택적으로 적용할 수 있어, 회계상 자산 분류의 자율성이 높은 편입니다.

또한, MAS는 Web3, DAO 등 신기술 기반 조직에 대해서도 **'리스크 중심'**의 판단 기준을 제시합니다. DAO 참여는 토큰 발행 구조, 발행 주체의 법적 실체 여부 등에 따라 합법성 여부를 실질적으로 평가하며, 사전 구조 설계와 투명한 정보공개가 있다면 법인의 참여도 가능하다는 입장을 견지하고 있습니다.

실제 싱가포르에 기반을 둔 스타트업과 기술기업들은 NFT 기반 멤버십 프로그램, DAO 기반 투자조합, Web3 기반 로열티 설계 등 다양한 실험을 제도권 안에서 추진 중입니다.

홍콩: Web3 전환 선언과 제도화 노력

홍콩은 2022년 10월 Web3 산업을 전략적으로 육성하겠다는 입장을 공식화하고, 가상자산 관련 제도 정비를 본격화해왔습니다. 특히 법인이 가상자산에 대해 제도권 내에서 참여할 수 있도록 인프라를 마련하면서, 아시아 주요국 가운데 가장 적극적인 제도화를 추진하고 있습니다.

가장 큰 변화는 가상자산 거래 플랫폼에 대한 인가제 도입입니다. 홍콩 증권선물위원회(SFC)는 일정 요건을 충족한 사업자에게 **'가상자산 거래 플랫폼(VATP)'** 라이선스를 부여하고 있으며, 무인가 사업자는 퇴출 대상이 됩니다. 또한, 기관투자자의 가상자산 투자를 허용하고, 커스터디 제공업체에 대한 감독체계도 마련되어 **법인의 직접 보유 및 운용**도 가능해졌습니다.

STO에 대한 제도적 기반도 빠르게 확대되고 있습니다. **홍콩거래소(HKEX)와 주요 금융기관들**은 채권, 금, 부동산 등 실물자산을 토큰화해 발행·유통하고 있으며, 더불어 정부는 'Project Ensemble'이라는 규제 샌드박스를 통해 자산 종류, 참여 주체, 기술 인프라를 확장하는 실증 프로젝트를 병행하고 있습니다. 이러한 토큰화 구조는 회계 및 공시 기준과 연동되어, 법인이 가상자산을 실질적인 운용자산으로 활용할 수 있도록 설계되어 있습니다.

아울러, 2025년 8월부터는 **스테이블코인** 발행에 대한 정식 인가제도가 시행되었습니다. 이에 따라 스테이블코인을 발행하려는 사업자는 **홍콩 금융관리국**(HKMA)의 라이선스를 취득해야 하며, 자본 요건, 준비금 운용, 상환 구조의 투명성, AML·CFT 체계 등 엄격한 기준을 충족해야 합니다.

아시아 주요국 법인의 가상자산 참여 제도 비교

국가	제도 틀	주요 감독기관	특징 요약
싱가포르	지급서비스법(PSA) 기반	MAS	기능 중심 판단, 회계 자율성, 리스크 중심 규제
홍콩	VATP 인가제, STO·스테이블코인 규제	SFC, HKMA	법인 직접 보유·운용 허용, STO 유통, 스테이블코인 라이선스 시행

법인에게 열리는 가상자산 투자 시대: 기업의 투자와 사업 활용 전략

제 2 부

해외 기업의 가상자산 투자·사업 사례

1

비트코인 보유 상장기업 사례: Strategy·Tesla·Meitu

1.1 Strategy: 공격적 비트코인 투자 전략

Strategy는 회계기준의 제약 속에서도, 자금조달·공시 전략·리스크 고지를 포괄하는 구조적 설계를 통해 비트코인 보유를 공식 사업 전략으로 채택한 최초의 상장사 사례입니다. 이 모델은 가상자산 보유가 실무적 리스크를 동반하더라도, 전략적으로 접근하면 기업가치에 충분히 기여할 수 있다는 점을 보여줍니다.

Strategy의 투자 전략 요약

구분	주요 내용
기업 개요	• 미국 나스닥 상장사, 본업은 BI(비즈니스 인텔리전스) 소프트웨어 • 2020년부터 비트코인 투자 전략을 본격 도입
회계처리	• US GAAP 기준상 무형자산 분류 → 취득원가 계상, 하락 시 손상 인식, 상승분은 미반영 • 회계상 한계 보완을 위해 주석 공시로 보유량·시장가치 공개 (예) 장부가 18억 달러 vs 시가 40억 달러)
자금조달	• 현금 외에 전환사채 발행, 주식 추가 발행, 장기대출로 자금 확보 • **전환사채 구조:** 비트코인 상승 → 주가 상승 → 투자자 주식 전환 가능 → 채권·주식·비트코인 가치 연결
공시·IR 전략	• CEO Michael Saylor의 일관된 메시지 전달 • 분기별로 보유 수량, 평균 취득단가, 손상차손, 시장가치 등 공시
리스크 관리	• **보관:** 콜드월렛 + 멀티시그 구조, 외부 보관기관 인증서 확보 → 감사 대응 • **리스크 공시:** 변동성·제도 불확실성·회계 불이익 등을 투자자에게 선제적으로 고지
시사점 (한국 기업)	• 단순 투자가 아닌 자본구조+공시+IR 통합 설계 모델 • 불리한 회계기준 하에서도 보완 공시로 신뢰 확보 가능 • 외부 자금조달을 경영 전략과 연결하여 가상자산을 단순 운용이 아닌 장기 전략으로 활용한 사례

손상회계 한계 보완, 전략적인 자금조달

미국 나스닥 상장사로, **원래 비즈니스 인텔리전스(BI) 솔루션을 제공하는 소프트웨어 기업**이었던 Strategy는 2020년 중반부터 자사의 **여유 자금을 비트코인**에 투자하기 시작했습니다. 이후 지속적인 매입을 통해 대량의 가상자산을 축적하며, 비트코인 투자를 재무정책의 축으로 구조화했습니다.

회계 측면에서 Strategy는 **비트코인**을 US GAAP 기준에 따라 **'무형자산'**으로 분류할 수밖에 없었습니다. 취득 원가로 자산을 계상하고, 시장가치가 하락할 경우 손상차손만 인식하게 됩니다. 반대로 가격이 상승하더라도 장부가에 반영할 수 없어, 장부가치가 실제 가치보다 낮게 표시되는 한계가 있었습니다.

이 문제를 해결하기 위해 Strategy는 **정기적으로 공시 주석을 통해 실질 보유량과 시장가치를 함께 제시**했습니다. 예를 들어, 2022년 연차보고서에서는 "장부상 18억 달러의 비트코인 보유자산이 있지만, 시장가치는 40억 달러를 초과한다"는 주석이 포함되었습니다. 이를 통해 투자자는 손상회계의 한계를 보완하여 해석할 수 있었습니다.

독특한 자금조달 전략도 주목할 만합니다. 보유 현금 외에 전환사채 발행, 보통주 추가 발행, 장기 대출 등을 통해 확보한 외부 자금으로 가상자산을 지속적으로 취득했습니다. 이 구조는 기업가치 평가에 있어 비트코인 가치를 반영하도록 유도하는 효과를 거두었습니다.

특히, 비트코인 가치 상승이 주가에 긍정적인 영향을 미칠 때, 전환사채 투자자가 이를 주식으로 전환해 추가 수익을 얻을 수 있도록 설계했고, 이는 추가 자금조달을 용이하게 하였습니다.

일관된 메시지와 투명한 공시, 리스크 관리: 투자자 신뢰 확보

회사의 경영진은 메시지를 일관되고 명확하게 전달했습니다. 공동 창업자이자 CEO였던 Michael Saylor(마이클 세일러)는 "**비트코인은 디지털 금**이며, 회사의 현금 보유 전략이자 장기 가치저장 수단"이라고 반복적으로 강조했습니다.

공시 전략도 매우 정교하게 구성되었습니다. Strategy는 분기마다 비트코인 보유 수량, 평균 취득단가, 손상차손 규모, 시장가치 추정치를 별도 항목으로 지속 공시했습니다. 이는 **재무제표에 반영되지 않는 정보**를 투자자와의 신뢰 수단으로 활용한 것입니다. 초기에는 회의적인 시각도 있었으나, 시간이 지나면서 일부 기관투자자는 Strategy를 **'비트코인 ETF에 가까운 상장 주식'**으로 인식하기 시작했습니다.

Strategy는 **내부통제와 감사 대응**도 철저히 준비했습니다. **비트코인 보관 방식**을 '콜드월렛(오프라인 지갑)'을 활용한 Multi-signature(멀티시그, 여러 명의 서명이 있어야 자산 이동이 가능한 지갑 구조) 방식으로 설정하고, 보관 기관의 감사인증서를 확보해 외부감사에 제출했습니다. 이 구조는 회계감사인의 신뢰를 확보하는 데 결정적으로 작용했습니다.

리스크 관리 측면에서도 Strategy는 공시 문서에 해당 전략의 불확실성을 명확히 기재했습니다. "가상자산은 가격 변동성이 크고, 제도 환경이 불안정하며, 보유에 따른 회계상 불이익이 존재한다"는 점을 투자자에게 선제적으로 설명했습니다.

한국 기업에 대한 시사점

Strategy의 사례는 **한국 기업에도 중요한 시사점**을 제공합니다.

1 단순한 투자보다는 자본 구조, 공시 전략, IR 커뮤니케이션을 종합적으로 설계한 사례라는 점에서 참고할 수 있습니다.

2 불리한 회계기준 하에서도 주석 공시와 보완 정보 제공을 통해 투자자 신뢰를 확보했다는 점이 중요합니다.

3 자산 보유를 위해 외부 자금을 조달하고 이를 회사의 성장 전략과 연결한 점은, 가상자산을 자산운용 관점에서만 보지 않고 **경영 전략의 일부**로 보아 접근한 신선한 사례로 평가할 수 있습니다.

1.2 Tesla: 유연한 투자와 유동성 관리

Tesla는 가상자산을 재무 전략의 중심에 두지는 않았지만, 상장사로서 회계·공시·자금 운용 등 차원에서 정합성과 유연성을 갖춘 선례를 남겼습니다. 단기적 투자 성과와 회계상의 명확성, 투자자 반응 등을 종합적으로 고려해 전략을 수립했고, 그 과정에서 공시와 회계 설계가 매우 세밀하게 작동했습니다.

Tesla의 투자 전략 요약

구분	주요 내용
기업 개요	• 미국 나스닥 상장사, 글로벌 전기차 제조업체 • 2021년 2월 약 15억 달러 규모 비트코인 매입 공시(Form 10-K)
투자 성격	• 현금 일부를 다양한 유동성 자산으로 분산하는 재무전략의 일환 • 본업과 분리된 준현금성 자산 투자로 접근 • 이후 일부 매도(2022~2023년), 보유량 축소
회계처리	• US GAAP 기준상 무형자산 분류 • 가격 하락 시 손상차손 인식, 회복 시 장부가 복구 불가 • 분기보고서(Form 10-Q)에 보유 수량, 취득단가, 공정가치, 손상차손 등 상세 공시
공시·IR 전략	• 비트코인 관련 정보를 상세히 공시 • 장부가치와 시장가치 차이를 투자자가 이해하도록 유도
보관·보안 구조	• 커스터디 파트너를 통한 안전한 보관, 내부통제 기반 멀티시그 관리 → 회계감사 및 법적 책임 분산 확보
투자자 반응	• 일부 투자자는 투기자산 보유라며 우려 • 다수 분석가는 재무 유연성 확보 차원으로 긍정 평가
실험적 확장	• 2021년 일시적으로 Tesla 차량 결제에 비트코인 허용 (이후 중단) → 기업이 제품 판매와 가상자산을 연결할 수 있음을 보여준 사례
시사점 (한국 기업)	• 단기·중기적 투자 실험 가능성을 보여줌 • 사전적으로 계약·회계 시뮬레이션·투자자 설명자료 준비 필요 • K-IFRS 체계에서도 Tesla식 상세 공시 구조 응용 가능

회사의 본업과 분리한 비트코인 보유 전략

Tesla는 2021년 2월, 연차보고서(Form 10-K)를 통해 비트코인을 약 15억 달러 규모로 매입했다는 사실을 공시했습니다. 이는 당시 기준으로 전 세계 기업 중 가장 큰 규모였으며, 비트코인 보유를 공식화한 첫 대형 제조기업 사례였습니다.

Tesla는 이 공시에서 "현금의 일부를 **다양한 유동성 자산으로 분산**하는 정책의 일환"이라고 설명했습니다. 이는 가상자산 보유를 **회사의 본업과 분리**하여 재무정책 차원에서 접근한 대표적인 사례입니다. Strategy가 가상자산을 기업 전략의 중심에 두었다면, Tesla는 재무정책의 일부로 가상자산을 편입하는 방식을 택한 것입니다.

Tesla의 이러한 움직임에 대해 제조기업이 투기 자산을 보유하는 것에 대한 우려를 나타낸 경우도 있었지만, 대다수 분석가는 Tesla가 비트코인을 재무 유연성 확보 차원의 '준현금성 자산'으로 보고 있다면서 긍정적으로 평가했습니다.

그러나 Tesla는 해당 전략을 지속하지는 않았습니다. 2022년과 2023년 사이에 일부 비트코인을 추가 매도했고, 이후 전체 보유량은 축소되었습니다.

투명한 회계와 공시

Tesla는 비트코인을 미국 GAAP 기준에 따라 **'무형자산'**으로 분류했습니다. 이로 인해 Strategy 사례와 마찬가지로, 비트코인 가격이 하락하면 손상차손을 인식해야 했지만, 가격이 회복되더라도 장부상 가치를 복구할 수 없는 **회계적 한계**에 놓였습니다.

Tesla는 이를 투자자에게 명확히 설명했습니다. **분기보고서**(Form 10-Q)에서 비트코인 보유 내역을 공개하고, 보유 수량, 취득단가, 공정가치 변동, 손상차손 인식액 등을 상세히 표기했습니다. 이는 공시 의무를 넘어, 재무제표에 반영되지 않는 정보를 투명하게 공개함으로써 **투자자의 신뢰를 확보하려는 전략**이었습니다.

Tesla는 같은 해 일부 비트코인을 매도하면서 수익을 실현했습니다. 이와 관련해 CEO Elon Musk(일론 머스크)는 "시장 유동성과 회계처리 방식에 대한 내부 검증 목적"이었다고 밝혔습니다.

보관 방식과 보안 정책도 공식 문서에 포함했습니다. Tesla는 "가상자산은 보안이 강화된 커스터디 파트너를 통해 안전하게 보관되며, 내부통제 절차에 따라 다중서명 방식으로 관리된다"고 밝혔습니다. 이는 회계감사와 법적 책임 분산을 동시에 확보하는 구조를 설계한 것입니다.

Tesla 사례의 시사점

Tesla의 사례는 대기업이 회계·공시 리스크를 관리하면서도, 일정 수준의 가상자산 참여가 가능하다는 것을 증명했습니다. 또한, Tesla는 비트코인을 결제수단으로서의 수용도 시도했습니다. 2021년 일시적으로 Tesla 차량에 대한 비트코인 결제를 허용했다가, 곧 중단했지만, 기업이 제품 판매와 가상자산을 연결할 수 있다는 가능성을 보여준 실험적인 사례입니다.

Tesla는 가상자산 관련 공시 항목을 **기존 재무보고서와 병렬로 제시**함으로써, 투자자가 장부가치와 시장가치의 차이를 이해하도록 유도했습니다. 이는 K-IFRS 체계에서도 응용 가능한 방식입니다.

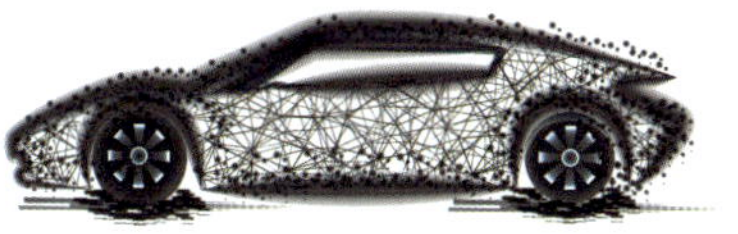

1.3 Meitu: 기술 연계형 이중 목적 투자

Meitu(미투)는 비트코인과 이더리움을 동시에 보유하며 재무 전략과 기술 실험을 병행한 상장사입니다. 일부 자산 손실이 발생했음에도 불구하고, 회계·공시·리스크 관리 측면에서 구조화된 대응을 수행하여 전략적 가치를 인정받고 있습니다.

Meitu의 투자 전략 요약

구분	주요 내용
기업 개요	• 중국계 모바일 앱 기업, 홍콩(HKEX)·프랑크푸르트(FRA: M5U) 증시에 상장 • 2021년 동아시아권 상장사 중 최초로 가상자산 전략적 도입
투자 성격	• **이중 목적 투자:** 재무 전략 + 블록체인 서비스 개발 연계 • **2021년 3~4월:** 비트코인 약 4,950만 달러, 이더리움 약 5,050만 달러 매입 (총 1억 달러 규모) • **이더리움 매입:** NFT·DApp 생태계 활용과 자사 서비스 연계 목적
회계처리	• **IFRS 기준:** 가상자산을 무형자산으로 분류 • 가격 하락 시 손상차손 인식, 회복 시 상향 조정 불가 • 실제로 약 1,700만 달러 손상차손을 단기간에 반영
공시·IR 전략	• 분기보고서에 보유자산 종류, 수량, 평균 매입가, 장부가치, 손상차손 규모를 상세 기재 • 감사보고서·IR 자료에 회계법인 유권해석을 병행 설명
리스크 /성과	• 단기 재무성과는 부정적, 투자자 일부 회의적 반응 • 시세 하락·규제 불확실성으로 보유 전략 점진적 축소 • **2024년:** 보유 비트코인(940개)과 이더리움(31,000개)을 전량 매도, 약 1억 8천만 달러 회수·순이익 약 8천만 달러 실현
시사점 (한국 기업)	• 단순 투자보다 기술 연계 목적을 결합한 사례 • 손상회계의 불리함 속에서도 투명한 정보 제공·일관된 메시지로 투자자와 소통 • 규제 미비 상황에서 참고할 만한 전략-회계-공시 통합 모델

재무 전략 및 기술 개발의 이중 목적 투자 전략

홍콩 증권거래소(HKEX)와 프랑크푸르트 증권거래소(FRA: M5U) 등에 상장된 중국계 모바일 앱 기업 Meitu는 2021년, 동아시아권에서 가상자산을 전략적으로 도입한 첫 상장사로 주목받았습니다. Meitu는 가상자산을 기업 재무 전략

뿐만 아니라, 향후 자체 블록체인 서비스 개발을 위한 수단으로도 고려했습니다.

2021년 3월과 4월 사이, Meitu는 4,950만 달러 상당의 비트코인과 5,050만 달러 상당의 이더리움을 단계적으로 매입했습니다. 그리고, 공시자료를 통해 "블록체인 산업 참여는 전략적 결정"임을 명확히 밝혔습니다.

특히, 당시로서는 이더리움에 대한 비중이 높았다는 점이 독특했습니다. Meitu는 "이더리움은 NFT 및 디앱(DApp, Decentralized Application, 스마트 계약과 분산 네트워크 기반 탈중앙 앱) 생태계에서 활용도가 높고, 자사의 미래 서비스 모델과 연관성이 크다"며 단기 시세차익이 아닌, 기술 연계형 자산 보유의 의미를 강조했습니다.

손상 회계 적용과 공시 설계 방식

홍콩 증권거래소 상장사인 Meitu는 국제회계기준(IFRS)에 따라 가상자산을 '무형자산'으로 분류했습니다. 이러한 회계기준은 시장가치 하락 시 즉시 손상차손을 인식해야 하고, 가격이 회복되더라도 상향 조정은 불가능한 한계를 내포하고 있습니다.

실제로 Meitu는 자산 보유 후 수개월 내 1,700만 달러 이상의 손상차손을 인식했습니다. 이는 기업의 단기 재무성과에 부정적인 영향을 미쳤고, 일부 투자자들로부터 회의적인 반응을 얻기도 했습니다. 그러나 Meitu는 이를 감수하고 전략을 유지했습니다.

공시에서도 적극적인 메시지가 이어졌습니다. Meitu는 각 분기보고서에 보유 가상자산의 종류, 수량, 평균 매입가, 장부가치, 손상차손 규모 등을 모두 명시했습니다. 이러한 정보는 **회계상 한계를 공시 설계를 통해 보완하는 전략**으로 해석할 수 있습니다. 또한, **이사회**는 '가상자산의 가치를 회사가 제공하는 소프트웨어 생태계와 연결할 수 있는 중요한 자산'이라는 점을 반복적으로 강조했습니다.

전략 축소 이후의 대응과 시사점

아쉬운 점은, 이후 시세 하락과 규제 불확실성이 심화되면서 Meitu가 점차 보유 전략을 축소해 나갔다는 것입니다. 그러나 기존 보유자산은 계속 장부에 남아 있었고, 공시도 유지되었습니다.

이 과정에서 Meitu는 회계처리 방식에 대한 외부 질문에 대응하기 위해, **회계법인의 해석을 기반으로 하여 주석 설명을 병행**했습니다. 이 내용은 감사보고서와 IR 자료에 명시되었으며, 이는 비재무적 리스크 대응 전략으로 활용되었습니다.

이중 목적 투자 모델의 실험은 제한적인 성과로 머물렀지만, 상장사가 **'이더리움 중심의 기술 연계형 자산 보유'**를 선언하고 실행한 드문 사례로서 의미가 있습니다. 손상 회계의 불리함을 인식하면서도, **정보 제공의 투명성과 전략적 일관성**을 통해 **투자자와 소통**한 방식은, 규제가 아직 정비되지 않은 우리 나라 상황에서도 참고할 만한 모델입니다.

2

NFT 수익화 모델: 브랜드와 플랫폼 전략

2.1 Starbucks Odyssey: 고객 로열티 프로그램의 Web3 진화

스타벅스는 Web3 기술을 활용한 고객 로열티 프로그램의 선도적 사례로 주목받았습니다. 특히 'Starbucks Odyssey' 프로젝트는 일반적인 포인트 적립 프로그램을 넘어서, NFT 기반의 참여형 멤버십 시스템을 설계하고 이를 수익화 구조와 연결한 대표적인 사례였습니다. Odyssey 베타 서비스는 2024년 3월 운영이 종료되었으나, 베타 종료 이후에도 획득된 '스탬프' NFT는 Nifty Gateway 등 마켓플레이스에서 거래가 가능합니다.

Starbucks Odyssey 프로그램 요약

구분	주요 내용
프로그램 개요	• 2022년 미국에서 시범 론칭 • 기존 리워드에 '여정(Journey)' 미션 + NFT 보상 결합 • Polygon 기반 NFT 발행, 자체 마켓플레이스 거래 가능
멤버십 구조	• 커피 구매·미션 완료 시 디지털 스탬프(NFT) 획득 • NFT는 경험·참여도를 반영하는 디지털 정체성 역할 • NFT 보유자는 특별 메뉴, 커뮤니티 이벤트, 멤버십 등급 우선권 등 오프라인 혜택도 누림
데이터·수익화 모델	• NFT는 참여 이력·충성도 데이터를 정밀 반영 • 고객 세분화, 개인 맞춤형 마케팅 전략 수립 가능 • **수익화 방식:** NFT 거래 수수료, 희소성 기반 거래 활성화, 제휴 브랜드와 공동 NFT 발행 등
CRM 혁신	• 전통 CRM을 넘어 고객의 활동 빈도·참여 수준까지 분석 가능 • 고객 유형·행동 패턴 세분화, 제품 개발 및 마케팅에 활용
회계·재무 처리	• 현재는 회계상 무형자산으로 공식 반영되지 않음 • 내부 관리회계에서 NFT 수익/보상 비용을 설계해 재무 전략과 연계 • 향후 회계기준 변경 시 기업 자산으로 인식될 가능성
실무적 시사점 (한국 기업)	• NFT는 기존 포인트·쿠폰과 달리 유통 가능성 + 거래 기록이 있어 고객 기여도를 자산가치로 전환 가능 • NFT 기반 로열티는 고객 참여도를 정밀하게 파악 가능 • 참여 기반 가치 생성 구조를 브랜드 충성도·수익화 모델로 확장할 수 있는 참고 사례

Starbucks Odyssey는 2022년 말 미국에서 시범적으로 론칭되었습니다. 기존의 스타벅스 리워드 시스템에 **'여정(Journey)'이라는 미션 구조와 NFT 보상을 결합**한 형태로 설계되었습니다. 이용자는 커피를 마시거나 일정한 미션을 완료하면 디지털 스탬프(NFT)를 획득하고, 이 NFT를 통해 다양한 혜택에 접근할

수 있도록 하였습니다. Starbucks는 이 시스템의 핵심을 **'경험 기반 자산화'**라고 표현했습니다.

NFT는 Polygon(이더리움의 사이드체인) 기반으로 발행되었으며, 자체 마켓플레이스에서 자유롭게 거래할 수 있도록 했습니다. Starbucks는 Odyssey를 통해 기존 CRM 시스템으로는 파악하기 어려운 **고객 유형과 행동 패턴을 식별**하였습니다. NFT 보유 유형, 거래 내역, 미션 완료 속도 등은 전통적인 고객정보 이상으로 훨씬 더 세분화된 인사이트를 제공하고, 마케팅 및 제품 개발에도 직접 반영되었습니다.

또한, Odyssey 프로젝트는 고객의 상호작용을 **플랫폼 외부와도 연동**했습니다. 예컨대 소셜미디어와 연결된 인증 미션, 제휴 브랜드와의 크로스 프로모션, 로컬 이벤트 참여 등을 통해 NFT가 내부 보상 시스템을 넘어 **생태계 확장 도구**로 작동할 수 있었습니다.

고객은 NFT를 보유함으로써 **오프라인 혜택**도 누릴 수 있었습니다. 특별한 메뉴 접근권, 특정 지역 커뮤니티 이벤트 우선권, 향후 멤버십 프로그램 내 등급 우선 적용권 등이 주어졌습니다. 이는 가상자산이 오프라인 고객 경험을 확장하는 매개체로 작동하는 방식입니다.

회사 내부적으로도 해당 NFT 시스템은 '자산'으로 인식되기 시작했습니다. NFT 마켓 수수료 수익, NFT 희소성 기반 거래 활성화, 외부 제휴 브랜드와의 공동 NFT 발행 등 **비전통적 수익모델**이 구조적으로 실험되었던 것입니다. 이는 브랜드 수익화의 새로운 축으로 평가받고 있습니다.

회계나 공시 차원에서 불확실성이 컸지만, 스타벅스는 이를 내부 문서와 설명 자료를 통해 적극적으로 관리했습니다. “Odyssey는 현재 회계상 무형자산으로 등록되지 않지만, **브랜드 자산이자 미래 수익원**으로 기능하고 있다”고 강조했습니다.

회계적으로 NFT는 스타벅스의 재무제표에 명시적으로 반영되지 않았지만, 내부 보고 및 관리회계 관점에서는 디지털 수익원과 보상 비용의 균형 설계를 통해 재무 전략과도 연계되었습니다. 이 구조는 향후 회계기준이 변경될 경우, **기업 자산으로 인식될 가능성을 전제로 설계**된 것입니다.

스타벅스는 **'참여 기반 가치 생성 구조'를 수익화한 사례**라는 점에서 한국 기업들에게도 참고 모델이 됩니다.

2.2 Nike/RTFKT: NFT와 실물 제품 결합

Nike가 인수한 디지털 스튜디오 RTFKT(아티팩트)의 NFT 전략은 가상자산과 실물 제품을 성공적으로 결합해 브랜드 가치를 확장하고 수익까지 창출한 혁신적인 사례입니다. 이는 제조업 및 소비재 기업이 미래 전략을 수립하는 데 있어 중요한 참고 사례입니다.

Nike/RTFKT의 'CryptoKicks' 프로젝트 요약

구분	주요 내용
프로젝트 개요	• 2021년 말 Nike가 Web3 디지털 스튜디오 RTFKT 인수 • 'CryptoKicks' NFT 스니커즈 시리즈 출시 (커스터마이징 가능, 실물 교환 가능)
NFT-실물 통합 구조	• NFT = 디지털 스니커즈 + 실물 제품 구매권 • 정해진 기간 내 '실물화(Mint)' 시 실제 신발 수령, NFT는 '소각(Burned)' 처리 • 일부 NFT는 색상·패턴·소재 직접 커스터마이징 → 소비자가 공동 창작자 역할
수익 모델	• NFT 1차 판매 수익 + 2차 거래 로열티 (약 5~10% 자동 지급) • **회계:** NFT 매출을 기타 영업수익으로 분류, 실물 제공 시 복합계약 처리 적용
커뮤니티 운영	• Discord 기반 디지털 커뮤니티 운영 • NFT 보유자에게 채팅 권한, Airdrop, 실물 상품 우선 구매권 제공 • MZ세대 중심의 신규 팬덤층 확보, 기존 고객과도 연계
지속성 /리스크	• 2022~23년 시장 침체에도 플랫폼 유지 → 단기 이벤트 아닌 장기 전략으로 설계 • 2025년 4월 RTFKT 운영 종료 발표 후 일부 보유자 집단소송('미등록 증권', '소프트 럭풀' 주장, 500만 달러 규모) 발생
시사점 (한국 기업)	• NFT 희소성과 거래성 확보 필요 • 실물 연계 시 수익 인식 기준 명확화 • 커뮤니티 기반 운영을 지속해야 장기적 신뢰 확보 • 디자인·소비재·콘텐츠 제조업에 유효한 브랜드-NFT-실물 매출 연계 모델

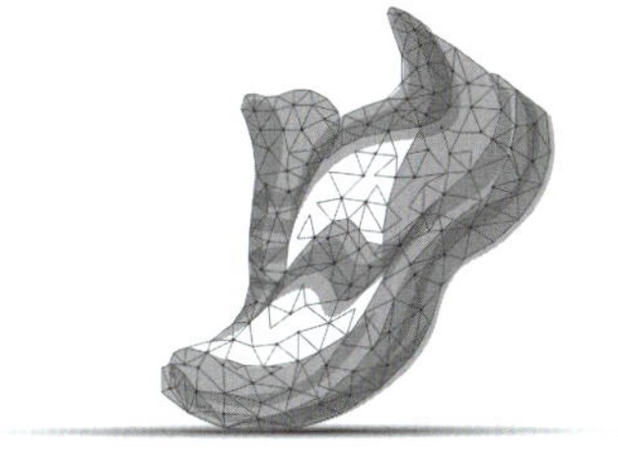

'디지털 신발'이자 '실물 신발 구매권'

Nike는 2021년 말 디지털 패션 아이템과 스니커즈 NFT 등을 제작하던 디지털 스튜디오 RTFKT를 인수했습니다. Nike는 이 회사를 통해 자사 브랜드와 NFT 기술을 연결하는 새로운 비즈니스 모델을 구축했습니다. 즉, 인수 직후 Nike는 **'CryptoKicks'라는 디지털 스니커즈 NFT 시리즈**를 출시했습니다. 이 NFT는 단순히 소유하는 디지털 이미지가 아니라, 커스터마이징(개인 맞춤화) 가능하며, 추후 실물 스니커즈로 교환할 수 있는 구조로 설계되었습니다.

예를 들어, RTFKT가 한정판 스니커즈 **NFT**를 판매하면, 구매자는 이 NFT를 소유하다가 정해진 기간 내에 '실물화(Mint)' 과정을 거쳐 실제 신발을 받을 수 있습니다. 실물 제품으로 교환된 NFT는 '소각(Burned)' 상태로 변경됩니다. 이 과정을 통해 NFT는 **'디지털 신발'이자 '실물 신발 구매권'** 역할을 동시에 수행하게 됩니다.

고객은 자신이 보유한 NFT의 디자인을 실제 제품으로 주문하거나, 오프라인 리워드를 받을 수도 있습니다. 일부 NFT는 **사용자가 색상, 패턴, 소재 등을 직접 조합해 디자인할 수 있는 기능**도 제공합니다. 단순히 수집에 그치는 것이 아니라 **'가상자산 → 실물 제품'이라는 연결성**을 통해 소비자에게 실질적인 가치를 제공하게 되는 것입니다.

새로운 수익모델과 회계 설계

나아가, Nike의 NFT 전략은 2차 거래 로열티를 통해 새로운 수익구조를 만들어냈습니다. NFT에는 속성과 등급이 설정되어 있는데, 일부 **한정판 NFT의 경우 재판매가 활발**하게 이뤄집니다. 이때 발생하는 2차 거래 수익의 일부는 **스마트 계약을 통해 Nike와 RTFKT에 자동으로 지급**됩니다.

예를 들어, 한 사용자가 RTFKT NFT를 0.5 ETH에 되팔면, Nike는 약 5~10%의 로열티를 자동으로 받게 됩니다. 이는 실물 제품에서는 얻을 수 없었던 새로운 비즈니스 수익모델입니다.

NFT 보유자에게는 **커뮤니티 혜택**도 제공됩니다. NFT 보유 여부에 따라 채팅 권한, Airdrop 자격, 실물 상품 구매 우선권 등을 차등 지급합니다. 이는 고객 충성도를 강화하는 한편, '지분을 가진 참여자'를 기반으로 한 브랜드 운영 모델로 이어집니다.

Nike는 NFT 기반 브랜드 확장을 통해 MZ세대를 중심으로 한 새로운 팬덤층을 포섭하고 있으며, 기존 고객층과도 연계되도록 유도하고 있습니다. 2022~2023년 사이 NFT 시장이 침체를 겪는 동안에도 Nike는 해당 플랫폼의 콘텐츠를 유지했습니다. 이는 Nike가 NFT를 단기적인 마케팅 이벤트가 아니라, **지속가능한 고객 경험 설계 수단**으로 인식하고 있음을 보여줍니다.

집단소송과 한국 기업에 대한 시사점

2025년 4월, RTFKT가 운영 종료를 발표하면서 일부 NFT 보유자들이 Nike를 상대로 집단소송을 제기[09]한 사건은 중요한 교훈을 남겼습니다. 이는 Nike의 NFT 전략 자체가 실패했다기보다는, 운영의 지속성과 소비자 기대 관리가 NFT 전략에서 얼마나 중요한지를 보여주는 사례입니다.

한편, RTFKT 사례를 통해 디자인 제품, 소비재, 콘텐츠 기반 제조업에서는 **NFT를 브랜드 연계, 충성도 구축, 실물 매출 전환 수단으로 활용**하는 구조가 실제로 성공할 수 있음이 입증되었습니다.

실물과 디지털을 결합하는 구조에서는 아래 세 가지가 중요합니다.

---

09 Nike의 Web3 자회사 RTFKT의 NFT를 보유한 원고들이 '미등록 증권' 여부와 '소프트 럭풀(운영자의 점진적 지원 중단 사기)' 피해를 주장하며 Nike를 상대로 500만 달러 이상의 손해배상 소송을 제기했습니다. 이는 NFT 가치 손실에 대한 Nike의 법적 책임 여부를 쟁점으로 다루고 있습니다.

Nike는 이 모든 항목을 충족했습니다. CryptoKicks의 거래 규모는 수천만 달러를 넘어섰으며, 이는 실제 매출과 마케팅 효과 모두에 긍정적인 영향을 미쳤습니다. **가상자산이 브랜드의 수익과 인지도 모두에 실질적으로 기여**할 수 있는 모델을 완성한 셈입니다.

회계적으로는 **NFT 매출을 '기타 영업수익'**으로 분류했습니다. 특히, 디지털 **NFT 판매 이후 실물 상품 제공까지 연결**되는 경우, 이를 복합계약으로 분류해 **수익 인식 시점을 분할하거나 연기**하는 등 신중한 기준을 적용했습니다. 이는 한국 기업이 유사한 모델을 도입할 때 중요한 회계적 시사점을 제공합니다.

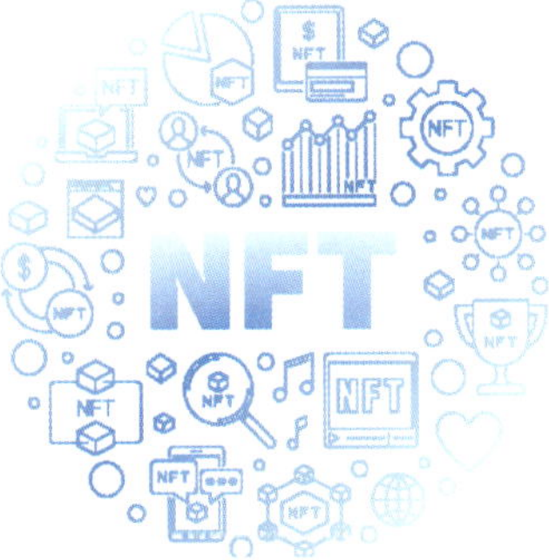

2.3 Reddit: 커뮤니티 NFT와 UX 전략

Reddit은 NFT를 사용자 경험 중심으로 설계함으로써, 커뮤니티 참여, UX(User Experience, 사용자 경험) 진화, 수익화 구조 등을 동시에 달성한 플랫폼 전략의 대표 사례가 되었습니다. 이는 NFT 활용 전략이 고가 미술품 판매 등 조각투자와 연결되지 않아도 된다는 점을 보여줍니다.

Reddit의 'Collectible Avatars' NFT 프로그램 요약

구분	주요 내용
프로젝트 개요	• 2022년 'Collectible Avatars' NFT 프로그램 론칭 • 커뮤니티 활동 기반 참여형 아바타 시스템 설계 • Polygon 블록체인 활용, 신용카드 결제 및 자동 지갑(Vault) 제공
UX 설계 전략	• NFT → 소유 중심이 아닌 참여·성장 경험 제공 • 아바타는 활동에 따라 변화 (예) 환경 커뮤니티 참여 시 나뭇잎, 초록 배경 등) • '지갑' 대신 Vault라는 용어 사용 → Web2 사용자의 Web3 거부감 최소화
커뮤니티 연계	• 아바타를 Reddit 프로필로 사용가능 • 커뮤니티 활동에 따라 시각적·기능적 보상 부여 (스티커, 배지 등) • 사용자 간 소속감·차별화 강화, MZ세대 호응
수익 모델	• 1차 NFT 판매 = 디지털 콘텐츠 매출로 회계 인식 • 2차 거래 발생 시, Reddit 및 아티스트가 로열티(예) 5%) 자동 수취 • 수집 데이터 분석을 기반으로 신규 NFT·콘텐츠 기획 및 마케팅 반영
성과	• 2022년 말 기준 약 1,300만 개 지갑 생성, 사용자 수천만 명 • 광고 의존에서 벗어나 참여 기반 수익모델 정착 • 2024년 상장 이후 투자자 보고자료에도 NFT 관련 지표 반영
시사점 (한국 기업)	• NFT = 단순 판매 상품이 아닌 UX·리텐션·데이터 구조화 도구 • 복잡한 지갑 설치·토큰 구매 절차 제거 → 고객 거부감 완화가 핵심 • 교육·커뮤니티·콘텐츠 플랫폼에 적합한 참여 기반 수익화 모델

Reddit은 2022년 중반, **'Collectible Avatars'**라는 NFT 프로그램을 시작했습니다. 이 NFT는 단순한 프로필 사진(PFP, Profile Picture)이 아니라, 사용자의 활동 내역과 커뮤니티 기여도에 따라 변화하는 **커스터마이징 아바타**로 설계되었습니다. 사용자가 커뮤니티 활동을 열심히 하면서 아바타를 키워나가는 즐거

움을 느낄 수 있도록 했습니다.

이 **NFT**는 유명 아티스트들과 협업해 만든 고유 디자인을 기반으로, **Polygon 블록체인**에서 발행되었습니다. 사용자는 지갑 설치 없이도, Reddit 앱 내에서 신용카드로 NFT를 구매할 수 있고, 구매와 동시에 자동 생성되는 전용 지갑(Vault)에 NFT가 저장되도록 했기 때문에 가상자산에 대한 지식이 없어도 접근이 용이하였습니다.

NFT 아바타는 Reddit 커뮤니티 활동과 긴밀하게 연동됩니다. 예를 들어, '환경 보호' 커뮤니티에서 활발히 활동한 사용자는 아바타에 나뭇잎이 자라거나 배경이 초록빛으로 바뀌는 등 시각적인 변화가 나타납니다. 특정 커뮤니티에서는 아바타 보유자만 사용할 수 있는 스티커나 배지와 같은 특별한 기능도 제공됩니다. 이처럼, 이 NFT는 **'기여의 결과물'을 시각적으로 보여주고 보상하는 역할**을 합니다.

아바타의 희소성과 성장 과정은 사용자 간의 소속감과 차별화를 이끌어냈고, Reddit 커뮤니티의 정체성을 시각적으로 표현하는 수단이 되면서 **MZ세대 사용자들로부터 큰 호응**을 얻었습니다.

2022년 말까지 Reddit은 이 프로그램을 통해 약 1,300만 개의 지갑을 생성했으며, 누적 사용자 수는 수천만 명에 달했습니다. 이는 당시 기준으로 기존 블록체인 게임이나 NFT 프로젝트를 뛰어넘는 성과였습니다. Reddit은 NFT 관련 수익, 유저 잔존율, 커뮤니티 참여도 등을 정량적으로 분석해왔으며, 2024

년 상장 이후에는 관련 데이터를 투자자 공개 자료에 반영하였습니다.

이 NFT는 Reddit 프로필 사진으로 설정할 수 있고, 일부는 Polygon 기반 마켓(OpenSea 등)에서 **2차 거래도 가능합니다.** 만약 거래가 발생하면, Reddit과 아티스트는 스마트 계약을 통해 설정된 수수료(예 5%)를 자동으로 받게 됩니다.

회계상 NFT 판매 수익은 **'디지털 콘텐츠 판매'**로 분류되어 별도의 **상품 매출**로 인식됩니다. NFT 유통 구조는 사용자 활동 데이터를 기반으로 한 신상품 개발 전략에도 활용됩니다. 어떤 커뮤니티에서 어떤 아바타가 많이 사용되는지, 어떤 속성이 높은 가치를 가지는지 등의 데이터를 분석하여 **콘텐츠 제작 및 마케팅 전략**에 반영하는 것입니다.

광고 없이도 사용자의 활발한 참여가 플랫폼의 가치를 높이고, 그 가치의 일부를 NFT를 통해 다시 사용자에게 돌려주는 전략입니다.

Reddit의 사례는 한국 기업, 특히 교육, 커뮤니티 기반 서비스, 콘텐츠 플랫폼에서 유용한 모델이 될 수 있습니다. 복잡한 지갑 설치나 토큰 구매 절차를 없애고, 가시적인 보상과 정체성 표현 수단을 제공하여 사용자들이 Web3 기술에 쉽게 접근하도록 만든 점은 한국 기업에도 중요한 시사점을 줍니다.

2.4 **Stripe/Shopify:** Web2 기업의 Web3 적응

Web3 결제·보상 구조의 선도 사례로 가장 자주 언급되는 것은 Stripe와 Shopify의 토큰화 전략입니다. 이 두 기업은 Web2 기반의 결제·상거래 인프라에서 출발했지만, Web3 시대를 맞아 블록체인 기반 결제수단, NFT 보상 시스템, 가상자산 수납 기능 등을 선제적으로 통합함으로써, 전통 기업의 Web3 적응 모델로 평가받고 있습니다.

Stripe: Web3 결제 인프라의 선구자

Stripe는 전 세계적으로 사용되는 **온라인 결제 인프라 기업**입니다. 2022년부터 비트코인, 이더리움, USDC 등 가상자산을 결제수단으로 수납할 수 있는 기능을 공식 도입하면서 Web3 영역으로 확장에 나섰습니다. 이 기능을 통해 기업이나 개인은 기존의 카드 결제나 계좌이체 방식 외에 가상자산으로 상품이나 서비스의 대금을 직접 받을 수 있게 되었는데, Stripe는 이를 **기존의 결제 인프라에 통합**하여 제공합니다.

Stripe의 주요 기능 중 하나는 **'Connect' 플랫폼**입니다. 이 플랫폼은 프리랜서, 크리에이터, 플랫폼 운영자 등이 가상자산으로 직접 수익을 정산받을 수 있도록 지원합니다. 초기에는 USDC 기반 결제 기능을 중심으로 시작했지만, 이후 NFT 프로젝트, DAO, 탈중앙화 서비스 등 다양한 Web3 생태계와 연계할 수 있도록 기능을 확장했습니다.

특히 Stripe는 개발자가 아니더라도 쉽게 활용할 수 있도록, **SDK**(Software Development Kit: 결제 기능을 쉽게 구현할 수 있는 개발 도구 모음)와 **API**를 함께 제공하여 접근성을 높인 점이 특징입니다.

Stripe의 Web3 전략 강점은 세 가지로 요약됩니다. 첫째, 각국의 규제에 대응할 수 있도록 지역별로 서비스를 설계해 **안정성**을 확보하고 있습니다. 둘째, 기술적 제약이 있는 기업도 빠르게 도입할 수 있도록 **사용자 친화적 환경을 제공**합니다. 셋째, 기존의 카드 결제 및 정산 시스템과 Web3 결제를 동시에 운영할 수 있는 **하이브리드형 구조**를 유지하고 있습니다.

Shopify: 전자상거래와 Web3의 결합

Shopify는 누구나 쉽게 온라인 쇼핑몰을 구축할 수 있도록 지원하는 대표적 **전자상거래 플랫폼**으로, 2022년부터 Web3 기능을 단계적으로 도입하며 전자상거래의 새로운 가능성을 열었습니다. NFT 판매, 가상자산 결제, 지갑 연동은 물론, NFT 보유 여부에 따라 상품 접근을 제한하거나 가격을 차등 적용할 수 있는 **'토큰 게이팅**(token-gating)**' 기능**까지 함께 지원합니다. 예컨대 특정 NFT 보유자에게만 한정판 상품을 보여주거나 할인 혜택을 제공하는 방식입니다. Shopify는 사용자의 지갑을 자동으로 인식해 이러한 조건을 실시간으로 적용합니다.

Shopify의 Web3 전략은 크게 세 가지로 요약됩니다. 첫째, NFT 기반 CRM을 도입해 팬층을 구분하고 **리워드를 차등화**하는 구조를 마련했습니다. 둘째, Immutable X 등 Web3 주요 기업들과 제휴해 기술 연동의 폭을 확대하였습니다. 셋째, 상품 판매, 보상 지급, 고객 참여를 하나의 흐름으로 연결하는 새로운 형태의 로열티 프로그램을 설계함으로써, **기존 전자상거래 플랫폼과 차별화된 고객 경험**을 제공합니다.

Shopify는 자체 NFT를 발행하지는 않지만, **입점 브랜드가 외부 솔루션과 연동해 직접 NFT를 기획하고 활용**할 수 있는 환경을 제공합니다. 즉, Shopify는 플랫폼으로서의 통제는 최소화하고, 입점 브랜드가 주도적으로 Web3 전략을 펼칠 수 있도록 필요한 도구와 환경을 제공하는 데 집중하는 유연한 구조를 만들었습니다.

기업을 위한 Web3 도입 시사점

Stripe와 Shopify의 사례는 Web3에 관심 있는 기업들에게 몇 가지 중요한 시사점을 던집니다.

- **단계적 진입 전략:** 처음부터 모든 시스템을 블록체인 기반으로 바꾸기보다는, 기존의 Web2 구조에 Web3 요소를 하나씩 얹는 단계적 진입 전략이 현실적이고 효과적입니다.
- **고객 체감형 기능 중심 설계:** 고객이 실제로 혜택을 체감할 수 있는 기능 중심 설계(할인, 특별 접근권, 빠른 정산 등)만이 생존할 수 있습니다.
- **Web2 기업과의 협업:** Web2 기업과의 협업이 Web3 도입 속도를 훨씬 빠르게 만든다는 점에서, 기업은 자체 개발에 앞서 검증된 API나 SDK를 활용해 간접 도입부터 시작하는 전략을 고려해 볼 필요가 있습니다.

이러한 접근은 기술적 접근보다 **실행 가능성과 고객 접점 유지**를 중시하는 전략이며, Web3 시대에도 소비자와의 접점을 잃지 않으려는 기업들에게 가장 현실적인 길이 될 수 있습니다.

2.5 NFT 전략: 법적·운영 리스크와 성공 조건

NFT 전략은 고객과 새로운 관계를 맺는 사업입니다. 따라서 전략의 실행 방식 자체보다 그 과정에서 발행되는 NFT의 법적 지위, 약속 구조, 그리고 운영 책임이 훨씬 더 중요합니다. 성공적인 NFT 프로젝트를 위한 필수 조건은 다음과 같습니다.

(1) NFT 혜택의 법적 성격과 설명 책임

NFT가 단순한 디지털 이미지인지, 실물 교환권인지, 커뮤니티 참여권인지에 따라 적용되는 법규·회계·세무 기준이 달라집니다. Nike/RTFKT 사례처럼 **'실물 구매권'**이 결부되면 '복합계약', 나아가 '투자성 상품'으로 해석될 수 있고, 경우에 따라서는 '미등록 증권' 논란으로 이어질 수 있습니다.

따라서 기업은 NFT가 제공하는 혜택의 법적 성격을 명확히 정의해야 하며, 회계처리 방식과 공시 책임을 사용자에게 투명하게 고지할 필요가 있습니다. Starbucks가 불확실한 회계기준 속에서도 내부 관리회계에 반영하며 **설명 책임**을 강화한 것은 중요한 참고점입니다.

(2) 운영 지속성과 브랜드 책임 구조

NFT는 단발적 이벤트가 아니라 **브랜드 신뢰 자산**입니다. Reddit의 참여형 아바타, Starbucks의 멤버십 스탬프처럼 고객 경험에 결부된 NFT는 중단되는 순간 브랜드 신뢰 자체를 훼손할 수 있습니다.

Nike/RTFKT의 집단소송 사례는 이를 잘 보여줍니다. 운영 종료가 단순한 사업 실패로 끝나지 않고, **법적 책임 논란과 소비자 분쟁**으로 확대된 것입니다. 따라서 기업은 NFT 운영을 장기적 브랜드 전략의 일부로 설계하고, 커뮤니티 관리와 운영 재원을 안정적으로 확보해야 합니다.

(3) 구조 설계의 명확성과 종료 기준 제시

NFT 프로젝트에는 반드시 종료 시점과 처리방식이 사전에 명확히 제시되어야 합니다. 언제 종료될 수 있는지를 고객이 알 수 있도록 구체적인 기준을 제시해야 합니다. 예컨대 **발행 기간, 서비스 유효기간, 혹은 특정 조건**(협력 종료, 시스템 교체 등)에 따른 종료 가능성 등을 명확히 안내해야 합니다.

종료 이후에 어떻게 처리되는지도 분명히 해야 합니다. NFT가 보상·교환·접근 권리와 연결되어 있다면, 종료 시점에 잔여 권리 보상, 환불, 교환 불가 처리 등 구체적인 **절차를 미리 고지**해야 합니다.

3

스타트업의 Web3 실험: 핀테크와 SaaS 사례

3.1 동남아 핀테크: 스테이블코인 활용 모델

동남아시아는 Web3 기술과 가상자산 관련 실험이 가장 활발한 지역입니다. 특히 핀테크 스타트업들은 스테이블코인을 활용한 지급결제 및 자금 이동 실험에 집중하고 있으며, 이는 현지의 취약한 금융 인프라와 금융 소외 문제를 동시에 해결하는 현실적인 대안으로 떠오르고 있습니다.

스테이블코인을 활용한 현지 지급결제 사례

필리핀, 베트남, 인도네시아 등은 금융 인프라가 부족하다는 공통점을 가집니다. 이러한 환경에서 스타트업들은 **달러 연동 스테이블코인**(예: USDC, USDT)을 이용해 자체 송금 및 지급 시스템을 구축하고 있습니다.

- **Coins.ph**(필리핀)는 스테이블코인으로 월급 지급, 해외 송금, 공과금 납부 서비스를 제공합니다. 사용자는 앱 내에서 USDC를 실시간으로 송금, 수신하고, 제휴 업체를 통해 현금화하거나 QR 결제로 오프라인에서 사용할 수 있습니다. 이는 은행 계좌가 없는 사람들에게 **'모바일 지갑 기반 금융서비스'**를 제공함으로써 금융 포용성을 높이는 효과를 낳습니다.

- **Velo Labs**(태국/베트남)는 스테이블코인 기반의 국가 간 송금 플랫폼을 개발해, SWIFT(은행 간 메시지 전송 시스템)를 대체할 수 있는 실시간 정산 구조를 실험하고 있습니다. 특히 **해외-베트남 노동자 송금 경로**에서 효율성을 입증하였으며, 송금 속도 향상과 낮은 수수료 덕분에 수취인은 **송금액의 97% 이상을 수령**할 수 있게 됩니다.

기술, 법률, 회계 구조의 설계

이러한 솔루션의 실무 설계는 다음과 같은 특징을 가집니다.

- **기술적 특징:** 대부분 **Ethereum 또는 Stellar, Tron** 등과 같이 수수료가 저렴하고 전송 속도가 빠른 블록체인을 기반으로 구축됩니다. 또한, 자체 API를

활용하여 현지 파트너사의 서비스와 직접 연결하는데, 이는 기존 핀테크가 여러 은행을 거쳐야 했던 것과 달리 블록체인 위에서 자금을 바로 주고받을 수 있게 해줍니다. 덕분에 더 빠르고 저렴한 서비스를 제공할 수 있습니다.

- **법률적 특징:** 대부분의 기업은 기존 '전자금융거래법' 또는 '지불결제법' 등에 따라 **'전자지갑' 또는 '지불서비스 제공자'로 등록**합니다. 일부 국가는 샌드박스 내에서 실험을 승인하기도 합니다. 인도네시아는 Web3 지갑 기반 송금 서비스를 공식 허용하고 결제 인프라와 적극적으로 연계하는 추세입니다.

- **회계적 특징:** 스테이블코인을 외화로 간주하고 **환차익 또는 외화환산손익**으로 처리하는 경우가 많습니다. 내부적으로는 USDC 자산과 현지 통화 자산을 구분하여 관리합니다.

이러한 실험들은 비은행 금융을 확장하고 플랫폼의 고객 생애가치(Lifetime Value, 고객 한 명이 기업에 주는 총 예상 수익)를 높이는 전략적 도구로 기능하고 있습니다. 고객 유입, 리텐션, 수익성 지표 모두에서 긍정적인 결과가 나오고 있으며, 일부 기업은 이를 계기로 신규 사업 확장을 추진 중입니다.

한국 기업의 적용 가능성과 전략적 시사점

동남아시아 등 **신흥시장에 진출하려는 한국 기업**에게 **스테이블코인은 유력한 전략적 도구**가 될 수 있습니다. 이는 현지 통화의 불안정성과 열악한 은행 인프라의 한계를 극복하고, 새로운 시장 기회를 창출하는 핵심 경쟁력이 됩니다. 이는 크게 두 가지 전략으로 나뉩니다.

1 해외 사업의 인프라로 활용

한국의 제조업체나 글로벌 플랫폼 기업이 현지 사업 운영에 스테이블코인을 접목하는 방식입니다. 예를 들어, 현지 직원 급여 지급, 협력사와의 B2B 대금 정산, 소비자 결제 대금 수취 등에 활용하여 사업 효율성을 높이고 환율 변동 리스크를 줄일 수 있습니다.

이때 기업은 자금을 실물경제와 연계하여 빠르게 '회전시키는 구조'를 활용해야 합니다. 이는 가상자산을 장기 보유하는 리스크를 피하고 가격 변동성 노출을 최소화해 실무적 활용도를 극대화하는 효과적인 방법입니다.

2 새로운 사업 모델로 확장

한국의 핀테크 기업이 동남아시아에서 직접 스테이블코인 기반의 송금·결제 플랫폼을 구축하고 운영하는 방식입니다. 현지 금융시스템의 한계를 해결하는 혁신적인 사업자가 되어 시장을 선도해 나가는 것입니다.

한편, **Coinbase Ventures, Pantera Capital** 등 글로벌 VC(Global Venture Capital)들은 이러한 스테이블코인 기반의 결제 구조를 **'비은행 결제 구조의 다음 단계'**로 보고 적극적으로 투자하고 있습니다. 한국 기업들은 이들과의 협업을 통해 해외 진출 전략을 강화할 수 있습니다.

- **VC의 역할:** 투자와 함께 글로벌 네트워크, Web3 기술 자문, 해외 규제 관련 전문성을 제공합니다.
- **한국 기업의 역할:** 해외 시장에 특화된 사업 모델과 운영 전문성을 제공하여, VC의 자원과 결합해 스테이블코인 기반의 시스템을 빠르게 구축하고 경쟁 우위를 확보할 수 있습니다.

이러한 전략적 접근을 통해 한국 기업은 스테이블코인을 단순히 금융상품이 아닌 **해외 사업의 핵심 인프라로 활용**함으로써 기존 금융의 한계를 뛰어넘고 새로운 시장 기회를 창출할 수 있습니다.

3.2 미국 SaaS 기업: DAO 참여 구조

미국의 SaaS 기업들은 DAO에 실질적인 거버넌스 참여자이자 파트너로서 접근하며, 이를 통해 기술 홍보, 제품 개선, 시장 연계, 수익화 등 복합적인 전략의 효과를 얻고 있습니다.

DAO를 생태계 전략으로 활용하는 SaaS 기업의 변화

DAO는 흔히 기술 커뮤니티의 실험 정도로 여겨졌지만, 최근에는 **미국의 일부 SaaS**(Software as a Service, 구독형 소프트웨어 서비스) **기업들이 DAO에 투자자, 기술 파트너, 의사결정 구성원**으로 참여하기 시작했습니다.

특히 **클라우드 인프라, API 서비스, 보안 솔루션** 등 특정 분야의 SaaS 기업들은 DAO 기반 오픈소스 프로젝트에 직접 투자하거나, 제휴를 맺으며 단순한 서비스 '거래 관계'에서 벗어나 **'생태계 공동 운영자'**로 전환하고 있습니다.

대표적인 예는 **Alchemy, Infura, Lit Protocol** 등 인프라형 SaaS 기업들입니

다. 이들은 이더리움·Polygon 등 블록체인 기반 개발자 도구 생태계에 DAO 형태로 참여하거나, DAO와의 제휴를 통해 공동 거버넌스(운영 의사결정 참여)를 실현하고 있습니다.

특히, Lit Protocol은 **분산형 액세스 제어 인프라**(중앙 서버 없이 여러 컴퓨터가 함께 사용자 접근 권한을 나눠서 관리하는 시스템)를 DAO 기반으로 운영하며, 일부 SaaS 고객사를 '거버넌스 토큰 보유자'로 참여시켰습니다. 이때 기업은 서비스 요금을 지불하는 사용자를 넘어서서 프로토콜 개선 제안과 투표권을 행사하는 실질적 이해관계자로서 기능하게 됩니다.

이러한 구조는 전통 기업의 계약 구조와는 전혀 다릅니다. 기업은 DAO에 프로토콜의 일부로 접근하여, 의결권, 보상, 기술 설계에 실시간으로 영향을 미칩니다.

DAO 참여에 따른 계약 및 회계 구조 설계

법적 측면에서 DAO는 **와이오밍주, 델라웨어주** 등에서 **유한책임회사**(LLC, Limited Liability Company)[10]나 **재단** 형태로 등록할 수 있습니다. 그리고, 참여 기업은 DAO와 공동운영 계약 또는 서비스 약정을 체결하는 방식으로 협업 관계를 맺을 수 있습니다.

---

10 미국 델라웨어주는 DAO를 유한책임회사(LLC) 형태로 등록할 수 있도록 허용했습니다. LLC는 법인격을 가지면서도 구성원에게 유한책임을 부여하며, 법인세가 아니라 구성원에게 직접 과세하는 구조입니다. 이로써 DAO는 외부와 법적 계약을 맺거나 자산을 소유하는 등의 활동이 가능해졌습니다.

예를 들어, DAO가 '분산형 동영상 스트리밍 서비스(VideoDAO)'를 등록·운영함에 있어, 참여 기업인 Stream Tech Inc.가 DAO와 계약을 맺고 서버 인프라를 제공한다면, DAO는 스마트 계약을 통해 Stream Tech에게 그에 대한 보상을 자동으로 지급할 수 있습니다. 그리고, Stream Tech가 DAO의 토큰을 일정량 매입하거나 수령한 후 의사결정 투표에 참여하는 방법도 있습니다.

회계적으로는, DAO 참여를 통해 보유한 토큰은 **무형자산** 등으로 분류되며, 토큰 보유에 따른 수익은 대부분 **'기타 영업외수익'**으로 처리됩니다. 거버넌스 참여를 위한 토큰 매입, DAO가 제공하는 공동 마케팅이나 인프라 접근을 위한 토큰 전송은 **'마케팅비'**나 **'협력 비용'**으로 처리되기도 합니다.

이러한 구조를 활용하면, 중소 SaaS 기업도 대규모 블록체인 생태계에 실질적인 파트너로 참여할 수 있고, 참여 자체가 홍보 수단이 되기도 합니다.

DAO를 전략적 도구로 활용

DAO 참여는 **연구개발(R&D) 효과**도 있습니다. 기업은 DAO 거버넌스 프로세스에 직접 관여하면서, 업계 기술 흐름을 실시간으로 파악하고, 이를 자사 제품의 개선 방향으로 피드백할 수 있습니다.

실제로 미국의 일부 SaaS 기업은 DAO 참여를 전략적으로 활용하기 위해, DAO 담당자를 전략기획팀과 개발팀의 중간에 배치하고 있습니다. 이들은 ① DAO 내 다양한 참여자들과의 상호작용을 통해 사용자 니즈, 시장 반응, 피드백 등을 실시간으로 수집하고, ② 이를 바탕으로 개발팀과 협업해 제품 기능과 서비스 방향을 조정하며, ③ DAO 활동 결과를 분석해 전략기획 부서가 미래 방향성과 고객 전략을 수립하는 데 필요한 인사이트를 제공합니다. 이처럼 DAO는 커뮤니티를 넘어, **전략적 시장 리서치 플랫폼**으로 활용되고 있습니다.

이 구조는 신생 기업에도 적합합니다. 거버넌스 토큰의 소량 보유만으로도 DAO 참여가 가능하며, DAO 내 의결권과 기술공헌 내역이 공개적으로 기록되기 때문에, 법인의 외부 신뢰도 확보, 투자 유치, 제휴 협상 등 다양한 전략적 수단으로 작용할 수 있습니다.

Web3 관련 API, 보안 모듈, 콘텐츠 플랫폼 등을 제공하는 기업이라면 DAO 참여를 통해 자체 기술의 노출도를 높이고, 글로벌 커뮤니티와 협업 관계를 구축할 수 있습니다. 한국 기업도 참고할만한 대목입니다.

실무적으로는 세 가지를 준비해야 합니다.

DAO 내 참여 구조 설계

지분, 의결권, 활동 범위 등을 명확히 정립합니다.

회계·세무 이슈 정리

토큰 보유 및 사용에 따른 회계·세무 처리 방안을 미리 마련합니다.

내부 전략과 외부 협약의 정합성 확보

내부 경영 목표와 DAO 활동 간의 일관성을 유지합니다.

법인에게 열리는 가상자산 투자 시대:
기업의 투자와 사업 활용 전략

제 3 부

기업 가상자산 전략의 공통 기반

1

내부 추진 전략: 조직 설계와 실행 준비

1.1 사전 진단: 조직·보안·회계 준비 점검

가상자산 사업은 기존 전통적인 사업과는 다른 운영 방식과 조직 구조가 요구됩니다. 이에 대한 체계적인 준비 없이는 사업의 안정적인 기반을 다질 수 없습니다.

조직: 책임자 지정과 전담 조직 구성

가상자산 관련 업무는 재무, 전략, IT 등 여러 부서에 걸쳐 있어 담당자를 명확히 지정하기 곤란합니다. 따라서 가장 먼저 이 업무를 전담할 책임자를 지정하는 것이 필요합니다. 이후 관련 부서에서 최소 인원을 선발해 소규모 전담 회의체를 구성하면, 논의를 효율적으로 이끌고 추진 동력을 확보할 수 있습니다.

사업 구상: 구체적인 추진 방향 설정

무엇을 하려는지 명확한 방향을 설정해야 합니다. 사업 내용이 불분명한 상태에서 보안이나 회계 문제부터 논의하면 결국 흐지부지되기 쉽습니다. 기업이 고려할 수 있는 주요 전략 유형은 다음과 같습니다.

- **투자 및 거래:** 비트코인이나 이더리움을 보유하거나 거래에 활용하는 경우로서, 자산 성격, 보관 방식, 회계처리가 쟁점입니다.
- **NFT 활용:** 마케팅, 리워드 등에 NFT를 발행하거나 도입하는 방식으로, 발행 주체, 유통 구조, 수익 인식이 핵심입니다.
- **DAO 및 커뮤니티:** DAO에 참여하거나 외부 기여자에게 가상자산으로 보상하는 방식으로, 거버넌스 및 계약 성격이 중요하고, 지급 시점의 회계·세무 이슈도 동반됩니다.

보안: 외부 솔루션 도입을 위한 사전 점검

기업이 가상자산을 다루려면 지갑 생성, 키 관리 등 여러 기술적 절차가 필요합니다. 대부분 자체 기술이 부족하여 외부 솔루션에 의존하게 되는데, 이를 안전하게 도입하려면 보안통제 가능성과 관련하여 다음 사항에 대한 점검이 필요합니다.

- **개념 이해:** IT 인프라팀이나 정보보호팀이 가상자산 지갑 구조, 키 관리 방식, 서명 절차 등에 대해 충분히 이해하고 있는지 확인합니다.

- **내부통제:** 외부 솔루션의 위탁 범위, 내부 승인 절차, 책임 구분 등에 대한 명확한 기준을 마련합니다. 보안은 기술적 문제뿐 아니라 운영 권한과 책임 주체를 설계하는 것과 직결되기 때문입니다.

회계: 사업구조 이해 및 쟁점 파악

가상자산 전략을 추진할 때는 회계 및 세무 처리 기준을 함께 고려해야 합니다. **회계팀은 회사가 추진하려는 사업구조를 정확히 이해**하고, 어떤 회계 쟁점이 발생할 수 있는지 파악해야 합니다. 예를 들어, 비트코인을 단순 보유하는 경우와 DAO를 통해 보상을 지급하는 경우는 회계처리 방식이 완전히 다릅니다.

외부 **회계 전문가와 논의**할 수 있도록 다음 예시와 같은 기초적인 질의 항목을 사전에 정리해두면, 사업 실행 시 회계적 혼선을 줄일 수 있습니다.

- NFT 판매 수익은 언제, 어떻게 인식해야 하는가?
- DAO를 통해 받은 코인은 어떤 계정으로 분류해야 하는가?
- DAO 참여를 위해 지출한 비용은 어떤 항목으로 처리해야 하는가?

1.2 프로젝트 TF: 구성과 역할 예시

> 가상자산 사업을 실행하려는 기업은 기존 조직의 틀을 넘어서는 프로젝트형 TF(Task Force)를 구성하여 전략을 실제 사업으로 실행할 수 있는 기반을 마련해야 합니다. 가상자산 전략은 기획, 기술, 회계, 법무 등 다양한 전문 분야를 결합해야 하고, 외부 자문 및 커뮤니케이션도 함께 설계할 필요가 있습니다.

(1) TF 구성 원칙: 실행 중심의 통합 실무조직

가상자산 TF는 검토 조직이 아니라, **사업의 실행 과정 전반을 주도하는 실무형 프로젝트 조직**입니다. 기획, 리스크 점검, 회계처리, 규제 대응, 외부 파트너 협상, 실행 후 평가까지 아우르는 **통합체계를 구성**해야 하며, 다음 세 가지 원칙이 중요합니다.

1 **균형 있는 참여**
기술, 법무, 회계, 사업 부문 등 핵심 부서들이 균형 있게 참여해야 합니다.

2 **지속 가능성**
최소 3개월 이상 운영이 가능한 범위와 권한을 확보해야 합니다.

3 **명확한 보고 체계**
사내 전략 결정 라인과 직결되는 보고 구조를 설정해야 합니다.

TF는 회사 상황에 따라 프로젝트 매니저 중심의 가상조직, 기존 부서 겸직 형태, 상설 조직화 등 다양한 방식으로 운영할 수 있습니다.

(2) 참여 부서와 역할: 기능별 책임 분담 체계

가상자산 TF는 기능별 전문 부서가 명확한 역할을 나누어 협업할 때 효과적입니다. 일반적으로 다음과 같은 부서가 핵심 참여 주체가 될 수 있습니다.

- **전략기획실 또는 CEO 직속 조직:** 사업 방향 설정 및 이사회·대외 커뮤니케이션 총괄
- **IT/개발팀:** NFT 발행, 지갑 연동, 스마트 계약 설계
- **회계/재무팀:** 자산 분류, 손익 반영, 공시자료 검토
- **법무/컴플라이언스팀:** 규제 검토, 약관·계약서 작성, 리스크 대응
- **마케팅/고객운영팀:** 고객 메시지, 보상 구조 설계, 사용자 응대 시스템
- **외부 자문단:** 세무, 회계, 법률, 기술 등 핵심 쟁점에 대한 외부 의견 확보

특히, 증권성 판단, 세무상 분류, 개인정보 보호 등은 내부 법무팀만으로 해결하기 어려우므로, **외부 로펌 및 회계법인 등과의 자문 시스템을 사전에 확보해** 둘 필요가 있습니다.

(3) TF 운영 프로세스: 단계별 실행 전략

TF는 단발성 논의 조직이 아니라, 실제 사업 전환까지 이어지는 전략적 실행 조직으로 기능해야 합니다. 이를 위해 명확한 단계 구분과 실무 리더십 확보가 중요합니다.

사업 추진 TF 단계별 운영 프로세스

단계	주요 내용	목적 및 산출물
1 사전 기획 단계	• 벤치마크 조사 • 내부 시스템 진단 • 리스크 지도 작성 • 이사회 보고 초안 준비	사업 적합성 판단과 리스크 예측 기반 마련
2 실행 설계 단계	• NFT/토큰 구조 및 로드맵 설계 • 내부 인프라 연계 • 회계·세무 처리방식 정리 • 외부 파트너 협상	시스템 연동 및 계약 기반 설계 확정
3 시범 운영 단계	• 제한적 대상/제품군 테스트 • 사용자 피드백 및 리스크 시뮬레이션 • 응대·보상·보안 프로세스 점검	실효성 검증과 정책 수정 사항 확보
4 정식 전환 검토 단계	• 상시화 또는 사업부 편입 여부 결정 • 정책 고도화 및 회계기준 확정 • 외부감사 대응 구조 수립	본 사업 전환 여부 최종 결정 및 보고체계 확정

(4) 실무 유의 사항: TF 운영의 실패 방지

TF는 실무 중심의 조직인 만큼, 성공적으로 운영되기 위해서는 다음과 같은 운영상 유의 사항에 대해 사전에 정비해 두어야 합니다.

- **리더 선정 기준:** 일반 관리자보다 실행 경험이 풍부한 중간관리자급 인물이 적합합니다.
- **회의 운영 방식:** 논점을 명확히 하고, 가급적 기능별 이슈 중심으로 간결하게 운영합니다.
- **소통 창구:** 투자자, 외부감사인 등 외부 이해관계자와의 커뮤니케이션 창구를 명확히 설정합니다.
- **정당성 확보:** TF 발족 및 구성은 이사회 또는 감사위원회에 사전 보고하여 투명성과 절차적 정당성을 확보해야 합니다.

1.3 사내 규정·보안통제·임직원 교육

가상자산 사업 전략이 성공하려면, 사업 추진과 함께 내부통제가 병행되어야 합니다. 내부통제는 사내 규정 정비, 보안 통제체계 구축, 임직원 교육 등을 통해 확보될 수 있습니다.

(1) 사내 규정 정비: 내부통제의 첫걸음

가상자산 관련 사업을 추진하는 기업은 사업 실행에 앞서 내부 규정 체계부터 먼저 정비해야 합니다. 외부감사, 감독기관 질의, 소비자 분쟁에 대응할 수 있는 **최소한의 장치**입니다. 규정 간의 정합성과 규정 변경 이력의 체계적 관리가 병행되어야 내부통제가 실효성을 가질 수 있습니다.

주요 사내 규정 및 정비 방향

문서 명칭	주요 내용	목적
가상자산 관리규정	• 보유자산의 정의 • 취득·운용·처분 절차 • 손실 발생 시 보고 요건	자산의 안정적 보유 및 회계·리스크 통제
가상자산 투자 심의지침	• 투자 실행 전 사전 검토 항목 • 이사회·투자위원회 보고 및 의결 요건 • 외부 자문 절차	투자 판단의 투명성 확보 및 책임 소재 명확화
NFT/토큰 발행 운영 매뉴얼	• 발행 기준 설정 및 대상자 정의 • 수익 인식 방식 • 소비자 응대 절차 및 리스크 대응 프로세스	토큰 발행의 절차화 및 소비자 보호 기반 마련

(2) 보안통제 체계 수립: 자산 보호와 기술 통제의 결합

가상자산은 자산이자 기술이며, **보안통제가 곧 자산통제**입니다. 기업은 다음과 같이 가상자산 특성에 특화된 보안통제 체계를 별도로 수립해야 합니다. 이는 내부통제 및 회계관리 체계와도 연결됩니다.

주요 보안통제 항목 및 정비 방향

통제 영역	주요 내용	목적
지갑 접근 권한 분리	• 기업 온체인 지갑에 대해 2인 이상 승인 체계(Multi-sig) 적용	단일 인가자의 오·남용 방지 및 책임 분산
스마트 계약 코드 검토	• 외부 전문 감사기관의 코드 검토 • 서면 감사보고서 확보 및 보관	스마트 계약 오류·취약점 사전 차단
토큰 이동 기록 추적	• 온체인 로그 자동 기록 • 분기별 점검 및 보관 체계 운영	자산 이동 투명성 확보 및 분쟁 발생 시 추적 가능성 확보
사고 대응 매뉴얼 정립	• **해킹·내부 유출 등 발생 시:** ① 내부 즉시 보고 → ② 공식 외부 공지 → ③ 관계기관 수사 협조 절차화	피해 확산 방지 및 신속한 대응 기반 마련

이러한 체계는 ISMS(Information Security Management System, 정보보호관리체계 인증)[11] 와 같은 정보보호 인증 취득뿐 아니라, 내부통제 기반 회계관리 체계에도 직접 반영되며, 특히 상장사 및 감사 대상 기업의 경우 외부감사인의 주된 점검 항목이 됩니다.

(3) 임직원 교육과 윤리 대응: 내부자 정보 리스크 차단

가상자산 사업은 내부자 정보, 자산거래, 시장 영향력과 직결되는 업무로, 윤리적 리스크와 규제 리스크가 동반됩니다. 기업은 이를 방지하기 위해 임직원

---

11 ISMS는 기업의 정보보호 수준을 평가해 인증해주는 국가 공인 제도로, 정보보호 정책, 접근통제, 침해대응 등 80여 개 항목을 종합적으로 심사합니다.

교육 및 윤리 관리 제도를 구축해야 합니다.

임직원 통제·윤리 대응체계

관리 항목	주요 내용	목적
보유·거래 제한 제도	• 가상자산 보유·거래 시 사전 신고 또는 일정 범위 내 제한	내부자거래 방지 및 정보 비대칭 리스크 차단
내부정보 보호 교육	• 스마트 계약, 발행예정 NFT, 제휴 정보 등 미공개 정보의 외부 유출 방지 교육 실시	시장 교란 및 사전유출에 따른 법적 리스크 방지
사내 교육 운영	• 연 1회 이상 가상자산 윤리·보안·회계 통합 교육 의무화 • 신입 및 전보 인력 대상 별도 교육 프로세스 적용	임직원 역량 제고 및 준법의식 강화
외부정보 이용 통제	• Airdrop 참여 등 외부 활동 시 사전 승인 또는 사후 보고체계 운영	불필요한 정보노출 및 이해충돌 방지

이러한 체계는 **윤리규정과 내부감사 기능을 연결**하는 중심 프로세스로 작동합니다. 특히 기업이 가상자산 발행 및 마케팅에 직접 개입하는 경우, 의사결정의 시장 파급력이 크므로, **내부 임직원의 책임과 통제 범위**를 명확히 해야 합니다.

2

내부 의사결정 체계: 경영진 보고와 책임 분산

2.1 가상자산 투자심의 기준과 이사회 보고

가상자산은 일반 자산과 달리 법적 불확실성, 회계 논란, 기술적 특수성이 함께 존재하므로, 기존의 투자 의사결정 프로세스를 그대로 적용하기는 어렵습니다. 따라서 기업은 새로운 자산 유형으로서의 특성을 반영한 심의 기준과 보고 구조를 설계해야 합니다.

가상자산 투자심의 구조: 기능과 목적 중심의 평가

가상자산에 대한 내부 투자심의 기준은 **'자산가치' 평가에 초점을 맞추기보다 '구조'를 중심으로 마련**해야 합니다. 비트코인이나 이더리움의 경우 가격 분석도 중요하지만, 보유 목적, 보관 방식, 운용 주체 등 구조적인 요소에 따라 투자 적합성이 달라지기 때문입니다.

예를 들어, 가상자산의 보유 목적이 단순 투자인지, 고객 리워드용인지, 아니면 외부 제휴와 연관된 구조인지에 따라 투자 위험, 기대 수익, 회계 인식 방식이 모두 달라집니다. 따라서 심의 단계에서 해당 자산의 기능, 목적, 연계사업 구조를 명확히 정리하는 것이 중요합니다.

또한, 가상자산 투자 의사 결정 과정에는 법무, 회계, 세무, 정보보호 부서가 모두 참여하는 **다 부서 협의체를 구성**하는 것이 좋습니다. 기존 투자자산은 재무팀 중심의 분석으로 충분했지만, 가상자산은 기술, 규제, 회계, 보안 이슈를 복합적으로 포함하고 있어 단일 부서 판단으로는 한계가 있습니다.

투자심의위원회 내에는 외부 자문위원을 포함하는 것도 좋은 방법입니다. 블록체인 기술, 회계 실무, 가상자산 커스터디 등에 대한 이해가 부족한 경우, **외부 전문가**의 도움을 받으면 구조적인 약점을 보완할 수 있습니다.

이사회 보고의 중요성

이사회 보고 시 가장 중요한 것은 실무자와 이사회 간 정보 비대칭을 최소화하고, 책임 소재를 명확히 구분할 수 있는 보고서 구조를 갖추는 것입니다. 보고서는 단순히 투자 결정만을 요청하는 문서에 그쳐서는 안 되며, 투자 목적, 구조, 위험 요소, 회계처리, 외부 공시 계획 등까지 포괄하는 통합적 문서로 작성되어야 합니다.

보고서에는 다음의 항목이 포함되어야 합니다.

- **투자 및 보유자산의 구체적 정보:** 자산의 종류, 수량, 발행처 등을 명시해야 합니다.
- **보유 목적 및 운용 방침:** 해당 자산을 왜 보유하고 어떻게 운용할 것인지 명확히 밝혀야 합니다.
- **예상 회계처리 방식 및 손상 위험:** 자산가치 하락에 따른 손상 가능성과 회계처리 방법을 제시해야 합니다.
- **공시 및 감사 대응 전략:** 공시의무를 어떻게 이행하고, 감사에 어떻게 대응할지 계획을 포함해야 합니다.
- **내부통제 수단 및 커스터디 설계:** 자산의 보안을 위한 내부통제 시스템과 보관(수탁) 방안을 설명해야 합니다.
- **법률 및 세무 검토 의견 요약:** 법무 및 세무 전문가의 검토 내용을 요약하여 첨부해야 합니다.

이러한 항목 구분을 통해 사후에 발생할 수 있는 리스크에 대한 책임을 명확히 분산시키고, 이사회 구성원들이 합리적인 판단을 내릴 수 있는 충분한 정보를 제공할 수 있습니다.

가상자산 **투자 후에는 성과와 이슈를 이사회에 정기적으로 보고**해야 합니다. 이는 보유 전략의 일관성을 유지하고, 회계상의 영향과 규제 환경 변화를 지속적으로 공유하기 위한 중요한 사후 관리 절차입니다. 특히 가상자산은 관련 법규나 기준의 변화에 민감하므로, 정보 공유는 일회성에 그치지 않고 지속적인 프로세스로 관리되어야 합니다.

실무적으로는 '의사결정 전 보고'와 '의사결정 후 정기 보고'를 구분하여 운영하는 것이 효과적입니다. '의사결정 전 보고'는 투자 승인과 책임 구조 설정을 위한 것으로, 위험 식별과 명확한 승인 절차를 포함합니다. '의사결정 후 정기 보고'는 투자 성과의 경과 관찰과 전략적 조정을 목적으로 하며, 경영진의 리스크 대응 역량과 이사회의 감시 기능을 동시에 강화하는 역할을 합니다.

보고 체계의 핵심은 **투명성과 명확성**입니다. 가상자산 투자 관련 보고서는 구체적 근거 중심의 정보로 구성되어야 하며, 이사회 승인 시점부터 향후 외부 감사나 금융당국의 질의에 대응이 가능한 증적 문서(내부통제 활동 입증 자료)로 기능할 수 있도록 작성해야 합니다.

특히 상장사의 경우, 가상자산 보유나 투자 행위는 **'주요 경영 판단'**으로 간주될 수 있습니다. 이사회 승인 없이 진행된 가상자산 보유는 회계감사인, 감사위원회, 감독 당국 등으로부터 중대한 내부통제 미비 사항으로 지적될 수 있으며, 기업의 회계 투명성과 지배구조에 심각한 영향을 미칠 수 있습니다.

현재 한국 기업의 경우, 가상자산 보유 또는 활용이 이사회 사전 승인 요건인지에 대해 명확히 규정되어 있지 않은 경우가 많습니다. **자율적인 내부통제체계**를 선제적으로 수립하고 이를 명확히 문서화해 두는 것만으로도, 관련 리스크를 상당 부분 줄일 수 있습니다. 이는 감사 대응, 공시 이슈, 규제 환경 변화에 효과적으로 대응하기 위한 기반이 될 수 있습니다.

2.2 경영진 책임 분산과 실무 방어 전략

가상자산 활용에 대한 실질적 책임은 경영진에게 집중될 수 있으므로, 내부 의사결정의 분산과 체계적인 문서화가 중요합니다. 명확한 책임 분담과 위임 구조를 통해 단독 책임 위험을 방지하고, 회의록이나 자문보고서 등 구체적인 기록으로 의사결정의 정당성을 확보해야 합니다.

경영진의 리스크 분산

가상자산의 보유 및 활용에 대한 실질적인 책임은 **경영진에게 집중**될 수 있습니다. 이는 가상자산이 단순한 투자 대상이 아니라, 공시, 회계, 세무, 정보보호, 소비자 보호 등 여러 영역에 걸쳐 **복합적인 위험 요소를 포함**하고 있기 때문입니다.

경영진 리스크를 줄이기 위해서는 **내부 위임 구조를 명확히** 하는 것이 중요합니다. 대표이사의 단독 승인으로 가상자산을 취득하거나 의사결정을 내리는 구조는, 회계감사나 소송 발생 시 법적 취약점을 드러내게 됩니다.

가상자산은 투자 심의위원회, 자산관리 위원회, 법무·감사 부서 등 여러 내부 조직이 의사결정에 참여해야 책임이 분산됩니다. 이를 통해 경영진은 독단적인 결정이 아닌 조직적인 판단이라는 정당성을 확보할 수 있습니다.

경영진의 직접 책임을 줄이기 위해 법적 책임 분리 구조를 마련할 필요도 있습니다. 기업은 가상자산 보유 및 거래 주체를 별도 법인(SPC), 투자 자회사, 기술 대행사 등 외부 구조로 분리하거나, 내부적으로 명확한 책임 부서를 설정하여 **실무 책임과 이사회 책임을 구분**할 수 있습니다. 이러한 구조는 회계감사뿐만 아니라 주주 대응이나 법무 소송 시에도 방어 논리로 작용합니다.

이와 함께 일부 글로벌 기업은 **D&O 보험**(Directors and Officers Insurance, 임원 및 이사 배상책임보험)에 특약 조항을 추가하거나, 가상자산 관련 법무·회계 자문을 상시 계약 형태로 유지하며, **경영진의 방어 비용을 제도적으로 확보**하고 있습니다.

실무 문서화를 통한 정당성 입증

가상자산 관련 의사결정의 정당성은 **구체적인 기록**을 통해 입증할 수 있습니다. 예컨대, 외부 회계 자문을 받아 손상 가능성을 시뮬레이션하고, 그 결과를 이사회 보고서에 포함시켰다면, 이후 실제 손실이 발생하더라도 해당 판단은 '사전 인지된 리스크'로 간주될 수 있습니다.

따라서 **회의록, 자문보고서, 위원회 심의 기록, 회계추정 시나리오** 등의 문서를 반복적이고 체계적인 형태로 축적해야 합니다. 이러한 자료들은 사후 감사나 법적 분쟁 발생 시 효과적인 방어자료가 됩니다.

가상자산 관련 공시 누락이나 해석 오류로 인한 주가 변동은 경영진의 책임이 될 수 있으므로, **커뮤니케이션 설계** 또한 리스크를 방어하는 중요한 수단입니다. IR팀, 법무팀, 외부감사인 등과 사전 협의를 통해 **일관된 메시지**를 구성하고 이를 **문서화**해두는 절차는, 향후 공시 해석에 대한 **외부 질의나 분쟁 발생 시 중요한 방패**가 됩니다.

특히, 가상자산의 사업적 활용(예) NFT, DAO, 토큰 보상 시스템 등)은 이해관계자와의 커뮤니케이션 위험이 더 크므로, 사업구조에 대한 설명 가능성과 타당성을 중심으로 **방어 프레임**을 설계해야 합니다.

3

커스터디 전략: 보관 방식과 계약 구조

3.1 직접 보관 vs 외부 위탁

기업이 가상자산을 보유하기로 했다면, 보관 방식을 결정해야 합니다. 이는 보안 리스크, 회계처리, 내부통제, 그리고 법적 책임 문제와 직결되므로, 사업 초기 단계에 확정해야 합니다.

직접 보관: 통제력 확보와 책임의 양면성

직접 보관은 기업이 자체적으로 가상자산 지갑을 생성하고 관리하는 방식입니다. 이 방식은 기술 통제권을 확보하고, 수수료를 절감하며, 거래 속도를 높일 수 있다는 장점이 있습니다.

그러나 보안 사고가 발생했을 때 **모든 손실에 대한 책임이 기업에 전적으로 귀속**된다는 단점이 있습니다. 예를 들어, 내부 직원에 의한 프라이빗 키 유출이나 멀웨어(Malware, 악성 소프트웨어)로 인한 서명 정보 탈취 등의 사고가 발생하면, 손실을 복구하기가 매우 어렵습니다.

또한, 이러한 사고에 대한 보험 적용이나 제3자에 대한 손해배상 청구도 사실상 불가능합니다. 특히 기술 **인프라가 부족한 중소기업**의 경우, 이러한 구조는 리스크가 매우 큽니다.

외부 위탁: 리스크 분산과 감사 대응 장점

외부 위탁은 기업이 전문 커스터디 업체에 가상자산 보관을 맡기는 방식입니다. 이 구조에서 기업은 자산에 대한 접근 및 이체 권한만 갖게 되며, 이는 **보안 사고나 접근 오류로부터 한 단계 더 보호**받는 효과가 있습니다. 대표적인 글로벌 커스터디 서비스로는 Coinbase Custody, BitGo, Fireblocks, Anchorage 등이 있으며, 이들은 보험 보장, 분산 서명(MPC: Multi-Party Computation), 강력한 준법감시 시스템 등을 갖추고 있습니다.

국내에서도 은행이나 블록체인 기술기업들이 커스터디 서비스를 제공하고 있으며, 이들 중 일부는 전자금융업 등록 또는 샌드박스 특례를 통해 제도권 내에서 운영되고 있습니다. 이들은 보관 서비스 외에도 보안인증서, 사고 대응 매뉴얼 등을 계약서와 함께 제공하여 기업의 리스크 관리를 돕고 있습니다.

보관 방식의 선택 기준

가상자산의 보관 방식은 회계처리와 감사에도 큰 영향을 미칩니다. **직접 보관 방식**은 회계감사인이 시스템 안정성을 직접 검토해야 하고, 보안사고 발생 시 **손실 회계처리 및 자산손상 여부를 기업이 판단할 책임**이 있습니다.

외부 커스터디 업체에 자산을 위탁하면 감사 대응이 훨씬 수월해집니다. 커스터디 업체가 제공하는 보증서, SOC1 보고서(미국의 재무 관련 내부통제 평가), SOC2 보고서(보안·가용성 등 정보보안 통제 평가), 보험 증서 등으로 회계감사에 충분히 대응할 수 있습니다. 이러한 제3자 확인 자료들은 자산의 실재성 검토(Existence Test)에 활용되어, 결산 및 감사 업무의 부담과 실무 비용을 크게 줄여줍니다.

다음 기준은 기업이 보관 방식을 선택할 때 실무적으로 참고할 수 있습니다.

- **자산 규모와 목적:** 자산 규모가 작고 단기적인 목적으로 보유할 경우 자체 보관을 고려할 수 있습니다. 반면, 규모가 크고 회계 및 법무 관련 리스크 관리가 중요한 경우 커스터디 서비스가 우선적으로 고려되어야 합니다.
- **기술 역량:** 자체적으로 MPC 시스템을 운용할 수 있는 기술 역량을 갖췄다면, 자체 보관과 외부 위탁을 병행하는 하이브리드 전략을 고려해볼 수 있습니다.
- **규제 및 감사 의무:** 외부감사나 금융당국에 보고할 의무가 있는 기업은 제3자 커스터디 서비스가 적절합니다.

최근에는 외부 위탁과 자체 보관을 병행하는 혼합 전략이 일반화되고 있으며, 고액 자산은 외부 위탁, 소규모 실험용 자산은 내부 보관 방식으로 분산 운용하는 사례가 늘고 있습니다.

3.2 글로벌 서비스 비교: Coinbase·Anchorage 등

기업은 커스터디 기업의 규제 적합성, 기술 연동성, 감사 대응력 등을 비교·분석한 후, 자사의 기존 인프라(회계, ERP 등)와 사업 목적 등을 함께 고려하여 커스터디를 선택해야 합니다. 상황에 따라서는 여러 커스터디를 함께 이용하는 것이 리스크 분산에 도움이 될 수 있습니다.

주요 글로벌 커스터디 서비스의 특성

현재 전 세계적으로 널리 활용되는 대표적인 커스터디 서비스는 Coinbase Custody, BitGo, Fireblocks, Anchorage, Copper 등입니다. 이들 업체는 모두 기관 투자자 또는 법인을 주요 고객으로 삼고 있으며, 기술력과 규제 대응력을 겸비한 점에서 높은 평가를 받고 있습니다.

Coinbase Custody는 미국 상장 가상자산 기업인 Coinbase의 자회사로, 뉴욕 금융감독청(NYDFS)의 트러스트 라이선스를 보유하고 있는 커스터디 전문 기관입니다. 자산 분리보관, 보험, 기관용 콜드월렛, 내부통제 시스템이 구축되어 있으며, 특히 **회계감사 대응** 자료가 체계화되어 있어 감사인 선호도가 높습니다.

BitGo는 MPC 방식의 **보안 기술**을 선도적으로 도입한 업체입니다. 지갑 생성 및 서명 과정을 여러 주체로 분산 처리함으로써 해킹 리스크를 줄이는 구조를 갖추고 있으며, 보험 보장 한도도 높은 편입니다. 다만 일부 국가에서는 규제 인허가 상태를 미리 확인해야 합니다.

Fireblocks는 API 연동 및 클라우드 기반의 MPC 커스터디 플랫폼으로, 핀테크 및 결제 기업과의 연계성이 뛰어난 것이 강점입니다. 자산의 이동 및 제어를 자동화된 조건에 따라 수행하는 Programmable Custody(프로그래머블 커스터디) 서비스를 제공하며, SaaS 기반으로 기존 **내부 시스템과의 연동**이 용이합니다.

Anchorage는 미국 최초로 연방 통화감독청(OCC)으로부터 인가를 받은 가상자산 전문 은행입니다. 금융기관 수준의 통제, 실시간 보고, 자산 담보 기능까지 갖추고 있어, 기관 자산을 운용하는 **금융회사**에 적합합니다. 소규모 기업이나 단순 보유 목적에는 과도한 인프라일 수 있습니다.

Copper는 유럽 기반의 커스터디 업체로, 독자적인 ClearLoop 기술을 통해 가상자산을 거래소에 직접 맡기지 않고도 거래와 결제를 동시에 처리할 수 있습니다. 이 기술은 거래소 연동, 제3자 자산 이동, 자동화된 거래 기록 저장 등 기능을 포함합니다. **중간 규모 기업**에게 실무 유연성이 높은 플랫폼으로 평가받고 있습니다.

글로벌 커스터디 서비스 비교

	coinbase Custody	BitGo	Fireblocks	anchorage digital	copper.co
규제 인허가	미국 뉴욕주 금융감독청 (NYDFS) 인가 신탁회사	미국 뉴욕주 금융감독청 (NYDFS) 인가 신탁회사	NYDFS 인가 '특수목적 신탁 회사' 라이선스 보유	OCC 인가- 연방 금융당국 승인 디지털 자산 전문 은행	영국 금융감독청(FCA) 등록 신청 → 2024년 철회
기술 방식	콜드월렛 기반	MPC 보안	API 연동, MPC·클라우드 기반	은행 자체 인프라로 보관·결제 동시 처리	ClearLoop 프로토콜 (거래소 간 실시간 정산)
감사 대응	우수 (SOC1/SOC2 보고서 제공, 외부 감사 용이)	보통 수준 (일부 보고서 제공)	보통 수준	우수 (외부 감사자료 체계적)	보통 수준
보험 보장	최대 5억 달러	최대 2억 달러	공식 확인 불가	약 2억 달러 이상	공개 정보 없음
연동 유연성	낮음 (폐쇄적 구조)	보통 (주요 거래소 연동 지원)	높음 (API 연계 확장성)	낮음 (은행 시스템 종속)	높음 (다수 거래소 실시간 연결)
비용 구조	고정 + 보관 수수료	거래 기반	사용량 기반	맞춤 협의	거래 기반

한국 기업의 커스터디 선택 기준

한국 기업이 커스터디 업체를 선택할 때 고려해야 할 기준은 다음과 같습니다.

규제 적합성	한국 또는 글로벌 금융 규제에 부합하는 정식 라이선스를 보유하고 있는지 확인해야 합니다.
감사 대응력	회계감사인이나 금융감독원 요구에 대응할 수 있도록 관련 문서(보고서, 증서 등)를 체계적으로 제공하는지 점검해야 합니다.
기술 연동성	기업의 기존 시스템(API, 회계, ERP 등)과 얼마나 쉽게 연동되는지 실무 적용성을 검토해야 합니다.
비용 구조	보유한 자산 규모에 맞는 합리적인 수수료와 유연한 계약 기간을 제시하는지 확인해야 합니다.
계약상 보호 조항	손실 발생 시 보상 범위, 자산 소유권, 서명 권한의 법적 분리 여부 등 계약상 보호 조항을 면밀히 검토해야 합니다.

단일 커스터디 서비스만을 이용하는 것보다는, 두 곳 이상의 커스터디를 병행하거나 '커스터디 + 자체 보관'의 **혼합 구조**를 도입하는 것이 리스크 분산에 효과적입니다.

예를 들어, 주요 자산은 안정성이 높은 플랫폼에, 실험 또는 유동성 자산은 연동성이 뛰어난 플랫폼에 각각 분산 보관하는 방식이 실무적으로 유리하며, 내부통제 및 회계감사 대응에서도 유연성을 확보할 수 있습니다.

3.3 커스터디 계약서 조항 검토: 책임·보안·수수료 등

가상자산 보관 및 위탁 계약은 자산 방어, 사고 책임 분산, 외부기관 대응까지 포함하는 전략적 문서로, 계약 조항 하나하나가 회계감사, 금융당국 조사, 투자자 질의에 대한 실무적 방어자료가 될 수 있다는 점을 인식해야 합니다.

필수 조항 (자산 보호 및 책임)

1 자산 소유권 명시

모든 가상자산의 법적 소유권은 위탁자인 기업에 있음을 명시해야 합니다. "어떤 경우에도 수탁자는 자산에 대한 소유권을 주장하지 않는다"는 문구는 수탁자가 파산하거나 채권자가 개입하는 경우에도 자산을 온전히 회수할 수 있도록 하는 중요한 조항으로 작용합니다.

2 접근 권한 및 서명 방식

MPC 또는 다중서명 방식이 활용되는 경우, 키 분산 방식, 인증 조건, 위임 가능 범위 등을 별도 문서로 상세히 명시해야 합니다. 이는 내부통제와 직결되므로 실무상 매우 중요한 조항입니다.

3 보안 책임

보안사고 발생 시 수탁자의 손실 책임 수준과 '중대한 과실'의 범위를 명확히 설정해야 합니다. 외부 해킹에 대한 일괄 면책 조항은 법인의 리스크를 지나치게 높일 수 있어, 반드시 협상 대상이 되어야 합니다.

4 보험 관련

사이버 보험 또는 손실보장 보험의 존재 여부, 보장 범위, 보상 우선권, 청구 절차 등이 포함되어야 하며, 이는 외부감사 대응에도 영향을 미치는 중요한 기준입니다.

5 긴급 복구 및 이체 중단

이상 거래가 탐지되면 자산 이체를 중단하거나 긴급 복구를 개시할 수 있도록 하고, 그로 인해 발생하는 지연에 대한 책임 면책도 함께 명시해야 합니다.

6 기술적 책임

커스터디 서비스 제공 과정에서 발생할 수 있는 API 연동 오류, 블록체인 네트워크 지연, 스마트 계약 실행 실패 등 기술적 장애에 대해 수탁자가 부담할 책임의 범위, 오류 식별 및 통지 의무, 수정·복구 절차 및 기한, 그리고 이에 대한 면책 한계를 계약서에 구체적으로 명시해야 합니다.

실무 대응을 위한 부가 조항 (운영 효율 및 리스크 관리)

7 회계, 세무 및 공시 협력

계약서에 회계감사인, 세무 당국 등에 제출할 증빙자료(보유 증명서, 거래 기록, 잔고 증명 등)의 제공 기한, 양식, 주기를 명시해야 합니다. 또한, 서류 발급 비용 부담 주체에 대해서도 명확히 하고, 커스터디 업체가 기업의 법적 의무 이행을 돕는 데 적극 협조하도록 하는 조항을 포함해야 합니다.

8 관할법 및 분쟁 해결

계약의 관할지역과 분쟁 해결 방식(중재 또는 소송), 적용 법령 등을 명확히 지정해야 하며, 이는 향후 분쟁 해결력에 직접적인 영향을 줍니다.

9 계약 지속성 및 갱신

계약 갱신 조건, 해지 요건, 서비스 중단 시 통보 기간, 자산 회수 및 권한 이관 절차 등을 규정해야 하며, 이 조항은 특히 커스터디 중단 시 리스크 관리에 있어 중요합니다.

10 수수료 및 비용

거래 수수료, 보관 수수료, 증명서 발급 수수료 등 세부 항목별 비용 체계를 명시하고, 계약 체결 전 시뮬레이션을 통해 총비용 구조를 예측해둘 필요가 있습니다.

계약서 검토 시 유의 사항

기업이 가상자산 커스터디 계약을 체결할 때, 다음 네 가지 핵심 사항을 가장 주의 깊게 검토해야 합니다.

- **자산 소유권 귀속의 명확성:** 가상자산의 법적 소유권이 기업에 온전히 있음을 명확히 해야 합니다.
- **사고 발생 시 책임 분배 구조:** 해킹 등 사고 발생 시 커스터디 업체와 기업 간의 책임 범위가 명확하게 규정되어야 합니다.
- **외부 기관 대응 문서 제공 가능성:** 회계감사인이나 감독 당국에 제출할 증빙 서류를 제공받을 수 있는지 확인해야 합니다.
- **계약 종료 시 자산 회수 및 권한 이관 절차:** 계약이 끝났을 때 자산을 안전하게 회수하고 권한을 이전받는 절차가 명료해야 합니다.

이 네 가지가 불분명할 경우, 실질적인 자산 보호는 법적·기술적 제약에 부딪힐 수 있습니다. 특히 해외 커스터디 업체와 계약 시에 한글 번역본 외 영문본도 정확히 확인하고 서명해야 합니다. 또한 계약서는 국내 로펌의 법률 검토를 반드시 거쳐야 합니다. 이는 분쟁이 발생했을 때 해외 계약 조항이 우리 법에 따라 어떻게 해석되고 적용될지 확인하고, 기업의 법적 방어력을 높이기 위해서입니다.

4

회계·세무 대응: 자산 분류와 과세 쟁점

4.1 자산 분류와 회계정책 수립 전략

가상자산의 회계 분류는 자산의 형식적 특성 외에도 해당 자산의 보유 목적과 활용 방식 등을 종합적으로 고려하여 전략적으로 결정해야 합니다. 분류에 따른 손익 영향이 단기 실적은 물론 시장과 투자자의 평가에도 영향을 미칠 수 있기 때문입니다.

회계 분류는 회계 및 세무 업무의 출발점

가상자산이 법인의 자산으로 편입될 때, 가장 먼저 부딪히는 문제는 회계상 어떤 항목으로 분류할지 결정하는 것입니다. 이 결정은 이후의 **손상처리, 수익**

인식, 공시 작성, 세무조정에까지 영향을 미칩니다. 특히 외부감사나 금융감독 대응 과정에서는 분류의 적정성과 일관성이 이슈가 됩니다.

현재 **국제회계기준**(IFRS)**과 한국채택국제회계기준**(K-IFRS)은 가상자산을 별도의 회계자산 범주로 정의하지 않고 있습니다. 기업은 보유 목적과 사업구조를 종합적으로 고려해 분류해야 하며, 이와 관련하여 실무 혼선이 발생해 왔습니다.

이에 금융위원회는 2024년 **「가상자산 회계처리 감독지침」**을 통해 자산 분류와 손상 인식, 공시 기준에 대한 구체적 가이드라인을 제시하였습니다. **'무형자산' 적용 원칙**을 기본으로 하되, 거래소·채굴업체 등 일정 요건 충족 시 **'재고자산'**으로, 증권성 토큰은 **'금융자산'**으로 분류 가능하다는 내용입니다.

무형자산 분류: 일반적이지만, 실제 재무 상황 표시 한계

현재 대부분의 기업은 가상자산을 **K-IFRS 제1038호 무형자산 기준**에 따라 회계처리하고 있습니다. 가상자산이 유형성이 없고, 식별 가능하며, 기업의 통제하에 있고, 향후 경제적 이익을 창출할 가능성이 있다고 보기 때문입니다.

무형자산으로 분류되면 가상자산은 **취득원가**로 계상되고, 이후 시세 상승분은 장부에 반영할 수 없지만, 하락 시에는 **손상차손**으로 즉시 인식해야 합니다. 이는 보유 기업의 재무 상태를 과도하게 보수적으로 표시하게 됩니다.

재고자산 분류: 업종에 따라 예외적으로 적용 가능

일부 업종에서는 가상자산을 재고자산으로 분류할 수 있습니다. **거래소, 채굴 업체, NFT 마켓플레이스 등**과 같이 가상자산을 반복적으로 매입·판매하는 사업 구조를 가진 경우, 해당 자산은 실질적으로 '판매를 위한 자산'으로 기능하기 때문에 **K-IFRS 제1002호 재고자산** 기준을 적용할 수 있습니다.

다만, 단순히 업종이 유사하다는 사유만으로는 부족하며, 실제 거래의 회전성, 명확한 내부 회계정책, 해당 자산의 수익 실현 구조가 정량적·정성적으로 입증되어야 합니다.

재고자산으로 분류하면 **공정가치** 상승에 따른 이익을 재무제표에 일정 부분 반영할 수 있지만, 회계법인은 이를 예외적으로만 인정하고 있으므로 사전에 분류 기준에 대하여 회계법인이나 감사인과의 조율이 필요합니다.

금융자산 분류: 토큰증권이나 RWA는 예외적 인정 가능

금융자산은 현금 수취, 다른 금융상품과의 교환, 지분상품 보유와 같이 '계약상 권리'가 명확히 존재해야 요건을 충족합니다. 그러나 대부분의 가상자산은 **스마트 계약이라는 기술적 약속**을 기반으로 할 뿐, 특정 상대방에게 현금 지급을 요구하거나 지분을 청구할 수 있는 법적 권리가 존재하지 않습니다. 이에 따라 일반적으로 가상자산은 회계기준 상 금융상품(K-IFRS 제1109호)의 요건을 충족하기 어렵습니다.

하지만, 최근 등장한 **토큰증권이나 RWA**와 같이 발행자와의 계약을 통해 현금 흐름이나 지분 권리를 명시적으로 부여받는 경우, 예외적으로 금융자산으로 분류될 수 있습니다.

발행 구조, 보유 목적, 수익배분 메커니즘 등이 회계기준에 부합할 경우에 금융상품으로 분류될 수 있습니다. 그 경우 기업은 토큰증권을 일반 토큰과 회계적으로 구분하고, 분류 근거를 문서화하여 외부감사에 대응할 준비도 해야 할 것입니다.

회계 분류의 핵심: 목적과 구조의 정합성

동일한 가상자산이라도 **기업의 보유 목적과 사업구조**에 따라 회계 분류가 달라질 수 있습니다. 이더리움을 단순히 보유 중이면 무형자산(K-IFRS 제1038호)으로 분류되지만, 이를 정상적인 영업과정에서 판매할 목적으로 보유한다면 재고자산(K-IFRS 제1002호)으로 처리할 수 있습니다. 투자성 권리가 결부되면 금융상품(K-IFRS 제1109호)의 하위 항목인 '금융자산'으로 분류될 여지도 있습니다. 금융자산으로 분류될 경우 구체적인 성격에 따라 '현금 및 현금성자산', '단기금융상품' 또는 '기타 금융자산' 등으로 표시될 수 있습니다.[12]

---

12 금융상품(K-IFRS 제1109호)은 금융자산(Financial Asset), 금융부채(Financial Liability), 자본상품(Equity Instrument)으로 나뉘며, 금융자산은 다시 '현금 및 현금성자산', '매출채권 및 기타채권', '단기금융상품(예) 단기 예금, 단기 채권 등)', '기타 금융자산(장기 예치금·대여금·파생상품 등 포함)'으로 세분됩니다.

아울러, 「가상자산 회계처리 감독지침」에서 공식으로 분류 항목으로 허용된 것은 아니지만, 고객과의 계약 정산에 활용되는 경우 계약자산(K-IFRS 제1115호, 고객과의 계약에서 발생한 조건부 권리)으로 해석될 여지가 있습니다, 또한 무형자산·재고자산·금융자산 어느 범주에도 속하지 않는다면, 재무제표 표시 기준(K-IFRS 제1001호)에 따라 기타자산(Other Assets)으로 분류될 가능성도 있습니다.

따라서 기업은 자산 분류 이전에, 자산의 사용 목적과 경제적 기능, 그리고 해당 자산이 사업 내에서 어떤 위치에 있는지를 명확히 정의해야 합니다. 회계적으로 신뢰성을 확보하려면 다음과 같은 문서 기반 정책이 필요합니다.

보유 목적을 명확히 기술한 회계정책서

분류 기준별 사전 판단 근거표

외부 회계자문 결과 또는 유권해석 자료

이러한 자료는 외부감사나 금융감독원의 감리 시 회계처리의 정당성을 제공하고, 공시와 IR 커뮤니케이션에서도 일관된 메시지를 전달할 수 있게 합니다.

이처럼 가상자산 회계는 기업의 비즈니스 모델과 밀접하게 연관되어 있으며, 관련 규제와 회계기준이 빠르게 진화하고 있습니다. 따라서 실무자는 최신 동향에 대한 꾸준한 학습과 더불어, 필요시 외부 전문가의 자문을 적극 활용하여 정확하고 일관된 회계정책을 유지해야 합니다.

4.2 손상 인식과 회계처리 실무

가상자산 회계의 가장 큰 난제는 손상 인식이 재무제표에 미치는 단기적 충격입니다. 실무자는 손상의 가능성을 예측할 수 있도록 내부 평가 기준과 리스크 알림 체계를 정비하고, 손상 인식 이후에는 경영진과 투자자에게 충분히 설명할 수 있는 구조를 마련해야 합니다.

무형자산 회계처리에 따른 손상차손 위험

대부분의 기업은 가상자산을 무형자산으로 분류해 회계처리하고 있습니다. 무형자산으로 분류하면 공정가치 변동이 즉시 재무제표에 반영되지 않습니다. 즉, 가격이 올라도 장부에 반영되지 않으며, **실제 매도했을 때만 수익**으로 인식됩니다. 반면 **K-IFRS 제1036호 '자산손상'** 기준에 따라, 공정가치가 장부가액보다 낮아지면 손상차손을 즉시 인식해야 합니다.

손실은 기록되지만 가격이 회복되어도 이익으로 되돌릴 수 없다는 의미입니다. 손익계산서에는 오직 실현된 이익만 포함되는 구조입니다. 변동성이 큰 가상자산 시장의 특성상, 일시적인 시세 하락으로 인해 기업의 **회계상 손실이 과도하게 인식**될 수 있습니다.

실제로 2022년에는 한 상장기업이 20억 원에 취득한 비트코인 시세가 연말에 절반 이하로 떨어지면서 11억 원의 손상차손을 인식했습니다. 이 손실은 기업의 순이익에 큰 영향을 주었지만, 이후 시장이 반등해 비트코인 시세가 회복되었음에도 손익에 반영하지 못했습니다. 이러한 회계처리 방식은 기업의 실제 재무 상태를 제대로 보여주지 못하고 투자자들에게도 혼란을 줄 수 있습니다.

이러한 문제점을 완화하기 위해 일부 기업은 **가상자산 보유 기간을 단기로 설정**하여, **가격이 하락했을 때 매도 후 재취득하는 방식**을 통해 간접적으로 손실 환입 효과를 거두기도 합니다. 이 방법은 회계적으로는 허용되지만, 외부감사 시 거래의 타당성과 반복성에 대한 설명을 요구받게 될 수 있습니다.

손상 판단 기준과 시점

가상자산 손상차손을 인식할 때 기업들이 가장 어려움을 겪는 부분은 공정가치 산정 기준과 손상 인식 시점을 정하는 것입니다.

① **공정가치 산정 기준:** 복수의 거래소 시세를 평균하여 사용하는 것이 보편적이며, 이 과정에서 거래소의 **투명성, 거래량, 환율, 시세 변동성** 등을 종합적으로 고려해야 합니다. 2024년 감독지침은 공정가치 산정 시 **복수의 거래소 가격을 가중평균 방식으로 산출**할 것을 권고하고 있으며, 단일 거래소 시세만 활용하는 경우에는 그 적정성을 별도 문서로 소명하도록 요구합니다.

손상 인식 시 자주 사용하는 평가 기준 예시

평가 기준	적용 예시
시가 기준 (Level 1)	접근 가능한 주된 시장(국내외 주요 거래소)의 실제 거래 시세 활용. CoinMarketCap 등 통합사이트 가격은 괴리 없는 경우 보조적으로 인정
유사 거래 기준	동일하거나 유사한 자산의 최근 거래 사례를 참고
할인현금흐름법(DCF)	현금흐름이 발생하는 RWA 토큰 등에 제한적으로 적용

② **손상 인식 시점:** 과거에는 손상차손을 연말 결산에만 반영하거나 분기별로 자율적으로 판단하는 경우가 많았습니다. 그러나 2024년 감독지침은 분기별 손상검토를 원칙으로 명시하였습니다. 따라서 기업은 최소한 분기 단위로 손상평가를 실시해야 하며, 필요 시 수시로 손상을 반영해야 합니다.

가상자산의 회계기준이 가진 구조적 한계는 단기 실적에 큰 영향을 줄 수 있으므로, 기업은 손상 회피를 위한 정책을 마련해야 합니다.

- **공정가치 산정 기준 명확화:** 복수 거래소 가중평균 시세 등 객관적 기준을 내부 회계정책으로 사전에 정해두어야 합니다.
- **손실 관리 정책 도입:** 단기 보유 원칙이나 특정 손실 구간에서 매도하는 '손실 컷오프' 정책을 도입하고, 손상 예상 시 매도 후 재취득 방식도 고려해야 합니다.

○ **외부감사 대비:** 손상평가 보고서나 거래내역 정리표 등 문서화된 자료를 준비해서 회계법인과 손상 인식 시점 및 기준을 협의해야 합니다.

토큰증권과 RWA는 손상차손 환입 가능

기업이 토큰증권이나 RWA를 보유하고 있으면, 다른 가상자산과 달리 자산의 내재 가치를 기반으로 회계처리를 할 수 있습니다. 해당 자산이 계약상 현금흐름을 발생시킨다면 금융상품으로 분류되어 손상차손 환입이 가능해집니다. 특히 금융상품 중 파생상품으로 분류되는 경우에는, 그 특성상 공정가치 변동이 즉시 손익에 반영됩니다.

다만 감독지침은 이러한 금융상품 분류가 내부 판단으로는 불충분하며, **계약 구조, 이자 수익 발생 여부, 원금 보장 조건** 등을 근거로 외부감사인과 사전 협의·문서화할 것을 요구하고 있습니다. 따라서 기업이 토큰증권 또는 RWA를 취득할 때는 초기 단계부터 회계 분류를 신중하게 결정해야 합니다.

4.3 세무조정과 과세 쟁점 분석

과세 기준과 회계기준이 일치하는 것은 아닙니다. 특히 우리나라에서는 가상자산에 대한 구체적인 과세 기준이 아직 마련되지 않아 해석상 불확실성이 큽니다. 따라서 향후 문제 발생에 대비하여 기업은 회계와 세무를 구분하여 설계하고, 세무조정 대응 및 관련 검토 자료를 항상 갖추고 있어야 합니다.

가상자산 관련 법인세 및 세무조정

- **법인세 기본 원칙**

  법인세법에 따르면 가상자산은 취득 시 장부가액 기준으로 자산화됩니다. 그러나 단순 보유로 인한 평가이익은 과세 대상이 아니며, **실제 처분, 교환 또는 사업 목적으로 사용했을 때 발생하는 손익**이 과세 대상이 됩니다.

- **세무조정 및 손금불산입**

  회계상 손상차손을 인식하더라도, 세법상으로는 손실로 인정받기 어렵습니다. 따라서 회계상 손상차손이 발생하면 손금불산입 처리를 위한 세무조정이 필요합니다. 기업은 세무상 과세소득과 회계상 순이익의 차이를 설명할 수 있는 자료를 준비해야 합니다.

- **처분 및 특수 거래**

  가상자산 처분으로 발생하는 손익은 법인세 계산 시 익금 또는 손금으로 반영됩니다. 다만, 회계상으로는 영업 활동과 관련된 손익으로 처리될 수 있지만, 세법상으로는 금융자산 처분손익과 유사하게 해석되어 **영업외손익**으로 분류됩니다. 교환, 기부, 출자 등 특수 거래의 경우에도 시가를 기준으로 세무상 인식 여부를 판단해야 합니다.

- **부가가치세**(VAT) | 일반적인 가상자산은 재화로 보지 않아 부가가치세가 부과되지 않습니다. 그러나 NFT의 경우, 콘텐츠 성격이 강하면 전자적 용역으로 간주되어 과세 대상이 될 수 있습니다. 따라서 NFT 발행 및 유통 기업은 과세 대상 여부를 사전에 확인하고, 면세 요건 충족 여부에 따라 별도의 세무 계획을 수립해야 합니다.

스테이킹, Airdrop, NFT: 과세 판단의 새로운 이슈

최근 스테이킹 보상, Airdrop, NFT 수익 등 다양한 무상 수취 수익에 대한 과세 여부가 중요한 이슈로 떠오르고 있습니다. 세법상 이러한 **무상 취득 가상자산은 수익으로 간주되어 익금산입**되며, 수취 시점의 공정가치(시가)를 기준으로 과세표준이 정해집니다. 따라서 세무조사에 대비하여 수취 시점의 시가 및 증빙자료를 확보해 두어야 합니다.

스테이킹 보상

스테이킹 보상은 일반적으로 **'이자소득'** 또는 **'사업소득'**으로 분류될 수 있습니다. 그러나 보상의 지급 주체, 획득 경위, 지급 방식에 따라 수익 인식 시점이 달라집니다. 보상에 일정 기간 락업(Lock-up) 조건이 있다면, 실제로 보상을 수령할 수 있는 시점에 익금으로 계상해야 할 것입니다.

Airdrop

대가 없이 받은 Airdrop은 회계상 수익으로 인식하기 어렵지만, 세무상으로는 **시가를 기준으로 익금산입**이 요구될 수 있습니다. 특히 거래소에 상장되어 유동성이 확보된 시점의 시가를 과세 기준으로 적용하는 경향이 있습니다.

NFT

NFT는 수익 발생 경로와 사용 목적에 따라 과세 방식이 달라집니다. 기업이 NFT를 단순히 마케팅이나 전시 목적으로 보유하는 경우, 보유 자체만으로는 과세 대상이 아니며, 회계상으로는 일반 무형자산과 유사하게 인식·처리할 수 있습니다. 그러나 NFT를 판매하거나 2차 거래에서 로열티 수익을 얻는 경우는 **'사업소득'** 또는 **'기타소득'**으로 과세될 수 있습니다. 이때 해외에서 로열티를 수취하면 **원천징수**나 **이전가격**(Transfer Pricing, 특수관계자 간 거래에 적용되는 가격) 관련 이슈가 발생할 수 있습니다.

주요 가상자산 수익 유형별 세무 처리 요약

수익 유형	회계처리 방식	세무처리 기준	유의 사항
스테이킹 보상	미실현 이익 보류 가능	실지급 시 익금산입	락업 조건, 계약서 해석에 유의
Airdrop	수익 인식 어려움	시가 기준으로 익금산입	상장 시점을 과세 기준으로 적용할 수 있음
NFT 판매	수익으로 즉시 인식	사업소득 또는 기타소득	지속적인 거래 시 사업성 판단 가능
NFT 로열티	반복 수익으로 계상	사업소득 또는 해외수익	원천징수, 이전가격 문제 검토 필요

가상자산 국제거래에 대한 과세 이슈

가상자산은 **국경을 초월해 쉽게 이동**할 수 있어, **BEPS**(Base Erosion and Profit Shifting, 다국적기업 조세회피 방지) **과세나 이전가격 규제의 대상**이 될 수 있습니다. 특히, 지식재산(IP) 기반의 DAO, NFT, 또는 가상자산 기반 서비스가 해외법인을 통해 운영될 경우, 세무 당국은 실제 사업이 이루어지는 장소와 수익의 귀속 주체를 기준으로 세무조사를 실시할 수 있습니다.

해외 거래소나 커스터디 업체와의 거래, 외화 송금 등은 **지급명세서 제출, 국외 원천소득 신고, 외환 신고** 등 다양한 국제 조세 규제와 연관됩니다. 따라서 자산의 유형과 지급 목적에 따라 세무 관련 이슈를 꼼꼼히 검토해야 합니다.

또한, 가상자산을 이용한 조세 회피에 대한 국제적 우려가 커지면서 **국제 공조**가 강화되고 있습니다. OECD는 **CARF**를 통해 국가 간 가상자산 거래 정보를 자동으로 교환하는 시스템을 추진 중입니다. 이는 기존의 금융계좌정보자동교환(CRS)을 가상자산으로 확장한 것입니다. 기업은 이러한 움직임에 대비하여 해외에서 발생한 수익에 대해서도 정보 기록 및 보고 체계를 구축해야 합니다.

가상자산 세무 대응: 전문가 자문, 기록 및 문서화

복잡한 가상자산 세무 환경에 효과적으로 대응하기 위해서는 세무 설계, 소득 기록, 전문가 의견서 확보라는 세 가지 실무 전략을 병행해야 합니다.

- **세무 설계와 문서화:** 회계와 세법 간의 차이를 미리 파악하고, 세무조정 내역을 별도로 관리해야 합니다. 회계상 손실로 인식되는 항목이 세법상 손금으로 인정되지 않는 경우가 많으므로, 이에 대한 회계처리의 판단 근거와 내부 기준을 사전에 문서화해 두어야 합니다.

- **소득 귀속 주체 및 증빙 기록:** NFT 거래, DAO 참여 등 복합적인 거래구조에서는 각 단계의 소득 흐름을 구분하여 기록해야 합니다. 지갑 주소만으로는 법인 소득임을 입증하기 어려울 수 있습니다. 계약서, 거래 내역, 지갑 주소 기록 등 증빙 자료를 철저히 확보하여, 소득 귀속에 대한 분쟁 발생 시 법인 소득임을 증명할 수 있어야 합니다.
- **전문가 자문 및 의견서 확보:** 규제가 명확하지 않은 새로운 유형의 가상자산에 대해서는 사전 질의회신이나 유권해석을 통해 과세 기준을 명확히 해두는 것이 유리합니다. 예를 들어, NFT 2차 판매 수익이 반복적으로 발생할 경우, 과세당국은 이를 일회성 소득이 아닌 사업소득으로 간주하거나, 조세 회피를 목적으로 한 거래로 판단할 수 있습니다. 세무 리스크에 대비하려면 세무 전문가의 자문을 받는 것은 필수적입니다.

세무 리스크에 효과적으로 대응하기 위해서는 내부 관리체계를 강화할 필요도 있습니다. 가상자산 회계와 세무 간의 차이를 명확히 하기 위해 내부 회계 기준서에 관련 세부 지침을 추가하고, 이사회 보고 시에는 세무 리스크 분석 결과를 함께 제시할 필요도 있습니다. 과세 이슈가 발생했을 때 기업이 합리적인 판단을 내렸음을 입증하는 근거가 되기 때문입니다.

과세 강화 흐름에 대비 필요

가상자산 시장은 빠르게 변하고 있으며, 관련 세법 또한 지속적으로 제·개정이 논의되고 있습니다. 기업은 이러한 흐름을 주시하고 미리 준비해야 합니다.

- **개인 가상자산 과세 시행 유예 및 논의 지속:** 당초 2025년 1월 1일로 예정되었던 개인의 가상자산 소득에 대한 과세(기타소득 20% 분리과세, 기본공제 250만 원)는 현재 2027년 1월 1일로 유예되었습니다. 이미 법인세법상 법인세 과세 대상이지만, 개인 과세 시행의 유예는 향후 가상자산 관련 세금에 대한 논의가 이어질 가능성을 시사합니다.

- **세법 개정 및 주요 유권해석의 확인:** 가상자산 시장의 특수성으로 기존 세법과의 충돌 지점이 발생하고 있습니다. 세무당국은 이 간극을 좁히기 위해 세법을 개정하거나 구체적인 유권해석을 발표하고 있습니다. 기업은 정부의 발표 내용 등을 빠짐없이 확인하여 세무 처리에 허점이 발생하지 않도록 유의해야 합니다.

- **국제 공조 강화:** OECD의 CARF 시행과 같은 국제적인 가상자산 정보 교환 체계는 각국 세무당국의 정보 접근성을 크게 강화할 것이고, 해외 거래를 통한 소득에 대한 세무조사 가능성을 높이게 될 것입니다. 향후 국경 간 거래에 대한 정보 기록 및 보고 의무가 생겨날 가능성도 있습니다.

5

공시·외부감사: 제도적 리스크와 대응 전략

5.1 공시 및 외부감사 대응 전략

가상자산 관련 기업에게 공시는 단순한 정보공개를 넘어서서 외부 이해관계자로 하여금 사업 전략을 이해시키는 문서입니다. 이러한 목표를 달성하려면 회계-세무-공시 간에 용어, 인식 기준, 리스크 해석 등이 정합성을 갖도록 해야 합니다. 감사인은 이러한 일관성에 기초하여 기업의 신뢰도를 판단하며, 투자자 역시 그 정합성을 바탕으로 기업을 평가하기 때문입니다.

불확실한 영역일수록 일관성을 유지해야 합니다. 일관성이 없으면 기업은 신뢰 문제와 규제 리스크에 직면할 수 있습니다. 따라서 **공시 문구, 회계 주석, IR 자료의 내용과 용어는 일관성**을 유지해야 합니다. 특히, NFT 수익 인식, DAO 기여 구조, 스테이킹 등 논쟁의 여지가 있는 회계 이슈의 경우, 공시된 내용은 **외부감사인**이 기업의 회계 및 세무 정책을 판단하는 출발점이 됩니다.

회계팀, 세무팀, IR팀의 협업은 필수적입니다. 회계팀이 가상자산을 무형자산으로 분류했는데, 세무팀이 재고자산으로 처리하고, IR팀이 전혀 다른 용어를 사용한다면, 외부감사인은 이를 **내부통제 실패나 허위 공시를 의심**하게 될 것입니다.

따라서 기업은 회계처리, 세무조정, 공시 내용이 동일한 사실을 기반으로 연동되도록 **통합 문서화 체계**를 구축해야 합니다. **회계팀의 기준 정의 → 세무팀의 세무조정 → IR팀의 외부 공시 문구 정리**와 같은 일련의 작업 절차를 사전에 명확히 해두어야 합니다.

따라서 기업은 다음의 대응체계를 갖춰야 합니다.

- **정책 일관성 확보:** 회계팀은 회계정책 변경 사항과 평가 결과를 분기별로 정리하고, 세무팀 및 IR팀과 공유해 일관성을 유지해야 합니다.
- **세무 해석 연동:** 세무팀은 세무조정 내역과 해석상 유의점을 정리하여 IR팀이 외부 질의에 대비할 수 있도록 문안을 제공해야 합니다.

- **IR 문안 검토:** IR팀은 투자자와 감사인 모두가 보는 문서라는 점을 인식하고, 감사 주석의 내용과 용어를 통일된 구조로 작성해야 합니다.
- **감사 Q&A 시나리오화:** 예상 질문에 대한 표준 답변을 미리 준비하여 문서로 만들고, IR팀과 공유해 투자자 질문에도 동일한 논리로 대응할 수 있도록 해야 합니다.

외부감사 및 공시 대응 정합성 점검 항목

항목	공시자료(사업보고서 등)	감사보고서 주석/설명
가상자산 분류 방식	자산 분류 근거 (무형자산, 재고 등) 명시	동일한 기준으로 주석 내 세부 근거 기재
수익 인식 방식	DAO 기여, 스테이킹, NFT 판매 등 구체적으로 기술	수익 인식 기준과 기준일자 명시
리스크 정보	해킹, 보안, 규제 환경 불확실성 등 주의 문구	동일 정보가 손상/공정가치 기준과 연동되는지 확인
사업모델 및 구조	DAO, NFT 플랫폼, 토큰 유통 방식 등 상세 설명	회계정책 내 유사한 설명 존재 여부 확인

가상자산 관련 정보를 통합적이고 일관되게 유지하기 위해 기업은 다음과 같은 체크리스트를 활용할 필요가 있습니다.

▌가상자산 관련 정보의 통합 문서화 체크 리스트

항목	회계자료	세무자료	IR/공시자료
가상자산 분류	무형자산, 재고, 금융상품 등	과세 대상 자산 분류	동일한 분류 용어 사용
손상/평가 방식	공정가치, 원가, 비가역성 설명	과세 인식 기준 설명	리스크 요인 설명 포함
스테이킹/ Airdrop 수익	수익 인식 시점 기준	실지급 기준 과세 판단	수익구조 및 발생 경로 명시
DAO/NFT 참여	사업 목적 기재	수익 귀속 주체 판단	외부 설명용 시나리오 정리
공시/IR 용어	회계기준 용어 기반	조세법 해석 기반	투자자 이해를 돕는 해설 포함

5.2 STO 관련 규제 리스크

토큰증권은 전통 금융과 가상자산의 경계에 존재하는 복합구조이므로, 자본시장 규제와 가상자산 규제를 모두 고려한 운영 전략이 필요합니다. 발행 구조, 유통 경로, 거래 방식, 지갑 설계, 투자자 유형 등 모든 요소가 감독 대상이 될 수 있다는 점에서, STO는 기회이자 동시에 정교한 대응이 필요한 리스크 영역입니다.

자본시장법 상 규제 대상

토큰증권은 주식, 채권, 부동산 수익권 등 전통 금융자산의 권리를 블록체인 기반 토큰으로 디지털화한 자산입니다. 탈중앙화된 유통 인프라에 전통 금융계약을 결합하여 기술적 혁신성과 확장성이 크다는 특징이 있습니다.

토큰이 단순한 가상자산의 범주를 벗어나 자본시장법상 '증권'에 해당하는 순간, 규제 체계는 확연히 달라집니다. 증권으로 분류되면 발행, 유통 전반에 걸쳐 공시, 등록, 판매자격, 내부자거래 금지, 투자자 보호 의무 등 **전통 증권에 준하는 규제**가 일괄 적용됩니다.

한국 금융당국은 토큰의 증권성 판단에 있어 **미국의 '하위 테스트(Howey Test)'와 국내 자본시장법상의 권리 구조를 모두 고려**하고 있습니다. 금융위원회는 「토큰 증권(Security Token) 발행·유통 규율체계 정비방안」에서 "자본시장법상 증권 여부는 형식이 아니라 부여된 권리에 따라 판단한다"는 원칙을 밝혔습니다. 아울러 '자금 투자', '수익 기대', '제3자의 노력'이라는 요건이 충족되어 투자계약증권으로 분류되는 경우에는 증권으로 간주된다는 점도 명확히 하였습니다.

그러나 **증권성 판단 기준은 국제적인 흐름에 따라 변화할 여지**도 있습니다. 최근 미국 하원을 통과한 CLARITY Act에서는 충분한 분산성을 갖춘 블록체인 시스템이나 가상자산에 대해서는 증권 규제 적용을 유예하거나 제외하여 증권의 범주를 명확히 하려는 시도를 담고 있습니다. 이 법안은 **향후 우리나라의 증권성 판단 기준에도 영향**을 미칠 수 있습니다.

국내에서 증권으로 간주되면 발행 주체는 금융위원회에 발행회사로 등록하고 증권신고서를 제출하는 등 자본시장법상 절차를 준수해야 합니다. 이를 위반하면 **미등록 판매 등으로 형사처벌**을 받게 됩니다.

가상자산으로서의 복합규제 대상

토큰증권은 블록체인 기반의 가상자산으로서 자금이나 자산의 이전 및 보관 기능도 수행합니다. 그로 인하여 토큰증권에는 **금융회사 관련 규제인 AML/CFT, KYC 및 트래블룰**이 적용될 수 있습니다.

특히 토큰증권 발행을 통해 대규모 자금을 모집하거나, 법인 간 양도 거래, 외국인 투자자 대상 판매 등이 발생하면 **AML 위험**이 커집니다. **금융정보분석원**(FIU)**과 금융감독 당국**은 이러한 거래가 자금세탁에 악용될 소지가 있는지 면밀히 모니터링하고 있습니다.

5.3 상속·보험·소비자 보호: 사각지대 대응 전략

가상자산은 상속, 보험, 소비자 보호 등 다양한 영역에서 법적인 사각지대가 존재합니다. 기업은 가상자산의 보유 및 운용 과정에서 발생할 수 있는 상속 불능, 보상 미비 등의 위험과 과세 이슈를 인식하고, 실질적인 대응 전략을 수립해야 합니다.

지갑 접근권의 상속 및 통제 리스크

가상자산은 **개인 키**(Private Key)를 통해 접근하는 구조입니다. 지갑 관리 권한이 특정 개인에게 집중되면, 그 사람이 사망하거나 퇴직하면 자산에 대한 접근이 차단될 수 있습니다. 이는 전통 금융자산과 달리 **'법적 소유권'**과 **'기술적 접근권'**

간의 불일치 때문에 발생하는 현상으로, 법적 분쟁으로 이어질 수 있습니다.

2018년 **캐나다의 가상자산 거래소 '쿼드리가(QuadrigaCX)'**는 창업자 사망 후 약 2억 달러 규모의 고객 자산에 접근하지 못하는 사건을 겪었습니다. 창업자가 개인 노트북의 콜드월렛에 보관된 자산의 개인 키를 누구와도 공유하지 않았기 때문입니다. 이 사건은 지갑 접근권 통제와 내부통제 시스템의 중요성을 강조하는 대표적 사례가 되었습니다.

이러한 **'디지털 상속 공백'**은 개인뿐 아니라 가상자산을 보유한 기업에게도 심각한 리스크입니다. 따라서 **멀티시그 지갑 체계를 구축**하고, **관리자 키의 분산 및 위임 구조를 설계**하며, **인수인계 매뉴얼을 표준화**하는 등 내부통제 프로세스를 제도화해야 합니다.

보험 부재와 소비자 권리 보호의 한계

가상자산을 취급하는 대부분의 거래소와 커스터디 업체는 전통 금융기관과 달리 「금융소비자 보호에 관한 법률」의 적용을 받지 않고, **예금자 보호제도나 지급보증 체계에서도 제외**되어 있습니다. 그로 인해 자산 손실 사고가 발생했을 때 피해자가 법적·제도적으로 회복할 수 있는 수단은 극히 제한적입니다.

실제로, 2022년 글로벌 거래소 FTX는 고객 자산을 유용한 뒤 파산하여 전 세계 투자자들이 예치금을 회수하지 못하는 사태가 벌어졌습니다. 또한, 일부 중소 거래소는 해킹이나 자금 유용 후 파산하여 고객이 예치금을 회수하지 못하는 사례가 발생하였습니다. 이는 기술적 보안 문제뿐만 아니라, 보험이나 신탁, 분리보관 등 **시스템적 안전장치가 부재한 구조적 리스크** 때문입니다.

2024년 7월 시행된 **가상자산 이용자 보호법**에 따라, 일정 규모 이상의 거래소는 고객 자산 해킹 및 전산 장애에 대비한 보험 가입 또는 준비금 적립, 고객 자산의 신탁 예치 의무 등 보호 장치를 갖추어야 합니다. 그러나 이 제도는 예금자 보호 제도처럼 절대적인 손실 보전 구조가 아니며, 보장 범위도 **기술적 사고에 한정**되어 있습니다. 가상자산 가치 하락, 거래소 부도, 내부 횡령 등 대부분의 실질적인 손실은 보호받기 어렵습니다.

따라서 가상자산을 보관하거나 거래소를 이용하는 기업은 **보관 인프라의 법적·기술적 안정성**을 주요 평가 항목으로 삼아야 합니다. 특히 계약 및 리스크 관리 정책 수립 시 다음 사항들을 사전에 점검해야 합니다.

- 자산 분리보관이 실제로 이루어지고 있는지, 재무제표상 확인 가능한지 여부
- 해킹 보험, 업무상 배상 책임보험 등 가입 여부와 적용 범위
- 사고 발생 시 고객자산 우선 배상 프로토콜의 존재 여부
- 법적 소유자와 실질 보관자 간 책임 분리 조항이 계약서에 명시되어 있는지
- 소비자 보호기금 조성 또는 특별준비금 적립 정책 유무

가상자산 상속·증여 및 해외 이전 관련 세무 리스크

법인이 가상자산을 다른 법인이나 개인에게 이전하거나 양도할 때, 국세청은 이를 **증여세 또는 상속세 과세 대상**으로 간주할 수 있습니다. 특히 다음과 같은 문제가 발생할 수 있습니다.

시가 산정 곤란	가상자산의 급격한 가격 변동 때문에 이전 시점의 정확한 가치를 산정하기 어렵습니다.
익명성 문제	익명성이 보장된 개인 지갑으로 자산을 이전할 경우, 자금 흐름을 추적하기 어려워 과세당국의 조사가 이어질 수 있습니다.
국가 간 과세권 충돌	해외 이전 시 여러 국가의 세법이 충돌하며 이중과세 문제가 발생할 수 있습니다.

따라서 해외법인이나 관계사 간에 가상자산을 이전할 때는 세무 자문을 먼저 받고, **객관적인 가치평가 자료**를 보존해야 합니다. 또한, **해외 상속이나 국제 증여 이슈**에 대비하여 자금 이전 상황을 설명할 수 있는 문서를 미리 갖추어두는 것이 필요합니다.

6

AML·트래블룰 대응: 글로벌 표준과 국내 실무

6.1 AML/CFT 내부통제: 국내외 규제 체계

가상자산은 익명성과 국경 간 이전 특성으로 자금세탁 위험이 높아, 국내외 규제는 AML/CFT·트래블룰 준수를 강화하고 있습니다. 국내는 특정금융정보법에 따라 VASP 요건을 적용하고, 국제적으로는 FATF, EU MiCA, 싱가포르·스위스·UAE 등이 AML 체계를 확립해 Web3 사업 전반에 의무를 확대하고 있습니다.

국내 규제 체계

현행 특정금융정보법은 국내 VASP에 대하여 AML/CFT, KYC, 트래블룰(송·수신자 정보 교환 규제) 의무를 부과합니다. 상당수 기업들은 가상자산을 취급하면서도 스스로 VASP에 해당하지 않는다고 보아, 관련 의무의 적용 없이 사업을 영위하고 있습니다.

그러나 금융당국은 ① 영업으로, ② 고객을 대신하여, ③ 가상자산 관련 활동을 적극적으로 촉진하는지 등을 고려하여 VASP 여부를 판단하고 있습니다. 특히, 법인이 자체 토큰을 발행 및 유통하는 경우, 고객 지갑의 개인 암호키에 대한 독립적인 통제권을 가지는 경우, VASP에 해당할 수 있습니다.

글로벌 규제

국제적으로 FATF는 2021년 10월 가이던스를 통해, 토큰 발행, 유통, 지갑 운영 등 **가상자산 관련 서비스를 제공하는 행위**에 대해서는 등록과 함께, AML/CFT 및 트래블룰 의무를 이행하도록 요구하고 있습니다. 특히, **FATF 권고 16번**은 가상자산 이전 시 송수신자 정보를 금융기관 수준으로 교환하도록 규정하는 등 트래블룰 적용 대상을 넓히고 있습니다.

2024년 6월 최초로 시행된 **유럽연합(EU)의 MiCA**는 기존의 거래소와 커스터디 사업자 외에, 일정 규모 이상의 유통을 동반한 토큰 발행 주체에게도 AML/CFT 의무를 부과합니다. 따라서 유럽 기반의 투자자와 거래하거나 유럽 내에서 Web3 사업을 운영하는 한국 기업도 실질적인 규제 대상이 될 수 있습니다.

싱가포르, 스위스, UAE 등도 FATF 기준에 맞춰 **고객의 가상자산을 직접 보관하거나 관리하는 구조를 가진 법인**에게는 AML 프로그램 수립을 요구하고 있습니다.

6.2 트래블룰: 국제 기준과 실무 대응

가상자산을 단순 보유·투자하는 법인은 AML/CFT 의무는 없지만, VASP와의 거래 시 KYC, 트래블룰의 적용을 받을 수 있습니다. VASP 등록 법인은 CDD·거래 모니터링·트래블룰 연동 등 내부통제를 갖추어야 하며, 자체 토큰·NFT를 발행하는 기업은 온보딩 절차와 RBA(위험 기반 접근) 체계를 통해 추가 리스크를 관리해야 합니다.

단순 투자·보유 법인의 기본 준비 사항

가상자산을 단순히 보유하거나 매매 차익을 얻기 위해 투자하는 법인이라면 AML/CFT, KYC나 트래블룰에 대한 직접적인 의무는 없습니다. 하지만 법인이 **VASP를 통해 거래를 할 경우**, 해당 VASP는 AML/CFT 및 트래블룰 이행을 위하여 자금의 출처 및 거래 목적에 대한 정보를 요구할 수 있으므로 다음과 같은 준비가 필요합니다.

- **KYC를 위한 서류:** 사업자등록증명원, 법인 인감증명서, 법인등기부등본, 주주명부, 재무제표, 법인인감, 법인전화 통신사 이용계약 증명서, 대표자 신분증, 대리인 신분증, 대리인 재직 증명서, 개인정보수집이용동의서 등을 준비합니다.

- **트래블룰을 위한 정보:** 현재 국내에서는 트래블룰 정책에 따라 국내 VASP로 가상자산을 이전하는 경우, 본인 및 타인 명의 지갑으로 이전이 가능합니다.

그러나 해외 VASP 또는 개인지갑으로 가상자산을 이전하게 되는 경우, 본인 명의의 지갑으로만 이전을 허용하고 있습니다. 또한, 각 사마다 정책의 차이가 있으나 트래블룰 솔루션(CODE, VerifyVASP 등)과 연동되지 않은 VASP 또는 개인지갑으로 가상자산을 이전하는 경우, 수취할 지갑 주소의 사전 등록이 필요할 수 있습니다. 2025년 8월 기준 법령에 따르면 100만 원 이상의 가상자산 이전에만 트래블룰 정책이 적용되나, 실무상으로는 100만 원 미만의 가상자산 이전에도 트래블룰 정책이 적용되고 있습니다.

100만원 이상 가상자산 이전 가능 VASP 및 개인지갑

	국내 VASP	해외 VASP	개인지갑
본인	O	O	O
타인	O	X	X

- **내부 통제 기준 마련:** 자금의 출처와 사용 목적을 명확히 구분하고 불공정거래 위험 등을 최소화하기 위해 가상자산 현금화 및 거래와 관련한 내부통제 기준을 마련합니다.
- **정기적인 투자 보고서 작성:** 일부 국가에서는 법인이 비정기적으로 대규모 자산을 이전할 경우, 자금세탁 위험이 있는 거래로 분류할 수 있습니다. 이를 방지하기 위해 정기적인 투자 목적 보고서를 작성하는 것이 바람직합니다.

VASP 등록 법인의 AML 내부통제 요건

고객의 자산을 보관하거나 고객의 암호키를 통제하여 지갑 서비스를 운영하는 법인은 VASP로 등록하고 다음과 같은 내부통제 시스템을 갖추는 것이 필요합니다.

- **고객 확인 절차**(CDD/EDD)**:** 고객확인(CDD, Customer Due Diligence)의 기본적인 정보로 성명, 주민등록번호, 주소, 연락처, 실제 소유자를 확인합니다. 고위험고객의 경우, 강화된 고객확인(EDD, Enhanced Due Diligence)을 수행해야 하며 거래 목적 및 자금 원천을 확인해야 합니다.
- **거래 모니터링 시스템:** 의심거래를 탐지할 수 있는 시스템을 구축해야 합니다.
- **요주의 리스트 필터링**(WLF, Watchlist Flitering)**:** FATF, OFAC(Office of Foreign Assets Control, 미국 재무부 해외자산통제국), SDN(Specially Designated Nationals, 특별제재대상자 명단) 제재 리스트 및 정치적 주요인물(PEP, Politically Exposed Person)을 판별하여 거래를 제한해야 합니다.
- **트래블룰 솔루션 연동:** CODE(Connect Digital Exchanges, 국내 트래블룰 공동 대응 솔루션), VerifyVASP(Verification of Virtual Asset Service Providers, 글로벌 트래블룰 솔루션) 등 트래블룰 솔루션과 연동되는 모듈을 준비해야 합니다.
- **STR 매뉴얼:** 의심거래보고 시나리오를 정리하고 의심거래에 해당하는 경우 금융정보분석원장에게 보고해야 합니다.
- **책임자 지정 및 교육:** AML 관련 담당 책임자를 지정하고 정기적인 교육 체계를 운영해야 합니다.

자체 토큰·NFT 발행 기업의 추가 고려사항

자체 토큰 또는 NFT를 발행·유통하는 기업은 자체 서비스가 VASP의 영업 행위에 해당하는지 점검해야 합니다.

자금세탁 가능성을 최소화하려면 고객을 유입시키는 단계에서 위험을 평가하고 관리하는 **온보딩 절차**를 마련하고, 위험 수준에 따라 관리 강도를 다르게 적용하는 **위험 기반 접근 체계**(RBA, Risk-Based Approach)를 수립하는 것이 바람직합니다. 특히 규제가 엄격한 유럽 같은 곳에 투자하거나 사업을 하려는 경우에는 특히 유의해야 합니다.

7

계약·제휴·운영 가이드라인 (NFT·DAO 중심)

7.1 NFT·DAO 제휴 계약: 법적 쟁점과 실무 고려

가상자산 기반 사업 영역이 확장되면서 기업은 NFT 프로젝트, DAO, 지갑 플랫폼 등과 관련, 사업 관련자 간 제휴 계약을 체결하는 일이 증가하고 있습니다. 이러한 제휴는 전통적인 상거래 계약과 달리 법적 불확실성, 당사자 불명확성, 관할권 불일치 등 복합적인 쟁점을 동반합니다.

계약 상대방 명확화

대부분의 DAO는 전통적인 법인격이 없어 계약 체결의 상대방이 모호합니다. 실무에서는 다음 세 가지 유형의 실체와 계약을 체결하는 방식이 활용됩니다.

1 운영재단(Foundation)

DAO의 활동을 현실 법률 내에서 대리하기 위해 설립된 법인 또는 비영리 조직입니다. DAO를 대표하여 계약 체결, 자산관리, 규제기관 소통, 지식재산권 등록 등 법적 행위를 수행합니다.

2 관리기관(Operator)

DAO 커뮤니티의 투표를 통해 위임된 운영 실행조직입니다. 예산 집행, 개발 진행, 파트너십 협상 등 실질적인 활동을 담당합니다. DAO는 방향을 제시하고, Operator는 이를 집행하는 이원 구조입니다.

3 멀티시그 보유자

DAO 지갑의 서명 권한을 가진 사람들입니다. 다수의 참여자가 일정 수 이상 서명해야 거래가 승인되는 구조입니다(예 3-of-5). 이들은 커뮤니티로부터 선출되거나 위임받아 자금 운용에 책임을 지는 실질적인 계약 상대방 역할을 하게 됩니다.

이러한 실체와 계약을 체결할 때는 계약서에 **"DAO를 대리하여"** 또는 **"DAO의 실행기구로서"** 등의 문구를 넣어 대표성을 규정하는 것이 필요합니다.

지식재산권(IP) 귀속 및 활용 범위 명확화

IP의 귀속과 이용 범위는 **NFT 기반 제휴 계약**에서 자주 발생하는 문제입니다. 많은 NFT 프로젝트가 특정 아트워크(미술작품, 디자인 등)나 캐릭터, 영상 콘텐츠를 기반으로 하지만, 실제로는 해당 콘텐츠의 저작권이 NFT 보유자나 제휴사에 이전되지 않는 경우가 많습니다.

따라서, NFT를 활용한 공동 마케팅, 상품화, 서비스화 계약을 체결할 때는 다음 세 가지를 반드시 구분해야 합니다.

- ✔ NFT와 연결된 콘텐츠의 저작권자는 누구인가?
- ✔ NFT 보유자는 어떤 권한을 가지는가? (단순 전시, 복제, 2차 제작 등)
- ✔ 기업이 IP를 활용하려는 범위(매장 내 진열, 광고, 패키징 등)가 적법한가?

수익배분 구조의 설계

수익배분과 로열티 구조에 대한 법적 해석 또한 중요합니다. 기업이 DAO와 NFT를 공동으로 판매하고 수익을 특정 비율로 나눈다면, 이는 **공동사업 계약이나 투자계약**으로 해석될 수 있습니다. 이 경우 해당 DAO가 발행한 토큰과 NFT가 자본시장법상 규제 대상인 **증권성 자산**으로 오인될 위험이 있습니다.

이러한 문제를 예방하려면, 계약서에 "본 계약은 단순 공동 마케팅 계약이며, 투자 목적이 아님"을 명확히 밝혀야 합니다. 또한, 사후 성과에 따라 지급하는 방식보다는 **고정비용이나 사전에 합의된 정액 정산 방식**을 사용하는 것이 바람직합니다.

국경 간 분쟁 관할 및 준거법 설정

국경을 초월한 가상자산 관련 분쟁에서 **관할권과 준거법**을 미리 정해두는 것은 리스크를 줄이는 데 필수적입니다. 예를 들어, DAO의 서버가 스위스에 있고 운영자가 싱가포르에 있으며, 플랫폼 법인은 미국에 있는 경우처럼 계약 상대방이 다국적 구조일 때는 분쟁 발생 시 엄청난 시간과 비용이 소모됩니다.

따라서 계약서에는 다음 항목들을 반드시 포함해야 합니다.

- **준거법:** 분쟁 해결에 적용할 법률을 명확히 명시합니다.
  (예) 대한민국 법 또는 뉴욕주 법)
- **관할법원:** 분쟁 발생 시 소송을 제기할 법원을 지정합니다.
  (예) 서울중앙지방법원 또는 국제상업회의소(ICC) 중재)
- **통지 방법:** 분쟁 관련 통지를 보낼 유효한 방법을 명시해야 합니다.
  (예) 특정 이메일 주소 또는 DAO 커뮤니티 내 공지)
- **책임 범위 명확화:** 법인격이 없는 경우, DAO를 대리하는 주체의 책임 범위와 의무를 명확히 규정해야 합니다.

토큰 지급 조항 설계와 문서 일관성 확보

토큰 지급에 관한 계약 조항은 회계 및 세무 쟁점과 직결됩니다. 기업이 제휴 보상으로 토큰을 받거나 지급할 때, 해당 토큰의 회계상 항목 분류 또는 과세 시점, 가치에 대한 평가 기준 등을 명확히 해야 합니다. 계약서에는 특히 다음과 같은 요소를 포함해야 합니다.

- **토큰의 발행 주체:** 토큰을 최초로 발행한 프로젝트팀, 기업 또는 DAO를 명시해야 합니다. 자산의 법적 귀속과 분쟁 시 책임 소재와 직결됩니다.
- **수령 방식:** 수취인이 토큰을 어떤 절차로 받을지 구체적으로 명시해야 합니다. 예를 들어 지갑 주소 전송, 플랫폼 내 수령 버튼 클릭 등을 포함할 수 있으며, 이는 책임 범위와 지급 시점에 영향을 미칩니다.
- **유예기간(Vesting):** 지급 후 일정 기간의 보유 제한이나 사용 조건을 명시해야 합니다. "토큰 수령 후 30일간 판매 불가"와 같은 조항은 회계상 자산 인식 시점에 영향을 미칩니다.
- **회수 조항:** 수취인이 요건을 충족하지 못하거나 계약을 위반했을 때 토큰을 회수할 수 있는 조건을 포함해야 합니다. 이는 보상형 지급 구조에서 중요하며, 자동 소멸 또는 반환 조건으로 설계됩니다.
- **환율 기준:** 지급된 토큰의 가치를 법정통화로 환산할 때 사용할 기준 환율과 시점을 명확히 해야 합니다. 'CoinMarketCap 기준 전일 평균가'처럼, 공신력 있는 데이터를 활용하여 기준의 투명성과 일관성을 확보하는 것이 좋습니다.

이와 같은 조건은 회계팀, 세무 대리인의 사전 검토를 거쳐, 기업 내부 기준과도 정합성을 이루는 구조로 계약서에 반영되어야 합니다.

NFT 및 DAO 관련 계약은 프로토콜 업그레이드, DAO의 투표 결과, NFT 메타데이터 변경 등으로 인해 계약 내용이 실질적으로 영향을 받을 수 있는 '**구조의 유동성**'이 높습니다. 따라서 계약서에는 이러한 변화가 발생했을 때 계약을 갱신하거나 통지할 절차, 책임 변경 통보 요건, 정기 검토 주기 등 '**계약 유지 및 갱신 조항**'을 포함하는 것이 바람직합니다.

7.2 기술 외주: 검수 기준과 리스크 관리

가상자산 관련 프로젝트는 스마트계약, 지갑 연동, 블록체인 API 통합 등 고난도의 기술 요소가 결합되어 있어 기술 개발을 외부에 의존하는 경우가 많습니다. 기업은 외주계약을 맺고 결과물을 검수할 때, 온체인 구조, 소스코드 귀속, 보안 설계, 문서 검증 등을 체계적으로 관리하여, 향후 법적 분쟁이나 회계감사에 대비해야 합니다.

온체인 검증

블록체인 기반 계약은 해당 서비스가 **온체인**(On-chain)**에서 실제로 작동하는지**에 따라 유효성이 결정됩니다. 하지만 일부 프로젝트는 사용자 인터페이스(프론트엔드)만 보여주고, 자산 전송, 투표, 지갑 연결 등 주요 기능을 서버 기반(오프체인)

에서 처리하기도 합니다. 이런 구조는 위험성이 큽니다.

따라서 기업은 계약을 체결하거나 결과물을 검수할 때, 스마트 계약이 실제 블록체인에서 실행되었는지 확인해야 합니다. **테스트넷**(Testnet, 블록체인 시험 네트워크) **상의 트랜잭션 결과**를 검수 문서로 요구하는 것이 바람직합니다. 거래 해시(Transaction Hash, 각 트랜잭션의 고유 식별값)와 블록 번호(Block Number, 해당 트랜잭션이 포함된 블록의 순서를 나타내는 값)를 확인해야 합니다. **온체인 검수 결과**는 향후 회계기준상 자산 인식, 과세 시점 판단, 법적 책임 범위 설정 등에 직접적인 영향을 미칩니다.

소스코드·스마트계약 IP 귀속

개발에 사용된 소스코드와 스마트 계약의 라이선스, 그리고 지식재산권이 누구에게 귀속되는지도 확인해야 합니다. 일부 외주 개발사는 자체 개발 도구(In-house Development Tool)와 오픈소스 코드(공개된 소스)를 혼합해 사용하는 경우가 많습니다. 이럴 경우, 외주를 맡긴 기업이 해당 코드에 대한 자유로운 재사용 권한을 보장받지 못하는 문제가 발생할 수 있습니다.

이러한 분쟁을 예방하려면, **계약 단계에서 명확한 조항**을 두어야 합니다. 계약서에 "이 프로젝트의 개발 결과물에 대한 지식재산권은 발주자에게 귀속되며, 발주자는 이후 자유롭게 수정, 재사용, 이관할 수 있다"는 내용을 포함해야 합니다.

보안감사·기술문서 검수 필수 항목

Web3 프로젝트에서는 **보안 체계, 버전 관리, 관련 문서의 정리 상태까지 포함한 종합적인 기술 검수**가 중요합니다. 프로젝트의 완성도를 높이고 리스크를 줄이기 위해 다음 항목들을 사전에 확인하고 문서로 제출받는 것이 좋습니다.

- **스마트 컨트랙트 문서:** 주요 함수와 각 기능의 목적을 설명하는 문서를 받아야 합니다.
- **지갑 및 키 관리 구조:** 멀티시그와 같이 권한이 분리된 구조가 적용되었는지 명확히 정리된 구조도를 확인합니다.
- **기술 연동 설명서:** 프론트엔드(사용자가 보는 화면)와 백엔드(서버, 데이터베이스 등)가 어떻게 연동되고 인증되는지에 대한 기술 설명서를 받아야 합니다.
- **보안감사 보고서:** 외부 보안 점검(코드 감사 등) 수행 여부와 취약점 발견 시 보완 내용을 담은 감사보고서를 확인합니다.
- **테스트넷 및 온체인 증명 자료:** 테스트 지갑으로 실행해 본 내역과 함께, 테스트넷 트랜잭션 URL을 제출받아 실제 온체인 실행 여부를 증명할 수 있는 자료를 확보해야 합니다.

이러한 세부 검수 자료는 재무제표 감사, 공시 작성, 규제 대응 시에도 중요한 **'기술적 근거 문서'**로 활용될 수 있습니다. 따라서 개발사의 자료 제출과 검수 기준을 명확히 문서화하여 계약서에 포함하는 것이 바람직합니다.

책임 분담

외주 개발사와는 단순히 용역을 제공받는 것에 그치는 것이 아니라 책임을 함께 질 소지가 많습니다. 예를 들어, NFT 발행 프로젝트에서 스마트 계약 오류로 잘못된 자산이 발행되거나 보상이 중복지급된 경우, 기술 개발사가 법적으로 사업자와 함께 민사 또는 형사상 책임을 질 수 있는 상황이 발생할 수 있습니다.

이러한 상황을 대비하려면 계약서에 책임 소재를 구체적으로 구분해 명시해야 합니다. 가장 현실적인 책임 분담 기준은 다음과 같습니다.

- ✔ **설계상의 오류**(기능 기획, 로직 설계 문제 등)**는 발주자인 기업의 책임**
- ✔ **기술 구현상의 오류**(코딩 실수, 테스트 부족 등)**는 개발사의 책임**
- ✔ **외부 환경에 의한 변수**(예 블록체인 네트워크 장애, 가스비 급등 등)**는 불가항력으로 간주하여 면책 사유로 처리**

이처럼 역할과 책임을 명확히 나누는 구조는 법적 분쟁 예방뿐 아니라, 감사 대응 시 책임 설명에도 도움이 되는 실무적 기준이 됩니다. **'일방적 책임 면제 조항'**은 공정거래법상 불공정 약관으로 간주될 수 있으므로, 형식적인 문구보다는 실제 운영 기준을 중심으로 계약 구조를 설계해야 합니다.

실무적 유의 사항 및 표준 문서 구축

외주 개발을 맡길 때, **'단가보다는 기술 설명 능력과 보안 사고 이력'**을 기준으로 평가해야 합니다. 블록체인 기술은 개발 이후 유지보수나 패치(오류 수정)가 매우 제한적이므로, 한 번 납품된 코드는 향후 수년간 기업의 위험 요소로 남을 수 있기 때문입니다.

또한, 사내 IT팀이나 외부 감리업체를 통해 **개발 결과물을 2차로 검토**하는 절차를 미리 준비해두는 것이 좋습니다. 이는 품질보증 개념이 아니라, "우리는 독립적 검증 절차를 거쳤다"는 외부 설명자료로 활용될 수 있으며, 특히 상장사나 회계감사 대상 기업에게는 중요한 감사 대응 자료가 됩니다.

기술 외주와 관련된 리스크를 줄이기 위해, 기업은 다음과 같은 **표준 문서를 구축**해둘 필요가 있습니다.

- NFT 발행용 스마트 계약 표준 명세서
- Web3 지갑 연동 체크 리스트
- 외주 개발 계약서 템플릿 (권리귀속·책임 분리·기밀 유지 포함)
- 납품 시점 기준 문서화 항목 목록
- 검수 완료 보고서 예시 문안

7.3 가상자산 공동운영 계약

NFT 공동 발행, DAO 기반 콘텐츠 운영, Web3 플랫폼 연동 등 가상자산 사업은 다수의 외부 파트너와의 협업을 전제로 합니다. 가상자산 기반의 공동 운영 계약은 일반적 계약과 달리, 기술적 결과물, 운영 구조, 법적 지위, 회계처리 등까지 하나의 틀 안에 통합하는 설계가 필요합니다.

NFT 공동 발행 계약서의 특성

NFT 공동 발행 계약은 **디지털 자산을 공동으로 개발하고 발행하기 위한 계약**입니다. 이는 창작자(IP 소유자), 기술 개발자, 마케팅 전문가 등 여러 주체가 협력하여 NFT 프로젝트를 추진하는 데 필요한 모든 요소를 담고 있습니다. 따라서 콘텐츠의 사용 권리만을 다루는 일반적인 계약(예) 음원, 영상, 웹툰 등의 유통계약)과 달리, 다음의 기술적이고 복합적인 내용들을 포함해야 합니다.

- **NFT의 발행 구조:** 스마트 계약의 주체, 메타데이터의 저장 위치, 블록체인 네트워크 선택 등 NFT 발행의 기술적 기반을 명확히 규정합니다.
- **IP 권리 귀속 및 이용 범위:** 디자인, 아트워크, 상표권 등 NFT에 사용되는 지식재산권(IP)의 귀속 주체와 이용 범위를 구체적으로 명시합니다.
- **발행량 및 유통 조건:** 총 발행 수량, 재발행 가능 여부, NFT 보유자가 갖는 권리 등 유통에 관한 세부 사항을 결정합니다.

- **가격정책 및 판매채널:** 프라이싱 주체와 판매 채널(마켓플레이스) 연동 방식 등 가격정책 및 판매 전략을 수립합니다.
- **수익배분 방식:** 판매 수익과 로열티의 배분 기준, 정산 주기, 환율 적용 방식 등을 상세하게 정합니다.

해당 계약은 필연적으로 **기술설명서**(Annex)를 동반해야 합니다. 기술 설명서는 본 계약서에 첨부되는 부속 문서로서, 스마트 계약 주소, 메타데이터 구조, 지갑 연동 방식, 토큰 발행 수량, 소각 정책 등 기술정보에 관한 주요 내용을 상세히 명시한 문서입니다. 특히 커스터디나 DAO·NFT 관련 계약의 경우, 키 관리 방식, 보관 구조, 책임 분담 체계 등도 이 기술설명서에 포함됩니다.

DAO 공동운영 계약 시 특수 고려사항

DAO 계약은 일반적인 계약서보다 훨씬 복잡하며, 다음의 주요 사항들을 포함해야 합니다.

- **DAO의 운영 실체:** 계약의 상대방이 명확하지 않으므로, 의사결정에 참여하는 주요 인물이나 조직, 또는 투표 구조 등을 명시해야 합니다.
- **기업의 역할:** 계약을 맺는 기업이 DAO 프로젝트에서 어떤 역할을 하는지(예) 플랫폼만 제공하는지, 함께 의사결정을 하는지, 단순 파트너인지)를 명확히 구분해야 합니다.

- **책임 소재:** 토큰이나 NFT 발행 과정에서 기술적 오류가 발생했을 때, 그 책임이 누구에게 있는지, 그리고 기술 제공자가 어디까지 보상해야 하는지 등을 구체적으로 정해야 합니다.
- **의사결정 반영:** DAO의 투표 결과를 계약 내용 실행의 조건으로 삼을 것인지 명시해야 합니다.
- **계약 갱신 및 변경:** DAO 내부 사정이 변했을 때 계약을 어떻게 처리할지(자동으로 종료할지, 다시 협의할지)에 대한 조건을 미리 정해야 합니다.

기술 연동 계약

기술 연동계약은 API를 기반으로 서비스나 시스템을 서로 연결할 때 체결하는 계약입니다. 이 계약에서는 서비스의 안정성을 보장하기 위해 **'이용 조건'**과 **'서비스 수준 협약(SLA)'**을 명확히 하는 것이 중요합니다.

특히 다음과 같은 내용은 별도의 부속 합의서로 상세하게 관리될 수 있습니다.

- **안정성 및 성능 기준:** 지갑 연동 시 데이터 전송의 안정성이나 응답 속도가 어느 수준이어야 하는지 구체적인 기준을 정합니다.
- **장애 발생 시 대응:** 실제 서비스가 운영되는 블록체인 네트워크(Mainnet)에 문제가 생겼을 때, 어떻게 백업하고 복구할 것인지에 대한 체계를 미리 약속합니다.

- **데이터 활용 및 보호:** 고객 데이터 사용에 대한 범위를 제한하고, 데이터 삭제 의무 등 개인정보 보호와 관련된 내용을 명시합니다.
- **개발자 지원:** 문제가 발생했을 때 개발자 지원 기간을 어느 정도로 보장하고, 수정 요청에 대한 대응 시간을 정해 신속한 문제 해결을 약속합니다.

공동 마케팅 및 회계·공시 이슈 연동

가상자산 프로젝트에서 진행하는 공동 마케팅과 공동 브랜드 사용 계약은 기존 계약과 다른 점이 많습니다. 예를 들어, NFT 협업의 경우 상품 출시보다 오히려 미디어 노출, SNS 캠페인, DAO 참여 기회 제공 등 비정형적인 혜택을 제공하는 경우가 많습니다. 따라서 계약 시 다음 사항을 명확히 조율해야 합니다.

- **브랜드 공동 사용 방식:** 로고 표기 순서나 슬로건 문구를 어떻게 관리할지 정합니다.
- **마케팅 비용 분담 구조:** 광고비나 홍보(PR) 채널 우선권을 어떻게 나눌지 결정합니다.
- **성과지표 및 정산 방식:** 노출량, 참여율, 사용자 수 등 핵심성과지표(KPI)를 설정하고 정산 방식을 정합니다.

또한, 가상자산 공동운영 계약은 회계 및 공시와도 직결됩니다. 기업이 외부 프로젝트에 자산이나 책임을 위탁하면, 단순한 외부 용역 계약이 아니라 관계 기업 설정, 출자 설명 의무, 재무제표 반영 대상이 될 수 있습니다. 이에 대비해 계약서에 아래 항목을 포함해야 합니다.

- **출자 여부 및 금액:** 기업이 프로젝트에 출자했는지, 그리고 그 금액이 얼마인지 명시합니다.
- **성과 귀속 기준:** 프로젝트 성과가 기업, DAO, 제3자 중 누구에게 돌아가는지 기준을 명확히 합니다.
- **공시 대상 여부:** 향후 공시 대상이 될 가능성을 고려하여 내부 검토가 필요한 조항을 추가합니다.
- **회계처리 기준:** 분기별 또는 사업 종료 시점에 맞춰 회계 서류를 어떻게 만들지 기준을 정합니다.

8

국내 제도 미비 상황 대응 방안

8.1 SPC나 해외법인 활용

국내 기업이 가상자산을 보유하거나 관련 사업을 시작할 때, 걸림돌은 바로 제도의 공백입니다. 이런 불확실성 속에서 SPC(특수목적법인)와 해외법인은 사업의 책임을 정당하게 구획하고, 새로운 사업을 시도해 볼 수 있는 수단이 될 수 있습니다.

SPC는 가상자산 관련 사업의 자산과 책임을 본사와 분리하기 위해 활용되는 장치입니다. 금융, 부동산, 모빌리티 등 분야에서 널리 쓰이는 전략으로, 가상자산 분야에서는 특히 **사업 실험, 위험 분산, 기술 검증을 위한 효과적인 수단**이 될 수 있습니다.

설계 시 고려할 요소

자본금 및 통제권	본사가 자본금과 통제력을 유지하되, 회계 책임과 계약은 SPC 명의로 분리합니다.
자산 설계	NFT, 토큰, 지갑, 스마트 계약 등은 SPC 단위로 설계합니다.
내부통제	내부 회계관리 제도나 외부감사 대상 여부에 따라 운영 책임을 조정합니다.
문서화	SPC의 모든 회계 기록과 계약 내용을 본사의 연결 회계 및 공시에 대비해 문서화합니다.

해외법인 전략은 '규제 회피'가 아니라, 국내에서 시도하기 어려운 실험을 해외의 다른 법적 환경에서 시도해보기 위한 수단입니다. **싱가포르, 홍콩, 두바이, 아부다비** 등 일부 지역은 DAO 참여, NFT 발행, 커스터디 계약 등에 대한 명확한 가이드라인을 제공하거나 규제 유예 상태에 있어, 새로운 사업을 시도하기에 유리합니다.

설계 시 고려해야 할 주요 요건

- **실체성:** 실체 없는 서류상 회사(페이퍼 컴퍼니)로 간주되어 조세 회피 문제에 휘말리지 않도록 주의해야 합니다.
- **자산 증빙:** 회계 연결 시 실재하는 자산에 대한 증빙자료를 확보해야 합니다.
- **인력 구성:** 기술 책임자, 자산 보관자, 거래 통제자 등 주요 인력이 해외법인의 실제 인력으로 등재되어야 합니다.
- **업무 분리:** 계약 관계, 수익 귀속, 정산 경로를 국내 본사와 명확하게 구분하고 문서화해야 합니다.

SPC나 해외법인 등 어떤 구조를 활용하든, **중요한 것은 내부적으로 책임과 업무의 전반을 통제**할 수 있는 체계를 갖추는 것입니다. 다음과 같은 기본 문서를 미리 준비하는 것이 좋습니다.

- **업무 분장 및 조직도:** SPC 또는 해외법인의 업무분장표와 조직도
- **계약 및 수익구조:** 계약의 흐름도와 수익이 누구에게 귀속되는지 정리한 표
- **시스템 연결 경로:** 스마트 계약, 지갑, 회계 시스템 간 연결 경로 정리도
- **회계처리 자료:** 회계처리 방식에 대한 설명자료 및 내부 결재 문서

8.2 제휴 기반 실행 전략

가상자산 사업에 대한 기술적 구현은 가능하지만, 회계·세무 등 리스크를 줄이고자 하는 경우에는, 외부 파트너와의 계약을 통해 간접적으로 프로젝트를 실행하는 방식을 선택할 수 있습니다. 그러나 실질 분리, 계약상 책임의 명확화, 회계상의 기준 정립이 병행되어야 그 유효성을 확보할 수 있을 것입니다.

(1) 제휴 기반 간접 실행 구조의 유형

제휴 기반 간접 실행 구조는 기업이 가상자산을 직접 발행하거나 소유하지 않고, **외부 제휴사나 위탁사업자를 통해 프로젝트를 진행**하는 방식입니다. 기업은

브랜드, 콘텐츠, 데이터, 기술을 제공하고, 파트너사는 가상자산의 발행, 유통, 거래 등 실질적인 운영을 맡게 됩니다.

이러한 **간접 실행 구조**는 다음과 같은 분야에서 효과적으로 활용될 수 있습니다.

NFT 공동 발행 프로젝트	DAO 캠페인 참여	Web3 플랫폼 입점 서비스	지갑 기반 인증 서비스
디자이너, 플랫폼, 기업의 역할을 분리하여 진행합니다.	DAO가 발행 주체가 되고, 기업은 콘텐츠 후원자로 참여합니다.	기업은 콘텐츠만 제공하고, 발행 및 소유는 외부 플랫폼에서 담당합니다.	기업은 자체 시스템에 인증 로직만 반영하고, 실제 지갑 연동은 외부 지갑사와 협력합니다.

(2) 계약 시 고려 요소 및 리스크 관리

제휴 기반 실행 구조는 다음과 같은 잠재적 리스크를 가질 수 있습니다.

- **소비자 오인:** 소비자들이 기업을 실질적인 운영자로 오해할 수 있습니다.
- **이미지 손상:** 파트너사의 운영 역량이나 신뢰도가 떨어지면 기업 이미지에 부정적인 영향을 줄 수 있습니다.
- **법적 문제:** 비표준적인 회계 구조 때문에 외부감사나 세무조사의 대상이 될 수 있습니다.

간접 실행 구조가 법적으로 유효한 사업구조로 인정받으려면, 계약서에 다음 요소들이 명확하게 포함되어야 합니다.

- **책임 범위:** 발행 및 운영 주체의 책임 범위를 명확히 합니다. 특히 수익 귀속, 소비자 대응, 법적 분쟁 처리 주체를 상세히 규정해야 합니다.
- **기업의 기여 항목:** 브랜드, 기술, 콘텐츠, 데이터 등 기업이 제공하는 항목의 범위를 구체적으로 명시합니다.
- **수익 분배 방식:** 정액제, 성과연동 방식, 로열티 등 수익 분배 방식을 구체적으로 정합니다.
- **고지의무 및 약관:** 소비자 대상 설명 책임이 누구에게 있는지 명시합니다.
- **회계처리 기준:** 수익 인식, 비용 처리, 세금계산서 발행 기준을 명확히 정리합니다.

(3) 회계 및 공시 대응 기준

이러한 제휴 기반 구조에서 중요한 회계 이슈는 수익 인식의 주체와 기준입니다. 다음 유형에 따라 수익 인식 방법을 명확히 구분해야 합니다.

- **고정 수수료 방식:** 기업이 받는 수수료를 수익 또는 영업 외 수익으로 인식합니다.
- **성과연동 방식:** 기업이 사업 리스크를 분담하는 구조라면, 발생한 수익의 일부 또는 전부를 매출로 인식할 수 있습니다.
- **직접 거래 없는 구조:** 제휴사가 사업의 모든 주체가 될 경우, 기업은 수익을 인식하지 않습니다.

외부감사인은 계약서, 사업 설명서, 내부 보고서 등을 종합적으로 검토해 실질적인 수익의 귀속 주체를 판단합니다. 따라서 문서들 간의 일관성을 유지하고, 내부적으로 명확한 해석 기준을 세워야 합니다.

8.3 법률 자문 활용: 제도 미비 리스크 최소화

가상자산 사업은 아무리 신중하게 사업구조를 설계하더라도 불확실성을 완전히 제거할 수 없습니다. 따라서 실행 전에 법률 자문을 구조적으로 활용하고, 투자자·이용자에게 위험을 사전에 고지함으로써 법적·평판 리스크를 통제하는 전략이 필요합니다.

(1) 법률 자문 문서화 전략

기업이 '전문가 검토를 거쳐 합리적인 판단을 내렸다'는 사실을 증명하려면 다음과 같은 두 가지 요소를 갖춰야 합니다.

- **자문보고서**(Written Legal Opinion)**:** 자산의 법적 성격, 적용 가능한 규제, 계약서의 효력 등 구체적인 항목에 대한 내용을 서면으로 정리해야 합니다.
- **자문 전제 조건 명시:** 보고서 작성 시점과 가정 조건(예) DAO 구조, 토큰 기능 등)을 명확히 밝혀, 추후 사업구조가 변경될 때 발생할 수 있는 불확실성에 대비해야 합니다.

기업은 다음과 같은 사항에 대해 선제적으로 자문을 받아야 합니다.

- **증권성 판단:** 토큰이나 NFT가 증권으로 분류될 가능성을 미리 점검합니다.
- **계약상 유효성:** DAO 참여나 제휴 관련 계약이 법적으로 유효한지 검토합니다.
- **책임 분담 구조:** 스마트 계약에서 발생할 수 있는 책임 소재를 명확히 합니다.
- **적정성 검토:** 이용자 약관 및 각종 고지문이 관련 법규를 준수하는지 확인합니다.
- **회계감사 및 공시 적정성:** 회계감사에 대비하고 공시 기준에 맞는 재무 보고가 가능한지 검토합니다.

(2) 이용자에 대한 위험 고지문

위험 고지(disclaimer)는 법적 방어 수단일 뿐만 아니라 이용자와의 신뢰를 구축하는 중요한 요소입니다. 특히 다음 유형의 고지 내용은 포함할 필요가 있습니다.

- **재산가치 부인:** 해당 토큰은 재산적 가치를 보장하지 않으며, 투자 수단이 아닙니다.
- **가격 변동성 안내:** 이 자산은 시장에서 가격이 급격히 변동할 수 있습니다.
- **회수 불가 안내:** 지갑 분실이나 키 관리 실패로 인한 자산 손실은 복구되지 않습니다.
- **지급의무 부인:** 향후 수익이나 혜택 지급은 계약으로 확정된 것이 아니며, 별도 공지에 따릅니다.
- **스마트 계약 리스크:** 기술적 오류 또는 제3자의 개입으로 인한 피해 가능성을 인지하고 참여해야 합니다.

이러한 고지문은 토큰 구매 페이지, 이용약관, 백서, 고객 확인서, 이메일 등 다양한 채널을 통해 반복적으로 노출해야 합니다. '고지문을 읽지 못했다'는 주장을 탄핵하여 법적 효력을 강화하는 데 도움이 됩니다.

(3) 투자자 및 파트너사와 위험 공유

기업은 법률 자문이나 고지문 외에도, 투자자 및 파트너에게 다음 문서를 제공하여 위험을 사전에 공유해야 합니다.

- **구조 요약서:** 토큰이 어떻게 운용되고 회계에 어떻게 반영되는지 설명하는 문서입니다.
- **자금 흐름도:** 실제 자산 흐름과 통제 권한이 어떻게 나뉘는지 보여줍니다.
- **리스크 매트릭스:** 발생 가능한 리스크 항목별 대응 계획을 담고 있습니다.
- **파트너 동의서 또는 확인서:** "당사는 본 구조가 규제상 불확실성을 가짐을 인지합니다"와 같은 문구를 포함하여 상대방이 위험을 충분히 인지하고 있음을 확인하는 문서입니다.

향후 회계감사나 분쟁이 발생했을 때, '리스크가 충분히 고지되었고 상호 인지된 상태에서 사업이 진행되었다'는 정당성을 확보하는 근거가 됩니다.

9

국내 기업 적용 시나리오: 규모별·산업별 전략

9.1 기업 규모별 추진 전략

스타트업과 중견기업, 대기업은 조직의 유연성, 회계 리스크 감내력, 규제 노출도, 고객 기반 구조 등 모든 면에서 다릅니다. 그에 따라 가상자산을 활용한 전략의 접근방식 또한 차별화되어야 합니다. 중요한 것은 자산 보유 방식이 아니라, 실행의 투명성과 문서화를 통한 정당성 확보입니다.

(1) 스타트업: 빠른 실험과 제한된 규제 부담

스타트업은 민첩성과 기술 적응력이 높고 내부 절차에 대한 부담이 상대적으로 적습니다. 다음 전략을 통해 효율적으로 사업을 확장할 수 있습니다.

- **NFT 발행 또는 DAO 참여를 MVP(최소기능제품)로 설계:** 최소한의 기능으로 빠르게 제품을 출시하여 초기 고객을 확보할 수 있습니다.
- **Web3 커뮤니티와 협업:** 자체 마케팅 자산 없이도 커뮤니티의 파급 효과를 활용하여 시장 인지도를 높일 수 있습니다.
- **개인 창업자 또는 제휴사를 활용한 운영 구조 설계:** 법인 명의 대신 개인 또는 제휴사를 통해 유연하게 운영할 수 있습니다.

(2) 중견기업: 회계 리스크 관리 및 운영 안정성 추구

중견기업은 외부감사 대상인 경우가 많고, 재무구조의 안정성을 중요하게 여깁니다. 따라서 직접 투자보다는 **파트너십이나 SPC를 활용**한 전략이 더 효과적입니다. 다음과 같은 전략을 고려할 수 있습니다.

- **NFT 기반 멤버십 프로그램 도입:** 로열티 프로그램을 혁신하여 고객 충성도를 높일 수 있습니다.
- **DAO와 공동 마케팅 또는 콘텐츠 협업:** 제한된 의사결정 참여 구조로 협업의 범위를 조절할 수 있습니다.
- **SPC 설립을 통한 리스크 분리:** SPC를 설립하여 자산과 회계 리스크를 본사와 분리함으로써 재무 리스크를 줄일 수 있습니다.

(3) 대기업: 규제 노출과 평판 리스크 중심 고려

대기업은 뛰어난 기술력과 재무 능력을 갖추고 있지만, 공시 및 규제 리스크와 사회적 파급 효과를 고려해야 하므로 선택의 폭이 제한적입니다. 하지만 다음과 같은 방식으로 전략을 실행할 수 있습니다.

- **해외법인 또는 글로벌 파트너사와 공동사업구조 활용:** 규제 환경이 비교적 유연한 해외 시장을 활용하여 리스크를 분산합니다.
- **B2B 연계 또는 비매매형 구조로 설계:** 고객 대상 NFT나 토큰을 직접적인 투자 수단이 아닌, 기존 사업과 연계된 형태로 활용합니다.
- **사전 공지를 통한 투명한 커뮤니케이션:** 투자자나 고객에게 위험 고지, 회계 처리, 사업 목적 등을 사전에 명확히 알립니다.

(4) 조직 규모별 공통 고려사항

기업의 규모와 관계없이, 모든 조직은 다음과 같은 사항들을 고려해야 합니다.

- **내부 책임 구조의 명확화:** CTO(최고기술책임자)/CSO(최고보안책임자)/전략기획실 등 실행 주체를 명확히 지정해야 합니다.
- **법률·회계 자문 내역 문서화:** 내부 보고용과 외부감사용 자료를 이중으로 구성하여 문서화해야 합니다.
- **위험고지 및 고객 커뮤니케이션 프로토콜:** 이용약관, 백서, FAQ 등을 통해 위험 고지 및 고객 커뮤니케이션 절차를 정례화해야 합니다.
- **회계정책서에 가상자산 항목 반영:** 가상자산의 손상 기준 및 공정가치 평가 기준을 회계정책서에 포함해야 합니다.

9.2 산업별 우선 추진 전략

산업별로는 유형에 따라 고객 접점, 서비스의 디지털화 수준, 규제 민감도 등 다양한 특성을 가지고 있어, 가상자산 사업 도입 방식도 달라져야 합니다. 기업은 자사의 특성을 고려하여 투자형, 보상형, 인증형, 정산형 등 기능 단위로 도입 우선순위를 정하고, 이에 맞는 전략을 설계해야 합니다.

(1) 소비재·유통 산업

소비재 및 유통 기업은 브랜드와 고객의 연결이 중요하기 때문에, **NFT를 활용한 멤버십, 리워드, 한정판 마케팅 전략**이 효과적입니다. 특히 다음과 같은 접근 방식을 활용할 수 있습니다.

- **NFT 보유자에게 독점적 혜택 제공:** NFT 보유자에게만 전용 상품 구매 권한이나 선주문 권리를 부여하여 브랜드 가치를 높입니다.
- **구매 이력과 연동된 NFT 지급:** 고객의 구매 이력에 따라 NFT를 지급하여 고객 충성도를 분석하고 관리할 수 있습니다.
- **브랜드 협업 NFT 출시:** 다른 브랜드와 협업하여 NFT를 출시하면 소셜미디어를 통해 빠르게 확산되고, 젊은 세대의 유입을 유도할 수 있습니다.

다만, NFT의 **과도한 가격 상승을 유도하거나 투자상품으로 언급**(자본시장법 등 위반 소지)**하는 것은 피해야** 합니다. NFT를 브랜드 충성도를 높이는 도구로 명확하게 포지셔닝하는 것이 중요합니다.

(2) 콘텐츠·엔터테인먼트 산업

콘텐츠 및 엔터테인먼트 산업은 이미 가상자산이 활발하게 유통되고 있어, **팬 커뮤니티 기반의 NFT, DAO 거버넌스 참여, 굿즈 연동형 자산 발행**이 자연스럽게 적용될 수 있습니다. 다음과 같은 전략을 고려할 수 있습니다.

- **IP 기반 NFT 판매 및 거래:** 지식재산권(IP)을 활용한 NFT를 판매하고 거래를 활성화하여 부가 수익을 창출합니다.
- **팬 투표 DAO 설계:** 콘서트 일정, 굿즈 디자인, 앨범 수록곡 결정 등 팬들이 직접 의사결정에 참여할 수 있는 DAO를 설계합니다.
- **멤버십 NFT 보유자에게 혜택 부여:** 멤버십 NFT를 소유한 팬들에게 오프라인 행사 참여권 등 특별한 혜택을 제공합니다.

이러한 전략에서 중요한 것은 **자산화보다는 팬들의 참여 구조 설계에 초점**을 맞추는 것입니다. 자산은 팬 경험을 강화하는 수단으로 기능하게 해야 합니다.

(3) 제조·B2B 산업

제조업체나 B2B(기업 간 거래) 산업은 가상자산 자체보다 **결제, 포인트 관리, 계약 정산, 유통 데이터 추적** 등에서 활용 가치가 높습니다.

납품 단위별 가상자산 발행	가상자산을 발행해 출하 및 입고 이력을 투명하게 추적할 수 있습니다.
해외 파트너 정산용 스테이블코인 구조 설계	환율 변동의 영향을 적게 받는 스테이블코인을 활용해 해외 파트너와의 정산 효율성을 높입니다.
CRM 포인트의 온체인화	기업이 고객사들에게 제공하는 고객 관계 관리(CRM) 포인트를 블록체인 기반 자산으로 만들어, 고객사들이 이 포인트를 서로 교환하거나 활용할 수 있는 구조를 설계할 수 있습니다.

특히 중견 제조업체는 **스마트 계약 기반의 정산 로직과 회계 연동이 가능한 ERP**(Enterprise Resource Planning, 전사적 자원 관리) **시스템 연계 구조**에 주목할 필요가 있습니다.

(4) 금융·핀테크 산업

금융 및 핀테크 산업은 규제의 영향을 가장 크게 받지만, 동시에 Web3 인프라를 가장 선도적으로 구축할 수 있는 분야입니다. 다음과 같은 전략을 고려해 볼 수 있습니다.

- **Web3 지갑 연동 결제 시스템 개발:** 기존 금융시스템에 Web3 지갑을 연결하여 새로운 결제 경험을 제공합니다.
- **기업 고객 대상 커스터디 백엔드 구축:** 기업이 안전하게 가상자산을 보관하고 관리할 수 있도록 수탁(Custody) 시스템을 만듭니다.
- **NFT 기반 인증서 또는 마이데이터 연계 서비스:** NFT를 활용해 다양한 인증서를 발행하거나, 마이데이터와 연결된 서비스를 개발합니다.
- **DeFi 프로토콜 접점 확보 또는 중계 플랫폼 구축:** DeFi 서비스에 바로 연결하거나, 기존의 Web2 금융과 Web3를 연결하는 중계 플랫폼을 만듭니다.

이 산업에서는 VASP 등록, ISMS 인증, AML 시스템 등 규제 요건을 선제적으로 충족하는 것이 중요합니다. 다른 산업보다 제도적 요구사항에 빠르게 대응해야 합니다.

(5) 교육·헬스케어·공공 산업

교육, 헬스케어, 공공 분야는 민감한 개인정보, 인증 기록 등을 다루기 때문에 투자보다는 신뢰와 기록 중심의 가상자산 활용이 효과적입니다. 다음과 같은 방식으로 블록체인을 적용할 수 있습니다.

교육 기록 및 인증	교육 이수증이나 수료증을 NFT로 발행하여 위변조를 막고, 학습활동 인증기록을 투명하게 관리할 수 있습니다.
건강정보 및 보상	건강정보 접근 권한을 인증하거나, 운동 등 건강 활동에 대한 리워드를 헬스 포인트로 제공할 수 있습니다.
지역화폐 및 커뮤니티 보상	지역화폐와 연계된 NFT를 활용하여 지역사회 활동에 참여한 주민에게 보상을 지급하는 시스템을 구축할 수 있습니다.
ESG 활동 기록	환경·사회·지배구조(ESG) 실천 활동을 블록체인에 기록하고 인증하여 공공기관 보고자료로 활용할 수 있습니다.

이러한 산업에서는 블록체인 인프라의 신뢰성과 검증 가능성을 강조하는 커뮤니케이션 전략이 중요합니다.

법인에게 열리는 가상자산 투자 시대: 기업의 투자와 사업 활용 전략

제 4 부

가상자산 유형과 사업모델별 전략

1

자산 유형별 전략

1.1 비트코인과 이더리움

비트코인과 이더리움은 전략적 목적, 회계기준, 공시 설계, 기술 연계성 등 다양한 측면에서 서로 다른 특성을 가진 자산입니다. 기업은 이러한 차이를 명확히 이해하고, 자산의 기능과 활용 목적에 따른 보유 전략을 세워야 합니다.

가치 저장 vs 기술 활용

비트코인은 '디지털 금(Digital Gold)'으로 불립니다. 중앙 발행 기관 없이 작동하며, 총 발행량이 2,100만 개로 제한되어 있어 희소성과 분산성이 높습니다. 이러한 특성 때문에 장기 **보유형 자산**(SoV, Store of Value)으로 평가됩니다.

이더리움은 '탈중앙화된 애플리케이션 플랫폼'을 목표로 설계된 블록체인입니다. 스마트 계약, 디앱(DApp), NFT, DAO 등 가상자산 생태계의 주요 기능들이 이더리움 위에서 구현되고 있습니다. 이에 따라, 기업은 이더리움을 자산 보유보다는, **기술적 연계성과 전략적 활용 가능성**에 무게를 두게 됩니다. 특히 Web3 서비스나 IT 기반 사업 확장을 모색하는 기업에게는 의미 있는 접점 자산이 될 수 있습니다.

두 자산 모두 가격 변동성이 크지만, 변동성을 유발하는 요인은 다릅니다. **비트코인**은 금리, 유동성, 미국 ETF 승인 등 **거시경제 변수**에 민감하게 반응하는 경향이 있어, 전통 자산과의 상관관계를 고려한 포트폴리오 구성에 유리할 수 있습니다.

반면 **이더리움**은 '머지(Merge)'와 같은 기술 업데이트, '샤딩(Sharding)'을 통한 확장성 개선, 활용성 확장, NFT 및 DeFi 시장 동향 등 **자체 생태계 내부 요인과 외부 활용성**에 따라 가격이 움직이는 특성을 보입니다. 최근에는 미국의 스테이블코인 규제법률(GENIUS Act) 제정으로 스테이블코인 시장이 제도권에 편입되면서 이더리움 네트워크의 수요와 가치가 동반 상승하는 효과가 나타나고 있습니다.

회계·세무·공시·조달 구조의 차이

회계상 두 자산 모두 '무형자산'으로 분류되나, 2024년 시행된 「가상자산 회계 처리 감독지침」에 따라 보유 목적에 따른 분류 재검토가 가능합니다.

비트코인 투자 목적으로 장기 보유할 경우 전형적인 **'무형자산'**으로 처리됩니다.

이더리움 DAO나 NFT 연계 등 기능 제공 및 대가 수취 목적이 명확하다면 **'금융자산'**의 범주로 해석될 가능성이 있습니다. 또한, 지침에서 공식적으로 인정한 분류는 아니지만, 고객과의 계약 정산에 활용되는 경우에는 '계약자산' 또는 '기타자산'으로 실무상 재해석될 여지도 있습니다.

세무 측면에서는 자산별로 주의할 점이 많습니다.

비트코인 단기 매각이 없는 한 과세 시점이 늦춰집니다. 회계상 손상차손을 인식하더라도 세법상 **비용으로 인정되지 않는 경우**가 많아 세무 조정이 필요합니다.

이더리움 스마트 계약 대가 수령 등 **사용에 대한 수익이 발생하면 해당 시점에 과세소득**으로 인식해야 합니다. 특히 스테이킹이나 DAO 활동으로 발생하는 수익이 **'사업소득'인지 '기타수익'인지** 등에 따라 법인세 신고 구조가 달라지므로, 자산 용도와 회계 분류에 따른 세무상 귀속을 함께 고려해야 합니다.

또한, 2024년부터 강화된 주석 공시 기준에 따라, 공시 측면에서도 자산별 차이가 명확해지고 있습니다.

비트코인 | 투자자산으로 간주되어 보유 수량, 취득원가, 장부금액, 공정가치 등을 **수치 위주로 공시**하면 충분합니다. 재무적 수단을 활용한 자산 매입 전략이 적합하며, 기업가치 제고 측면에서 주주 설득이 상대적으로 쉽습니다.

이더리움 | NFT 발행, 디앱 연계(DApp Integration), 스테이킹, DAO 운영 등 다양한 용도로 보유되는 경우가 많아, **기능별 사용 목적, 서비스 구조, 보상 조건 등을 함께 설명**해야 합니다.

자금조달 전략에서도 다릅니다.

비트코인 | **전환사채[13], 자사주 매각[14], 장기 대출[15] 등 재무적 수단을 활용**한 자산 매입 전략에 적합하며, 기업가치 제고와 주주 설득이 상대적으로 용이합니다.

이더리움 | **사업적 목적**(예 스마트 계약 운영, 커뮤니티 참여 등)**에 근거한 보유가 설득력**을 가집니다.

---

13 기업이 전환사채(CB)를 발행해 비트코인에 투자하면, 비트코인 가격이 오를 때 기업가치와 주가도 상승하여 CB 투자자들이 주식으로 전환할 가능성이 커집니다. 기업은 부채를 줄이고 자본을 늘리는 재무구조 개선 효과를 얻을 수 있습니다.

14 자사주 매각 대금을 비트코인 매입에 활용하면, 자사주를 유동화하는 동시에 재무구조를 다변화하고 시장의 관심을 높이는 효과를 얻을 수 있습니다.

15 장기 저리 대출로 비트코인을 매입하면, 기업은 낮은 이자 비용 대비 자산 가치 상승으로 인한 재무 레버리지 효과를 얻을 수 있습니다.

한국 기업의 활용 전략

비트코인과 이더리움은 보유 리스크와 활용 방식이 다르므로, 기업은 각 자산의 특성에 맞는 전략을 세워야 합니다.

비트코인

정부 규제, 보안 사고, 시장 유동성 축소와 같은 거시적 리스크에 민감합니다. 보유 자체에 따른 **보안 및 관리 부담**이 주요 문제입니다. 비트코인을 보유한 기업은 주로 매각 시점, 가격 변동, 공시 범위 등을 관리하는 데 집중합니다.

이더리움

하드포크(hard fork, 블록체인 분리 현상), 컨센서스 오류(네트워크 참여자 간 블록 상태 및 거래 순서 불일치) 등과 같은 **기술적 리스크 외에, 스테이킹 서비스의 증권성 논란, 탈중앙화 생태계에 대한 법적 해석 불확실성 등 규제 리스크**에 민감합니다.

비트코인과 이더리움은 거래 빈도, 외부 제휴 방식, 내부통제 범위가 다르므로, 실무자는 회계, 세무, 공시 설계를 할 때 자산 유형을 고려해야 합니다.

- **비트코인 중심 전략: 재무 안정성을 보완하고 기업 IR(투자자 관계) 전략의 도구**로 활용하고자 하는 기업에게 적합합니다. 장기 보유와 명확한 내부 회계 통제, 외부 설명 가능성이 중요할 때 유리합니다.
- **이더리움 중심 전략: 사업구조 설계, 고객 참여 유도, Web3 생태계 구축**이 중요한 기업에게 적합합니다. 기술적 연계성을 활용해 새로운 비즈니스 모델을 만들고자 할 때 유리합니다.

1.2 스테이블코인

> 그동안 가상자산은 높은 변동성과 규제 불확실성 때문에 활용도가 제한적이었습니다. 법정통화에 연동된 스테이블코인은 "현금에 가까운 디지털자산"으로서 가치변동이 적고, 보관과 회계처리가 쉽다는 장점이 있습니다. 따라서 국경 간 결제, 내부 회계 분리, 정산 시스템 혁신 등을 위한 도구로 활용될 수 있습니다.

스테이블코인의 효용

스테이블코인은 달러(USD), 유로(EUR) 등 법정통화에 가치가 연동되어 있어, 가격 변동 리스크가 낮습니다. 덕분에 회계처리, 정산, 내부통제 측면에서 다른 가상자산보다 훨씬 효율적입니다. 따라서 기업의 활용도가 늘어날 것으로 예상됩니다.

현재 가장 널리 쓰이는 스테이블코인으로는 USDT(Tether), USDC(Circle) 등이 있습니다. **USDT**는 가상자산 발행 전문회사인 Tether사가 미국 달러와 1:1로 가치를 추종하도록 설계한 가장 오래된 코인이며, **USDC**는 핀테크 기업인 Circle사와 미국 최대 가상자산거래소 운영 기업인 Coinbase사가 발행하여 투명한 준비금 공개로 신뢰를 일부 얻은 코인입니다.

기업은 스테이블코인을 **가치저장** 수단 외에도, **국경 간 결제, 내부 회계 분리, 정산 시스템 혁신 등을 위한 도구로 활용**할 수 있습니다. 글로벌 제조기업이 해외 파트너사와 거래대금을 정산할 때 스테이블코인을 이용하면, 은행 간 송금 지연,

환율 변동, 수수료 등 부담을 줄일 수 있습니다. 이러한 실시간 정산 구조는 기존 무역 프로세스를 디지털화하는 데 도움이 됩니다.

스테이블코인은 가치가 법정통화 등에 연동되어 있어 환율 변동에 따른 외화 환산손익이나 환차익 리스크가 발생하지 않거나 매우 제한적입니다. 이러한 특성으로 인해 **회계 리스크에 민감한 중소기업이나 스타트업** 등에서 스테이블코인은 안정적인 결제수단이자 대체 현금 자산으로 선호됩니다.

스테이블코인의 회계 분류 및 세무 이슈

회계 측면에서, IFRS에 스테이블코인 관련 명시적인 규정은 없지만, 법정통화와 1:1로 연동되고 준비금이 고유동성 자산(현금·단기국채 등)으로만 구성되어 있어 즉시 현금화가 가능한 경우에는 현금성 자산 또는 지급준비성 자산으로 분류할 여지도 있을 것입니다.

세무 측면에서는, 스테이블코인을 포함한 가상자산에 대한 **명확한 과세 적용은 아직 시행되지 않고 있습니다.** 그러나, 정부는 스테이블코인을 일반 가상자산과 동일하게 보고 있어, 향후 양도, 교환, 대여로 인한 소득은 기타소득으로 과세될 가능성이 높습니다.

일부에서는 '통화 대용 자산'으로 인정받아 과세 대상에서 제외될 수 있다는 주장도 있지만, 현재까지 과세당국에서 이를 인정하는 유권해석이 존재하지 않습니다.

1.3 토큰증권

토큰증권은 "증권에 가까운 디지털자산"으로 분류할 수 있는데, 기업의 자산 유동화 및 자금조달 채널로 떠오르고 있으며, 정부도 관련 법률 제정 등 제도화를 서두르고 있습니다.

토큰증권과 RWA

STO(Security Token Offering)는 자본시장법상 '증권'에 해당하는 권리를 블록체인 기반 전자등록 방식으로 발행·유통하는 절차 및 방식을 말합니다. **토큰증권**(Security Token)은 이러한 STO를 통해 실제로 발행된 디지털 증권입니다. 전통적 금융자산뿐만 아니라 부동산이나 실물자산을 기반으로 한 수익권도 포함할 수 있습니다.

RWA는 실물자산이나 전통 금융자산을 블록체인 상에서 토큰화한 범주를 통칭합니다. 이 중 투자자에게 배당, 이자, 의결권 등 경제적 권리를 부여하여 '증권성'이 인정되는 구조는 '토큰증권'으로 분류됩니다. 따라서 RWA는 '증권형'과 '비증권형'으로 구분되며, 그중 '증권형 RWA'는 토큰증권의 한 유형입니다.

STO 제도화 현황

한국의 STO 제도는 점진적으로 정비되고 있습니다. 금융위원회는 2023년 2월 「토큰증권 발행·유통 규율체계 정비방안」을 통해 토큰증권이 자본시장법상 '증권'에 해당함을 명확히 했습니다. 발행은 계좌관리기관을 통해 이루어지며, 발행인이 일정 요건을 충족하면 '발행인 계좌관리기관'으로 등록해 자기 발행 증권을 직접 관리할 수 있습니다. 유통은 금융위 인가를 받은 장외거래 중개업자와 한국거래소(KRX)가 개설하는 디지털증권시장을 통해 이루어지는 구조가 검토되고 있습니다. 아래 내용은 최근 진행되고 있는 사항을 주요 내용 중심으로 요약한 것으로, 실제 입법과정에서는 일부 변경될 수 있습니다.

ⓐ 제도 설계의 주요 구조

발행 단계	발행인은 기존 계좌관리기관(증권사·은행 등)을 통해 증권을 등록하거나, 요건 충족 시 '발행인 계좌관리기관'으로 직접 등록·관리할 수 있습니다. 이 경우 권리 장부와 발행 총량은 전자적으로 관리됩니다.
유통 단계	투자자는 계좌관리기관(증권사·은행 등)을 통해 계좌를 개설하고, 장외거래중개업자(유통플랫폼)나 KRX 디지털증권시장에서 매매를 진행합니다. 장외플랫폼은 일부 거래소 기능을 수행하지만, 법적으로는 '거래소'가 아닌 중개업자입니다.
결제·청산 단계	거래정보와 실제 거래내역은 계좌관리기관이 확인하며, 예탁결제원(KSD)은 발행 총량과 권리 변동을 검증합니다. 분산원장은 총량 관리와 권리 변동 기록에 활용될 수 있으며, 장부 기재 시점에 거래가 완료된 것으로 간주됩니다. 다만 향후 운영 과정에서 별도의 결제·청산 절차가 필요할 수 있다는 논의가 진행 중입니다.

이 구조는 전통 자본시장의 '증권사-거래소-예탁원' 체계를, '계좌관리기관-유통플랫폼(KRX 포함)-예탁원'이라는 새로운 틀로 재편한 것이라 할 수 있습니다.

ⓑ 제도화 진행 상황

2024년에는 부동산 수익배분형 STO가 파일럿 프로젝트로 진행되었습니다. 현재 STO 제도화는 전자증권법 개정안 국회 계류와 함께 논의 중이며, 발행 관련 기록을 관리하는 '발행인 계좌관리기관' 제도 신설과 기존 '계좌관리기관'의 역할 보완이 준비되고 있습니다.

금융위원회는 비상장 STO 유통을 담당하는 조각투자 유통플랫폼(= 장외거래중개업자)을 시장 효율성과 투자자 보호를 위해 최대 두 곳까지만 인가할 계획입니다. 한편 발행 구조와 관련해서는, 발행 기업을 대상으로 '발행인 계좌관리기관' 등록 제도를 도입할 예정입니다.

ⓒ 발행·유통 가능한 토큰증권 범위

현행 제도에서는 모든 자산이 토큰증권 형태로 발행될 수 있는 것은 아닙니다. 금융위원회의 「토큰증권 발행·유통 규율체계 정비방안(2023년 2월)」에 따르면, 허용되는 범위와 제외되는 범위가 명확히 구분되어 있습니다.

< 허용되는 범위 >

지분증권

전자증권법상 전자등록 대상이 아닌
비상장 주식 등

수익증권

부동산 수익증권 등
조각투자형 증권 등

< 불확실하거나 제외된 범위 >

채무증권

토큰증권 발행 가능 여부가
아직 불확실함

상장증권, 예탁증권(DR), 파생결합증권

명시적으로 제외

따라서 현재 단계에서 토큰증권 발행은 비상장 지분증권과 수익증권에 한정되고 있으며, 채무증권 및 파생상품으로의 확대 여부는 추후 입법이나 감독지침을 통해 구체화될 것으로 보입니다.

ⓓ 주요 시범 사업

예탁결제원 '프로젝트 펄스(PULSE)'

- 신한투자증권, SK증권, LS증권, 하나증권 등이 참여
- 블록체인 기반 총량 관리, 발행·유통 검증 테스트베드

코스콤 주관 공동 유통 플랫폼 사업

- 키움증권, 대신증권, IBK투자증권, 유안타증권 등이 협업
- 블록체인 기반 비상장 토큰증권 유통 구조를 개발
- 향후 장외거래중개업자 인가 획득을 목표로 실증 사업 진행

◎ 한국거래소(KRX)의 디지털 증권시장 검토

- 토큰증권을 정규 시장에서 다루는 방안 논의
- 단기적으로는 비상장 STO는 장외 유통 중심, 장기적으로는 상장 시장과 연계하는 이원적 구조를 구상

ⓔ 참여기관 역할

- **발행인 계좌관리기관:** 자기 발행 증권의 권리 장부와 발행 절차를 직접 관리
- **계좌관리기관(증권사·은행 등):** 투자자 계좌 관리와 함께 발행 경로로서의 역할 수행(발행 절차 지원 포함)
- **장외거래중개업자(유통플랫폼):** 투자자 주문 매칭을 담당하는 STO 전용 중개사, KRX 디지털증권시장과 병행
- **한국거래소(KRX) 디지털증권시장:** 토큰증권을 다루기 위한 공식 유통시장으로 설계·검토 중
- **예탁결제원(KSD):** 발행 총량과 권리 변동을 최종적으로 등록·확인하며, 분산원장 활용 시에도 총량 관리 기능을 수행

ⓕ 제도적 과제

초기에는 자본시장법·전자증권법 개정만으로 충분하다고 보았으나, 실제 시범 사업을 통해 여러 이슈가 드러났습니다. 블록체인 기반 발행·유통과 스마트컨트랙트 자동 실행 과정에서의 법적 해석, 투자자 보호 부족(정보 공시·청산 안정성 등)이 대표적입니다.

또한, 발행·유통 가능한 증권의 범위가 제한적이라는 점도 과제로 꼽힙니다. 현재로는 지분증권과 수익증권만 허용되는 것으로 알려져 있으며, 채무증권의 발행 가능 여부는 불확실합니다. 더불어 발행인 계좌관리기관·유통플랫폼·수탁기관의 역할 분담과 같은 인프라 정비도 미완성 상태입니다.

이에 따라 자본시장법 개정 외에도 별도의 「디지털증권 특별법(가칭)」 제정 필요성이 논의되고 있으며, 법무부와 금융위원회는 2025년 하반기 중 추가 가이드라인 마련 가능성이 언급되고 있습니다.

기존 증권 vs STO: 발행·유통 참여기관 역할 비교

구분	기존 증권(주식·채권 등)	토큰증권(STO)
발행 주체	기업(발행인)	기업·자산보유자(발행인)
발행 절차	증권 발행 후 예탁원(KSD)에 전자등록	발행인이 직접 '발행인 계좌관리기관'으로 등록해 자기 발행 증권을 전자등록 / 계좌관리기관을 통한 발행·전자등록
발행 장부 관리	계좌관리기관이 투자자 계좌 기록 관리, 예탁원에 보고	발행인 계좌관리기관 또는 기존 계좌관리기관이 발행 총량 및 장부 관리 → KSD가 최종 등록·검증
명의개서 / 권리관리	명의개서 대행기관(은행·예탁원) 또는 발행사 직접	투자자 계좌 변동은 계좌관리기관 / 권리 변동 기록·관리(명의개서 대체)는 발행인 계좌관리기관 또는 계좌관리기관이 관리 → KSD가 이를 최종 등록·검증
발행·유통 가능한 증권 범위	주식, 채권, 파생상품 등 전통적 증권	비상장 지분증권, 수익증권 허용 / 채무증권은 불확실 / 상장증권·상장DR·파생결합증권은 제외

유통시장 운영자	거래소(KRX: 코스피·코스닥·K-OTC 등)	장외거래중개업자(인가된 조각투자 유통플랫폼) 또는 KRX 디지털증권시장(검토 단계)
투자자 접점(계좌 개설)	증권사 계좌 개설 후 거래소 매매 참여	증권사·은행 등 계좌관리기관에서 계좌 개설 후 유통시장 참여
매매 체결 방식	거래소 중앙 호가 매칭 시스템	플랫폼 기반 다자간 상대매매 시스템
결제·청산	한국예탁결제원(KSD) + 증권금융을 통한 DVP 결제	거래정보와 내역은 계좌관리기관이 확인, KSD는 발행 총량·권리 변동을 최종 검증 / 분산원장 기록 시점에 거래 완료로 간주 / 향후 별도 결제·청산 절차 도입 가능성 논의 중
감독/인가 주체	금융위원회(인가) + 금융감독원(검사·감독)	금융위원회(발행인 계좌관리기관·유통플랫폼 인가) + 금융감독원(영업행위·내부통제 검사·감독)
투자자 보호 장치	공시제도, 발행시장 규제, 투자한도(공모/사모 구분)	증권성 판단 가이드라인, 조각투자 한도 규제, 투자자 정보 공시 강화 + 청산 안정성 보완 논의

토큰증권의 효용성

기업은 STO를 활용해 **비유동자산을 유동화**하거나, **소규모 지분 기반의 자금조달**을 실행할 수 있습니다. 예컨대, 건물 지분을 토큰증권으로 발행해 분할 판매하거나, 기계 소유권을 담보로 수익참여형 토큰을 발행할 수 있습니다. 특허권에서 발생하는 로열티 수익을 기반으로 토큰증권을 발행할 수 있고, 비상장 회사의 주식 일부를 토큰화할 수도 있습니다.

STO는 특히 중견기업과 스타트업에게 매력적인 자본조달 수단입니다. 기존 주식이나 채권 발행 방식은 비용이 많이 들고 절차가 복잡했지만, STO는 비상장 상태에서도 구조 설계를 통해 유동성을 확보할 수 있는 **대체 자본조달 수단**이 될 수 있기 때문입니다.

하지만 STO는 제도 도입 초기 단계이므로, **법무 및 회계 리스크 관리**가 필요합니다. 내부통제 체계 마련, 스마트 계약 실행의 기술적 안정성 확보, 그리고 투자자 보호를 위한 설계가 함께 구축되어야 하며, 실무적으로는 증권사·법무법인·회계법인 등과의 공동 설계가 필요합니다.

토큰증권의 회계·세무·공시 설계

토큰증권은 기초가 되는 권리에 따라 적용되는 회계기준이 달라지는데, 2024년부터 금융위원회가 제시한 토큰증권 분류 기준에 따라 실무 적용이 구체화되고 있습니다. **채권형**은 금융부채(K-IFRS 제1109호), **수익연동형**은 파생상품 또는 계약부채, **지분형**은 자본 항목(K-IFRS 제1032호)으로 각각 분류됩니다. **복합상품**일 경우에는 채무적 성격은 금융부채로, 주식 전환권이나 옵션 등은 파생상품(또는 자본)으로 각각 분리하여 인식해야 합니다. 예컨대 전환사채형 토큰증권이라면, 채권 부분은 부채로, 전환권은 파생상품(또는 자본)으로 나누어 평가하는 방식입니다.

따라서 토큰 설계 단계에서부터 기초권리와 회계기준 간의 연계 구조를 명확히 하고, 발행 목적에 따른 재무제표 계정 처리와 공시 전략을 일관성 있게 설계하는 것이 중요합니다.

토큰증권 유형별 K-IFRS 적용 기준

토큰증권 유형	회계기준서	K-IFRS 번호	설명
채권형 토큰증권	금융상품 기준서	제1109호 [금융상품 (Financial Instruments)]	금융부채로 분류되며, 원리금 지급 의무가 있는 구조
지분형 토큰증권	금융상품 표시 기준서	제1032호 [금융상품의 표시 (Presentation of Financial Instruments)]	자본항목으로 분류되며, 잔여지분 청구권을 부여하는 구조
수익연동형 토큰증권 (수익공유형·매출연동형 등)	파생상품 또는 계약부채 기준	제1109호 + 제1115호 [고객과의 계약에서 생기는 수익 (Revenue from Contracts with Customers)]	파생상품(공정가치 평가) 또는 고객과의 계약상 의무로 인식 가능
복합형 토큰증권	복합금융상품 분리 관련 기준	제1109호 + 제1032호	채무적 성격은 금융부채로, 주식 전환권 등은 파생상품 등으로 분류

세무 측면에서 토큰증권은 유형별로 과세 방식이 달라질 수 있습니다.

채권형 토큰증권은 투자자에게 이자를 지급하는 구조입니다. 회계상으로는 이자 지급을 비용으로 기록하고, 세무상으로도 보통 비용(손금)으로 인정됩니다. 다만, 과도한 이자 비용에 대해서는 "과다 지급이자 손금불산입"이 적용될 수 있습니다.

수익연동형 토큰증권은 회사가 발생한 매출이나 수익의 일정 비율을 투자자에게 나누어주는 구조입니다. 회계에서는 결산 시점에 지급할 금액이 합리적으로 추정되면 미리 비용과 부채로 기록합니다. 그러나 세법은 '추정'만으로는 인정하지 않고, 금액이 확정되거나 실제 지급되는 시점에 비용으로 처리합니다. 따라서 회계기준과 세무기준의 차이에 따른 세무조정이 이루어져야 합니다.

지분형 토큰증권은 주식과 유사하게 투자자가 배당을 받을 권리가 있는 구조입니다. 회계상으로는 배당은 자본에서 차감될 뿐 손익계산서의 비용으로 잡히지 않습니다. 세법도 동일하게 배당은 비용으로 인정하지 않으므로 손금불산입 처리됩니다. 다만, 배당을 실제로 지급하는 과정에서 발생하는 수수료나 대행 수수료 같은 비용은 회계상 비용이 되고, 세법상으로도 비용으로 인정될 수 있습니다. 투자자 측면에서는 받은 배당을 소득으로 신고해야 하지만, 법인 투자자라면 일정 요건(지분율, 보유기간 등)을 충족할 경우 '수입배당금 익금불산입' 제도로 세금 부담을 줄일 수 있습니다.[16]

결합형 토큰증권(채권+지분 혼합)은 부채 성격과 자본 성격을 동시에 갖습니다. 회계에서는 두 요소를 나누어 처리합니다. 세무에서도 부채 요소에서 발생하는 지급분(이자나 연동 지급 등)은 비용으로 인정되지만, 자본 요소에서 발생하는 배당은 비용으로 인정되지 않습니다. 특히 전환권(채권을 주식으로 바꿀 수 있는 권리), 리픽

16 「법인세법」 제18조의2(내국법인 수입배당금액의 익금불산입) 및 동법 시행령 제17조의2에 따르면, 내국법인이 출자한 다른 내국법인으로부터 받은 배당금 중 일정 부분은 익금에 산입하지 않고 과세소득에서 제외할 수 있습니다. 다만, 적용을 받기 위해서는 출자 지분율, 보유 기간(3개월 이상) 등 법령에서 정한 요건을 충족해야 하며, 단기 취득분이나 비과세 법인으로부터 받은 배당 등은 제외됩니다.

싱 조건(주가가 하락했을 때 전환 가격을 더 낮출 수 있는 조건) 등 복잡한 조항이 붙을 경우, 회계에서는 파생상품 평가손익을 반영할 수 있지만, 세무에서는 발행 시점이 아닌 실제 전환이나 행사 시점에 세무 처리가 가능합니다. 그와 같이 결합형은 회계처리와 세무처리 간에 큰 차이가 날 수 있는 유형입니다.

마지막으로, **스테이킹 보상이나 플랫폼 인센티브가 결합**된 경우는 부가가치세와 원천징수 문제가 새롭게 등장합니다. 예를 들어, 토큰을 단순히 이전하는 것이라면 부가가치세가 붙지 않지만, 네트워크 검증 서비스의 대가로 받는 보상이라면 '용역 제공'으로 보아 부가가치세 과세 대상이 될 수 있습니다. 또 개인 투자자에게 인센티브를 지급한다면 세법상 기타소득으로 보아 원천징수 의무가 발생합니다. 회사는 회계상 비용으로만 처리할 것이 아니라, 부가가치세 신고와 원천징수 신고까지 챙겨야 과세 누락을 피할 수 있습니다.

토큰증권 유형별 회계·세무 처리 비교

유형	회계 처리	세무 처리	주요 차이/유의점
채권형 토큰증권	이자 지급을 비용으로 인식. 손익계산서에 반영	이자는 비용(손금)으로 인정되지만, 과도한 경우 일부 불인정	회계·세무 모두 비용 처리 가능하지만, 세법은 과다이자 제한 규정 적용
수익연동형 토큰증권	결산 시 배분금이 추정되면 비용과 부채로 인식	금액이 확정되거나 실제 지급될 때만 손금 인정	회계는 '추정 시점', 세무는 '확정/지급 시점'. 시차 발생 → 세무조정
지분형 토큰증권	배당은 자본에서 차감, 손익계산서에 비용으로 반영되지 않음	배당은 비용 불인정(손금불산입). 다만 집행 수수료 등은 비용 인정	회계·세무 모두 배당은 비용 아님. 세법은 '익금불산입' 제도 활용 가능
결합형 토큰증권	부채 요소와 자본 요소를 구분해 회계 처리. 전환권·파생상품은 평가손익 반영 가능	부채 요소 지급분은 손금 인정, 자본 요소 배당은 손금불산입. 전환 시 의제배당 등 쟁점 발생	회계상 파생손익 반영, 세무는 실제 행사·전환 시점에 과세. 복잡한 조건 주의
스테이킹/플랫폼 인센티브	토큰 이전은 거래로 기록, 서비스 대가 지급 시 비용으로 인식	토큰 이전은 과세 대상 아님. 네트워크 검증 보상 등은 부가가치세 과세 가능. 개인 지급 시 원천징수 의무 발생	부가가치세와 원천징수 문제 동반. 단순 비용 인식만으로는 부족, 별도 신고 필요

공시 측면에서 토큰증권은 2023년부터 금융위원회가 마련한 **STO 발행 가이드라인**에 따라, **기존 자본시장 공시 체계와 연동**되며, 발행 구조, 기초권리, 투자 위험, 회계처리 방식 등 토큰증권에 관한 주요 정보가 IR 문서, 감사보고서, 투자설명서, 증권신고서 등 주요 공시 문서에 일관되게 반영되어야 합니다.

2

NFT 사업 구조

2.1 NFT 발행·마켓 연동과 IP 관리 전략

NFT는 콘텐츠, 기술, 법률, 수익모델이 결합된 종합적인 사업입니다. NFT 사업의 성공을 위해서는 발행 방식, 마켓 연동 구조, 지식재산(IP) 관리 전략을 유기적으로 설계해야 합니다.

NFT 발행을 위한 기술적 설계

NFT는 이미지나 영상 파일을 단순히 '토큰화'한 것이 아닙니다. 메타데이터

(데이터를 설명하는 정보), 토큰 ID, 스마트계약 주소, IPFS(분산형 파일 저장 시스템) 경로 등 다양한 데이터의 묶음으로 구성됩니다. 따라서 NFT를 발행하기 위해서는 어떤 블록체인 네트워크를 사용할지와 스마트계약 규격(NFT가 가져야 할 공통 규칙과 기능을 정의한 표준, 예: ERC-721, ERC-1155 등)을 결정해야 합니다.

블록체인의 선택은 수수료, 사용자 접근성, 생태계 규모에 따라 달라집니다. 이더리움(Ethereum)은 안정성과 생태계가 크지만, 가스비(거래 처리 수수료) 부담이 높은 편입니다. 반면, 폴리곤(Polygon), 솔라나(Solana), 아발란체(Avalanche) 등은 저렴한 수수료와 빠른 거래 속도를 강점으로 점유율을 확대하고 있습니다. 기업이 대규모 사용자를 대상으로 NFT를 운영할 때는 이러한 보조 체인을 고려하는 것이 일반적입니다.

고객 인터페이스도 중요합니다. NFT 발행부터 구매, 관리, 혜택 이용 등에 이르기까지 고객이 경험하는 전체적인 사용자 환경을 의미합니다. 사용자가 쉽고 편리하게 NFT를 사용할 수 있도록 설계해야 합니다.

마켓 연동 전략: 유통 구조와 수익모델 설계

NFT 사업은 마켓 연동 전략이 사업 성공의 관건입니다. 즉 NFT가 처음 판매되는 1차 유통과 이후 재판매되는 2차 유통 구조를 어떻게 설계하느냐가 실질적인 수익을 결정합니다.

대부분 OpenSea, Magic Eden 등 대형 마켓플레이스와 연동하고 있지만,

로열티 지급 여부, 수수료 구조, API 연동성 등 각 마켓의 거래 조건에 따라 기업의 전략이 달라질 수 있습니다.

일부 기업은 **자체 마켓플레이스**를 개발하거나, **화이트 라벨 방식**(다른 회사가 만든 플랫폼을 우리 브랜드처럼 바꿔서 운영하는 방식)으로 마켓을 운영하기도 합니다. 이러한 전략을 통해 기업은 브랜드 통제권과 사용자 데이터를 확보하거나, NFT 재판매 시 발생하는 로열티 수익을 기업 자체로 집중시킬 수 있습니다.

NFT 사업의 IP 관리 전략: 권리 명확화 및 라이선싱

NFT 사업에서 중요한 요소 중 하나는 지식재산(IP) 관리 전략입니다. NFT을 구성하는 해당 콘텐츠의 저작권, 상표권, 활용 권한을 어떻게 계약으로 정리하느냐에 따라 NFT의 법적 구조가 완전히 달라집니다.

NFT를 구매한 이용자가 해당 이미지를 자유롭게 상업적으로 사용할 수 있는지, 아니면 단순 열람이나 개인 맞춤화(커스터마이징)만 가능한지 등을 명확하게 알려야 합니다. 이러한 내용은 구매 계약서나 NFT 발행 페이지에 문서로 남겨야 합니다. 글로벌 기업들은 보통 다음과 같은 라이선스 방식을 조합하여 IP 권리를 명확히 합니다.

크리에이티브 커먼즈 (Creative Commons)	누구나 자유롭게 콘텐츠를 사용할 수 있도록 허용하는 라이선스입니다. 상업적 이용 여부, 수정 가능 여부 등 세부 조건을 선택할 수 있습니다.
상업적 제한 라이선스	콘텐츠의 소유권은 기업에 남겨둔 채, NFT 구매자에게는 비상업적 목적의 사용만 허용하는 방식입니다. 개인 프로필 사진 사용 등은 가능하지만, 상품 판매와 같은 상업적 이용은 금지됩니다.
사용자별 이용약관	NFT 구매자에게만 적용되는 특별한 권리 및 이용 조건을 명시하는 방식입니다. 특정 플랫폼에서만 사용 가능한 권리이거나, 멤버십 혜택 등을 부여할 때 주로 사용됩니다.

NFT의 지속적 가치 보전: 콘텐츠 관리 및 유틸리티 부여

NFT를 발행한 후에는 그 가치를 지속적으로 유지하기 위해서 다음과 같은 콘텐츠 관리 전략이 필요합니다.

- **메타데이터 업데이트:** NFT에 담긴 정보(메타데이터)를 최신 상태로 바꾸는 것입니다. 예를 들어, NFT 캐릭터가 게임 내에서 성장함에 따라 그 외형이나 능력치 정보를 업데이트하는 것을 들 수 있습니다.
- **추가 콘텐츠 연계:** NFT 보유자에게만 새로운 콘텐츠나 아이템을 제공하는 것입니다. 특정 NFT를 가진 사람에게만 신규 게임 아이템이나 특별한 영상을 제공하는 것이 이에 해당합니다.

- **유틸리티 부여:** NFT에 특별한 기능이나 혜택을 추가하는 것입니다. 예를 들어, NFT를 소유하면 시즌 한정 이벤트에 참여하거나, 회원 등급을 높여주는 등 실질적인 혜택을 주는 것을 의미합니다.

이러한 전략들을 통해 기업은 NFT의 가치를 높이고, 보유자들이 계속해서 NFT에 관심을 갖도록 유도할 수 있습니다.

면밀한 계약서 작성

한국에서는 NFT가 단순한 디지털 콘텐츠인지, 증권의 성격을 가진 자산인지, 전자상거래 대상인지에 따라 법적 규제 해석이 달라집니다. 따라서 다음 사항들을 면밀히 검토해야 합니다.

발행 계약서	NFT를 발행할 때 사용되는 스마트 계약의 법적 효력을 문서화한 것입니다. NFT의 소유권 이전 방식, 콘텐츠 사용 권리, 소유자가 얻는 혜택 등을 명확히 규정해야 합니다.
로열티 구조	NFT가 재판매될 때마다 창작자나 발행사에게 지급되는 수수료(로열티)를 어떻게 분배할 것인지에 대한 계약입니다. 로열티의 지급 비율과 방식이 법적으로 문제가 없는지 확인해야 합니다.

2.2 NFT의 회계·세무 처리 전략

NFT는 기업이 지속 가능한 수익을 만드는 수단으로 활용할 수 있습니다. 하지만 수익 인식 시점, 회계 계정 분류, 과세 기준 등에서 불확실성이 크고, 기능별 유형에 따라 회계처리 방식도 달라질 수 있으므로, 사전에 회계 전략을 수립하는 작업이 병행되어야 합니다.

NFT 유형별 회계 분류

회계상 NFT 유형별 분류는 다음과 같습니다.

1. **단순 판매형 NFT**는 일반 제품을 '판매'하는 것과 유사하게 처리합니다. NFT 자체가 상품처럼 판매되면 그 금액을 곧바로 '매출'로 인식합니다.

2. **이용권형 NFT**는 일정 기간 서비스를 이용할 수 있는 '권리'를 주는 형태입니다. NFT를 제공하고 돈을 받으면 일단 '선수수익'으로 기록하고, 이후 이용권 기간에 맞춰 일정액씩(정액법) '수익'으로 인식하는 것이 원칙입니다.

3. **리워드 기반 NFT**는 회사가 사용자 확보나 충성도를 높이기 위해 '보상'처럼 제공하는 경우가 많습니다. 이러한 NFT의 제공은 매출이나 자산보다는 비용에 가까우므로, '마케팅 비용'으로 처리하는 것이 적절합니다.

4. **반복 로열티**(2차 거래에서 발생하는 금액)는 NFT 거래 과정에서 회사가 일시적으로 수취했다가 창작자나 발행자에게 지급해야 하는 성격이므로, 들어올 때는 '예수금(지급의무 부채)'으로 기록하고, 나갈 때는 이를 '차감'하는 방식으로 정리합니다. 플랫폼이 취하는 거래 수수료는 '수익'으로 인식합니다.

NFT의 수익 인식 시점

NFT 수익은 일반적으로 ① 1차 발행(판매) 수익(Primary Sale), ② 2차 유통 로열티(Secondary Royalty), ③ NFT 보유 기반 부가 수익의 세 가지로 이루어집니다.

먼저, 1차 발행 수익은 NFT의 최초 판매 시점에 인식됩니다. 수익 인식 기준은 NFT 소유권의 블록체인상 이전 완료(트랜잭션 컨펌 시점)이며, 회계상 '매출' 또는 '기타 영업수익'으로 처리됩니다. 이때 단순 이미지형 콘텐츠 NFT는 구매자에게 별도의 추가 서비스 제공 의무가 없고, 소유권 이전만으로 거래가 완결되므로 그 금액을 곧바로 '매출'로 직접 계상합니다. 그러나 혜택이 내재된 서비스형 NFT(예 입장권, 티켓 등)는 판매로 끝나는 것이 아니라 향후 서비스 제공 의무가 남아 있으므로, 판매 시점에는 '선수수익' 또는 '계약부채'로 처리한 후 실제 서비스 제공 시점에 수익으로 전환합니다.

둘째, 2차 유통 로열티는 OpenSea, Blur 등 외부 NFT 마켓에서 거래가 발생할 때 발생하는 반복 수익입니다. 이는 스마트 계약에 의해 자동 수취되며, '수동적 수익'으로 분류되어 '기타수익' 또는 '파생수익'으로 회계처리됩니다. 다만, 플랫폼별로 로열티 지급 정책에 따라 실제 돈이 들어오는 시점은 다를 수 있으므로, 보수적으로 수익을 인식해야 합니다.

셋째, NFT 보유를 통한 간접 수익구조도 있습니다. NFT 보유 고객에게 커뮤니티 참여권, 투표권, 회원 리워드 등의 혜택을 제공하면, 회사는 고객 유입 확대, 서비스 매출 증가, 브랜드 가치 제고 효과를 얻을 수 있습니다. 그러나 이는 매출로 잡기 곤란하며, 오히려 NFT 발행·제공 비용은 '마케팅 비용'으로 처리하는 것이 원칙입니다. 자산적 가치가 있다면, 무형자산 인식을 검토해볼 수 있으나, 일반적으로는 비재무적 성과에 기여한 것으로 이해해야 합니다.

통합 회계 전략 필요

NFT의 복합성을 고려할 때, 실무자는 다음의 통합 회계 전략을 마련해야 합니다.

- **NFT 유형별 분류 체계 정립:** NFT를 단순 판매형, 이용권형, 리워드형 등으로 명확하게 나누는 기준을 만듭니다.
- **수익 인식 조건 명시:** 각 유형의 NFT에 대한 수익을 언제, 어떻게 인식할지 구체적인 조건을 문서화합니다.
- **외부 마켓 수익 추적 시스템 구축:** 외부 마켓플레이스에서 발생하는 2차 거래 로열티 등 수익을 정확하게 추적할 수 있는 시스템을 마련합니다.
- **계정과목별 회계 설계 문서화:** NFT의 기능과 성격에 따라 어떤 회계 계정을 사용할지 상세하게 문서로 정리합니다.

세무 및 공시 업무 시 고려 사항

1차 발행 NFT는 **'전자적 용역'**으로 보아 부가가치세 과세 대상이 될 수 있다는 해석과, 블록체인 상의 고유한 토큰을 이전한다는 점에서 **'재화'**로 보아야 한다는 **해석이 병존**합니다. 실제 과세 여부는 NFT가 실물 자산에 대한 권리(예: 부동산 소유권)를 포함하는지, 단순한 디지털 콘텐츠인지에 따라 달라질 수 있으며, 민팅(Minting, NFT 최초 발행) 과정에서 수수하는 수수료도 '용역의 공급'으로 보는 견해가 있습니다. 따라서 NFT의 구조를 명확히 정의하고, 부가가치세와 소득세 모두 **세무 전문가의 자문**을 병행하는 것이 필요합니다.

공시는 NFT의 시장가치보다는 **'보유 목적, 구조, 수익 설계 방식'을 중심으로 서술하는 것이 바람직**합니다. 기업은 'NFT를 통해 어떤 수익 모델을 만들었는가', '고객에게 어떤 혜택을 제공했는가', '디지털 전략 및 브랜드와 어떻게 연결되는가' 등을 설명함으로써 재무제표 외의 비재무적 정보로 투자 가치를 높일 수 있습니다. 이는 2025년부터 강화된 ESG 및 비재무 공시 요구사항과도 연결됩니다.

2.3 NFT 사업 관련 법률 리스크

NFT는 단순한 디지털 상품처럼 보일 수 있으나, 실제로는 전자상거래법, 금융규제, 콘텐츠 관련 법령, 소비자보호법, 개인정보 보호법 등 다양한 법령이 중첩 적용될 수 있는 다층적인 구조를 갖고 있습니다. 그에 따라 다양한 법률 리스크가 잠재되어 있습니다.

자본시장법 위반 및 형사적 리스크

NFT 프로젝트에서 수익 분배, 고정 수익 약속, 가격 상승 보장 등의 표현을 사용할 경우, **자본시장법상 투자계약증권에 해당할 가능성**이 있으며, 경우에 따라 투자자 기망이나 유사수신행위에 해당되어 행정제재나 형사처벌로 이어질 수 있습니다.

따라서 기업은 NFT를 설계할 때 이용권이나 커뮤니티 참여 기능에 초점을 맞춰 구조를 구성하고, 광고, 이용약관, 사업설명서 등 모든 콘텐츠에서 '100% 수익', '안정적 투자', '단기간 고수익' 등과 같은 '투자성'을 암시하거나 오인할 수 있는 표현을 사용해서는 안 될 것입니다.

송금 제한 및 트래블룰에 따른 고객 리스크

NFT를 포함한 가상자산을 전송할 때에는, AML 및 트래블룰에 따라 이용자의 지갑 등록, 신분 확인, 지리적 위치 제한 등의 규제가 적용될 수 있습니다. 특히 개인 지갑이나 미등록 지갑으로의 송금이 제한되거나 거부될 경우, 소비자는 자산을 자유롭게 이동할 수 있는 권리가 과도하게 제한되고 있다는 비판을 제기할 수 있습니다.

이에 따라 기업은 **고객군별 리스크 수준**을 평가할 수 있는 체계를 정교하게 마련해야 하며, 거래 제한 사유에 대해 사전 고지하고, 고객의 개인정보 보호 조치도 함께 병행하여 이행해야 합니다.

또한, **거래 제한이 발생할 가능성이 있는 조건**에 대해 명확하게 안내하고, 해외 사업자와의 트래블룰 연동 시 데이터 이전과 보안 문제에 대한 설명도 제공하는 것이 바람직합니다. 이는 소비자의 신뢰를 확보하고, 분쟁 발생 시 기업의 대응 정당성을 높이는 데 기여할 수 있습니다.

NFT의 환불 불가 구조, 허위·과장 광고 이슈

NFT는 한 번 블록체인에 기록되면 거래가 확정되며, 이후에는 취소가 불가능하여 환불이 되지 않습니다. 그러나 소비자는 이를 일반적인 온라인 거래와 유사하게 인식하고 환불이나 교환을 요구할 수 있으며, 민원이나 분쟁으로 이어질 수 있습니다. 따라서 기업은 NFT 상품을 판매할 때 **'환불 불가' 또는 '거래 비가역성'에 대한 고지**를 사전에 명확히 해야 합니다.

또한 NFT 보유 시 추첨 혜택, 실물 상품, 수익 발생 등 다양한 부가 보상이 제공된다고 광고했으나, 실제로는 이행되지 않거나 조건이 과도하게 제한되는 경우에는 **「표시·광고의 공정화에 관한 법률」, 「전자상거래 등에서의 소비자보호에 관한 법률」** 위반에 해당할 수 있습니다. 따라서 NFT를 발행할 때는 제시된 혜택에 대해 기준, 사용 기한, 수령 방식, 예외 조건 등을 구체적으로 고지해야 합니다.

개인정보 보호 문제

NFT 사업은 개인정보 보호 이슈가 존재합니다. 사용자가 기업 서비스에 지갑을 연결하거나 NFT 보유를 인증하는 과정에서 **이름, 이메일, 위치 정보 등 개인 정보**가 수집될 수 있기 때문입니다. 특히 NFT를 기반으로 한 회원권, 이벤트 참여, 투표 기능 등이 활성화될수록 개인정보의 수집, 보관, 이용 절차에 있어 투명성과 명확성이 더욱 중요해집니다.

또한, **트래블룰 이행 과정**에서 지갑 정보와 사용자 정보가 외국 VASP에게 전송되면서, 암호화 수준의 불균형, 국내법의 미적용, 해외 유출 가능성 등의 문제가 지적되고 있습니다. 이에 따라 FIU와 개인정보보호위원회는 **VASP의 정보 전송 기준**을 마련 중에 있습니다.

미성년자 보호 이슈

NFT는 가상자산이나 게임과 연동되는 경우가 많기 때문에, 연령별 접근 제한이 없을 경우 **아동·청소년 보호법 위반의 소지**가 있습니다. 또한, NFT는 사실상 금융상품에 준하는 성격을 가지므로 거래 시 **법정대리인의 동의가 필요한 경우 이를 생략하면 해당 계약은 법적으로 무효**가 될 수 있으며, 경우에 따라 **손해배상 책임이 발생**할 수도 있습니다. 기업은 NFT 설계 및 운영 단계에서부터 청소년 유입 가능성과 법적 리스크를 충분히 고려하여, 연령 제한 구조, 고지 절차, 법정대리인 동의 방식 등을 규정해야 합니다.

3

새로운 기업 거버넌스, DAO

3.1 DAO 구조와 기업 참여 전략

DAO는 토큰 보유자들이 공동 의사결정을 수행하고, 스마트 계약에 기반한 자동화된 규칙에 따라 운영되는 커뮤니티 중심 조직입니다. 기업이 Web3 기반 사업에 참여하고자 할 때, DAO는 투자, 운영, 협업, 브랜드 전략에 있어 중요한 매개체로 기능할 수 있습니다.

DAO 참여 방식

Web3 기반 사업에 참여하려는 기업에게 외부 DAO 참여는 리스크가 적고 접근이 쉬운 방법입니다. 기업은 특정 DAO 프로젝트(예: 프로토콜 DAO, 서비스 DAO, 투자 DAO)의 거버넌스 토큰을 보유함으로써, 거버넌스 제안 제출, 투표, 커뮤니티 활동 등에 참여할 수 있습니다.

이러한 방식은 **자사의 기술 방향성과 연계하거나, 블록체인 생태계 내에서의 위상을 확보하기 위한 전략**으로 활용됩니다. 예를 들어, 클라우드 API 기업이 특정 DePIN DAO의 거버넌스에 참여하거나, 콘텐츠 플랫폼이 NFT DAO와 연계하여 공동 캠페인을 전개하는 방식은 기술 및 브랜드 노출을 확대하면서도 법적·운영적 책임을 최소화하는 전략이 됩니다.

기업이 NFT DAO, 메타버스 DAO, 팬덤 DAO 등과 전략적으로 제휴하는 방식은 **브랜드 인지도 제고와 신규 사용자 유입을 동시에 달성**할 수 있는 효과적인 전략입니다. 이들 DAO는 수만에서 수십만 명의 참여자를 보유한 활발한 커뮤니티로, 기존 마케팅 채널로는 도달하기 어려운 Web3 네이티브 유저층과의 접점을 제공합니다.

Adidas는 NFT 커뮤니티인 BAYC(Bored Ape Yacht Club)와 제휴하여 한정판 디지털·실물 의류를 공동 출시하고, Web3 커뮤니티와의 연결을 통해 브랜드의 새로운 팬층을 성공적으로 확보했습니다. DAO 제휴는 기업이 자체 DAO를 설립하지 않고도, 유연하고 저위험으로 Web3 생태계에 진입할 수 있는 실용적인 접근방식입니다.

기업이 DAO를 직접 설립하면 운영 책임은 크지만, **커뮤니티와의 장기적 연결과**

자체 생태계 구축이 가능합니다. DAO는 자산 배분, 투표, 보상, 집행이 결합된 구조적 플랫폼입니다.

DAO의 구조

1 법적 주체

DAO는 자체로 법인격이 없어, LLC, 재단, 신탁 등의 법적 주체를 통해 계약·세무·책임 구조를 오프체인에서 처리할 수 있도록 해야 합니다. 신탁은 커뮤니티 자산의 안전한 관리에 효과적입니다.

2 투표 시스템

스마트계약 기반으로 운영되며, 토큰 보유자가 지갑 연동을 통해 의결권을 행사합니다. 멀티시그 구조로 자산 집행의 보안성도 강화합니다.

3 기여 보상 구조

- **미션 기반 보상:** 특정 활동(퀘스트)을 수행한 사용자에게 토큰이나 NFT를 지급합니다.
- **등급제 운영:** 토큰 보유량, 활동량, 보유 기간 등을 기준으로 사용자에게 차등 혜택을 제공합니다.
- **DAO 펀드:** 커뮤니티가 공동 자금을 조성하고, 투표를 통해 사용 목적을 결정합니다.

4 커뮤니티 운영 도구

- **Discord:** 실시간 커뮤니케이션 채널로 활용됩니다.
- **Snapshot:** 온체인 거래 없이 토큰 기반 투표가 가능한 운영 도구입니다.
- **Tally:** 스마트계약 기반의 온체인 투표 및 실시간 의사결정 도구입니다.

5 운영 통제 및 기업 연계

DAO의 의사결정이 기업의 서비스나 IP에 영향을 미칠 경우, 내부 승인 절차와 정합성 확보가 중요합니다. 의사결정이 규제나 브랜드에 부정적인 영향을 미치지 않도록 법무 및 리스크 검토 체계를 함께 설계해야 합니다.

DAO 참여에 따른 회계·세무 리스크

DAO 관련 자산은 회계상 단일한 분류 기준이 존재하지 않으며, 그 기여 구조, 회수 가능성, 운용 목적에 따라 **다양한 회계처리 방식**이 적용됩니다. 예를 들어, 기업이 DAO에 자금을 예치하고 거버넌스 토큰을 수령한 경우, 해당 토큰은 운용 목적이 장기 보유인지, 처분 가능성이 있는지에 따라 무형자산 또는 지분상품으로 분류될 수 있습니다.

또한, DAO를 통해 발생하는 스테이킹 보상이나 배분 수익은 거래 성격에 따라 기타수익으로 인식되거나, 조건에 따라 금융수익 또는 배당수익으로 처리되기도 합니다.

이처럼 DAO 관련 회계처리는 자산의 회수 가능성과 기여 형태, DAO 내 의결권의 실질적 영향력 여부 등 복합 요소에 따라 달라지므로, 기업은 사전에 내부 회계정책을 정립하고, 자산별 분류 기준과 수익 인식 조건을 문서화해야 외부감사나 회계감리에서 신뢰 가능한 설명을 할 수 있습니다.

세무 측면에서도 DAO 관련 수익은 그 발생 원천과 수익 유형에 따라 '기타수익', '배당소득' 또는 '영업외수익'으로 구분될 수 있으며, **귀속 시점과 과세 방식에 대한 사전 검토**가 필요합니다.

3.2 DAO 거버넌스 설계와 의결권 운영

기업이 DAO를 설계하거나 참여할 때 가장 신중하게 고려해야 할 부분은, 바로 의사결정 체계의 투명성, 책임성, 실행 가능성입니다. 거버넌스 설계와 의결권 운영 방식에 따라 전혀 다른 결과를 낳을 수 있습니다.

DAO의 다층적 거버넌스 구조

DAO의 거버넌스 구조는 여러 계층이 역할을 나누어 운영하는 다층적 시스템으로 설계됩니다. 이 구조는 크게 네 계층이 단계적으로 사업을 추진합니다.

① 전체 참여자(토큰 보유자)

토큰을 가진 모든 참여자가 이에 해당하며, 누구나 안건을 제안하고 투표에 참여할 수 있습니다.

② 전문 그룹(코어 커뮤니티, 위임자)

활동적이거나 전문성을 가진 구성원으로, 실질적인 정책 초안이나 기술 제안을 담당하며, 제안 내용을 다듬고 커뮤니티 논의를 주도하는 역할을 합니다.

③ 운영위원회(운영 DAO)

예산 집행이나 프로젝트 실행 등 실제 의사결정을 실행하는 권한을 위임받은 조직입니다.

④ 기술적 실행자(다중서명자)

다중서명 방식을 통해 운영위원회의 결정을 기술적으로 실행하는 최종 단계입니다.

이러한 다층 구조는 탈중앙성과 효율성을 동시에 추구한다는 점에서 이상적이지만, 실무에서는 **각 계층의 권한, 책임, 견제 관계**가 명확히 정의되지 않으면 문제가 발생할 수 있습니다. 예컨대, 위임자가 책임을 미루고, 운영 DAO가 집행을 보류하며, 스마트 계약 집행자가 아무 조치도 하지 않으면, 누구도 책임을 지지 않는 구조가 되어버릴 수 있습니다.

특히 기업이 DAO를 자체적으로 운영하거나 외부 DAO에 참여할 경우, 자신이 무슨 권한을 행사할 수 있고 어디까지 책임을 질 것인지를 사전에 명확히 해두어야 합니다. 이 구조를 제대로 이해하지 못하면, 기업의 참여는 실질적 영향력을 행사하지 못하는 형식적 관여에 그칠 수 있습니다.

의결권 설계: 단순 투표를 넘어선 영향력 통제

의결권 설계는 DAO 거버넌스의 핵심 요소입니다. 대부분의 DAO는 '1토큰 1표' 방식의 토큰 기반 투표 시스템을 채택하고 있지만, 이 구조는 특정 대규모 보유자(whale)의 과도한 영향력 행사, 사적 담합, 투표 매수 등의 문제를 초래할 수 있습니다. 이러한 집중화 문제를 완화하기 위해, 점점 더 많은 DAO가 보다 정교한 의결권 설계 방식을 도입하고 있습니다.

대표적인 방식이 **'위임형 투표(Delegated Voting)'**입니다. 이는 참여자가 자신의 투표권을 신뢰할 수 있는 다른 참여자에게 위임하는 구조로, 모든 구성원이 세부 안건에 직접 참여하기 어려운 현실을 고려해, 전문성이나 활동력이 높은 대표자에게 거버넌스 권한을 집중시킴으로써 운영의 효율성과 책임성을 높이기 위한 방식입니다.

또한 **'쿼럼 제한(Quorum Rules)'**도 주요 설계 방식 중 하나입니다. 이는 안건이 유효하게 성립되기 위해 필요한 최소 투표 참여율 또는 참여 수량을 설정하는 것으로, 소수의 독점적 결정이나 참여 저조로 인한 비정상적인 운영을 방지하기 위한 기본 장치입니다.

여기에 더해 일부 DAO는 **'평가 기반 가중치 시스템'**을 적용하기도 합니다. 이는 토큰 보유량만이 아닌, 참여자의 기여도, 평판, 과거 활동 이력 등에 따라 투표권을 차등 부여하는 방식으로, 활발한 기여자에게 더 많은 영향력을 부여함으로써 참여 유인과 운영 정당성을 동시에 강화할 수 있습니다.

기업이 DAO를 설계하거나 참여할 때는 참여율, 기여도, 위임 구조, 시점 기준 등을 복합적으로 고려한 의결권 구조를 설계하거나 수용해야 실질적인 거버넌스 통제와 책임 분산이 가능합니다. 이는 장기적으로 DAO의 신뢰성과 지속 가능성을 높이는 데 중요한 역할을 합니다.

안건 등급화 및 처리 절차의 명확성

DAO는 표결의 형식만큼이나 안건의 성격과 범위가 중요합니다. 어떤 안건은 전체 커뮤니티 표결이 적합하고, 어떤 안건은 소위원회나 기술전문가 그룹의 검토가 선행되어야 합니다. 기업형 DAO의 경우, 일반 참여자에게 모든 운영 결정권을 부여하면 혼선과 리스크가 증가합니다.

이 때문에 많은 DAO가 **'제안 등급 제도'**를 운영합니다. 예를 들어 다음과 같은 구조입니다.

레벨 A	기술 업데이트, 프로토콜 변경 → 전문가 검토 후 투표
레벨 B	예산 배정, 파트너 승인 → 운영위원회 검토 후 투표
레벨 C	이벤트 개최, 커뮤니티 운영 → 커뮤니티 제안 및 승인

기업이 DAO를 설계할 때는 이와 같이 안건별 구분 및 처리 절차의 명확화가 중요하며, 이는 투표 피로도를 줄이고 실행력을 높이는 전략이기도 합니다.

의사결정 실행 체계: 다중서명자와 실행 위원회

아무리 민주적인 투표로 의사결정이 이루어져도, 이를 실행에 옮기지 못하면 DAO는 단순한 '의사결정 기계'에 머무를 수 있습니다. 따라서 **멀티시그 또는 실행위원회**(Execution Committee 또는 Executor)의 존재는 DAO의 실효성을 결정하는 중요한 요소입니다.

운영 DAO는 다음을 포함하는 체계적인 실행 프로세스를 갖추는 것이 중요합니다.

서명자 구조	누가 실행 권한을 가지는지 명확히 합니다.
집행 마감일	의사결정의 실행 기한을 정합니다.
예산 보고서	예산 집행 내역을 투명하게 공개합니다.
이행 감사 프로세스	실행 과정이 제대로 이루어졌는지 확인하는 절차를 만듭니다.

기업이 DAO에 참여할 경우, 이러한 실행 구조에 부분적인 책임이나 보안통제 권한을 이양받도록 설계하는 것이 바람직합니다. 이를 통해 기업은 의사결정 과정뿐만 아니라 실행단계에서도 실질적인 영향력을 행사할 수 있습니다.

투표 시스템의 기술적 보안성과 신뢰성 확보

DAO의 투표 시스템은 기술적 보안성과 커뮤니티의 신뢰를 동시에 충족해야 합니다. 현재는 Snapshot, Tally, Aragon과 같은 DAO 운영 지원 플랫폼들이 널리 활용되고 있으며, 이들은 누구나 코드 작성 없이 스마트 계약, 투표 시스템, 재무 관리, 거버넌스 도구 등을 손쉽게 설정할 수 있도록 지원합니다.
예를 들어, 사용자는 Aragon을 통해 자체 DAO를 생성하고, 제안 등록, 투표 진행, 예산 집행 등을 웹 인터페이스를 통해 직접 관리할 수 있습니다.

이러한 플랫폼이 보편화된 가운데, 일부 DAO는 자체 투표 시스템을 개발해 **스마트 계약 기반의 자동 실행형 거버넌스 구조**를 운용하고 있습니다. 이 방식은 투명성을 높일 수 있는 장점이 있지만, 코드 오류나 해킹이 발생할 경우 시스템 전면 수정이 어렵고 위험이 크게 확대될 수 있는 단점도 함께 존재합니다. 기업이 DAO에 참여하거나 구축할 경우, 투표 시스템의 보안성 검증, 코드 감사, 비상 대응체계 등을 사전에 점검해야 합니다.

기업을 위한 DAO 참여 실무 점검 요소

기업이 DAO에 참여하거나 직접 운영할 때, 성공적인 거버넌스 참여와 리스크 관리를 위해 다음 실무 요소들을 사전에 점검해야 합니다.

- **토큰 보유자 구성의 집중도:** 소수의 지배적인 투자자가 존재하여 의사결정을 독점할 위험은 없는지 확인해야 합니다.
- **제안 제출 자격과 절차:** 누구나 제안을 제출할 수 있는지, 혹은 불필요한 제안을 걸러내는 필터링 시스템이 있는지 검토해야 합니다.
- **투표 반영 기준:** 단순한 다수결인지, 아니면 의사결정의 정당성을 높이기 위한 정족수나 가중치 같은 조건이 있는지 파악해야 합니다.
- **실행 체계의 투명성:** 투표를 통해 결정된 예산 집행이나 기술 적용이 실제로 어떻게 이루어지는지 투명한 절차를 확인해야 합니다.
- **거버넌스 변화의 유연성:** DAO의 구조를 변경할 때 어떤 절차를 따르는지, 즉 변화에 유연하게 대응할 수 있는 구조인지 검토해야 합니다.

4

리워드 토큰의 고객 팬덤화 전략

기업이 가상자산 사업을 시작할 때 시장과 연결되는 주요 구조는 리워드 토큰화 시스템입니다. 이는 기존의 마일리지, 포인트, 쿠폰 체계를 블록체인 기술로 재설계하여, 투명성, 상호 운용성, 재사용 가능성을 높이는 방향으로 발전하고 있습니다.

리워드 토큰의 법적 성격

'리워드 토큰'은 화폐도 아니고 전통적인 유가증권도 아니지만, 타인과 교환하거나 전송할 수 있다면, 법적으로는 **'재산적 가치가 있는 전자적 수단'**으로 해석될 수 있습니다.

'리워드 토큰'이 단순한 서비스 보상인지, 실제로 교환 가능한 가상자산인지에 따라 기업이 부담해야 할 법적 책임은 크게 달라집니다. 따라서 법적 리스크를 줄이기 위해서는 설계 초기부터 **토큰의 기능과 사용 범위**를 명확히 규정하고, 사용자 약관과 기술 구현 방식이 이 구조와 일치하도록 관리하는 것이 중요합니다.

토큰이 내부 포인트처럼 사용되고 외부로 이동할 수 없는 구조라면 일반적인 **보상성 포인트**로 해석될 수 있습니다. 그러나 제휴처에서 사용이 가능하거나 거래가 허용되는 구조라면, **전자금융거래법상 '선불전자지급수단' 또는 특정금융정보법상 '가상자산'**으로 분류될 수 있습니다.

리워드 지급 방식에서 가장 중요한 요소는 투명성과 자동성입니다. 예를 들어, 구매 금액의 일정 비율을 토큰으로 지급하거나, 출석, 리뷰, 콘텐츠 공유와 같은 특정 행동에 대해 즉시 리워드를 발행하도록 설계하는 방식이 일반적으로 사용됩니다. 스마트 계약 기반의 자동 발행 로직을 도입하면, 사용자는 리워드가 명확한 기준에 따라 공정하게 지급된다는 인식을 갖게 되어 신뢰도가 높아집니다. **자동성과 투명성이 확보된 리워드 시스템**은 사용자 만족과 운영 효율성을 동시에 강화하는 중요한 요소가 됩니다.

법적 리스크를 고려한 설계

폐쇄형은 기업의 자체 플랫폼 내에서만 토큰을 사용할 수 있도록 제한된 구조이며, 예를 들어 특정 앱이나 서비스 내에서 포인트처럼 사용하는 방식입니다.

개방형은 제휴사, 외부 쇼핑몰, 콘텐츠 플랫폼 등과 연계되어 토큰 사용 범위를 외부로 확장한 구조입니다.

개방형 방식은 외부 법인과의 정산 문제, 부가가치세 과세, 소비자 보호 의무 등 다양한 법적·회계적 쟁점이 발생할 수 있습니다. 또한, 토큰을 사용자 계정과 어떻게 연동하느냐에 따라 사용자 경험뿐 아니라 법적 부담의 수준도 크게 달라집니다. 토큰을 곧바로 사용자의 지갑으로 전송하고 그 내용을 온체인에 기록할 수 있도록 설계하면, 이 토큰은 기업의 통제에서 벗어나 블록체인 네트워크를 통해 자유롭게 이전될 수 있어 **'재산적 가치'**를 가질 수 있게 됩니다.

이 경우 기업은 **회계상 자산**으로 인식해야 하며, 사용자도 수령 시점부터 보유·양도·과세 등 다양한 법적 이슈에 노출될 수 있습니다. 특히 증여세나 소득세, 공시 기준, 회계상 수익 인식 시점과 같은 실무 부담이 급격히 늘어날 수 있습니다.

이러한 리스크를 줄이기 위해, 많은 기업이 유연한 연동 구조를 선택하고 있습니다. 하나는 **내부 포인트 시스템과 지갑을 연동하는 구조**입니다. 이 방식에서는 사용자가 받는 토큰이 곧바로 블록체인에 기록되지 않고, 내부 시스템에서 포인트처럼 관리하다가, 사용자가 원할 때만 지갑과 연결하여 온체인으로 전환할 수 있습니다.

다른 방식은 **'비가상자산형 토큰**(off-chain token)**'**을 먼저 발급한 후, 특정 조건이 충족되었을 때만 블록체인에 기록하는 구조입니다. 예를 들어 외부 전송, 제휴 서비스 사용, 또는 시장 거래와 같은 조건이 발생했을 때만 온체인 전환을 하는 것입니다. 이 경우 초기에는 토큰이 '가상자산'으로 확정되지 않기 때문에, 회계나 세무상 자산 인식 의무가 발생하지 않으며, 기업과 사용자 모두 규제 부담 없이 유연하게 운용할 수 있습니다.

핵심은 **토큰이 블록체인에 기록되는 시점**을 언제로 설정하느냐입니다. 이 시점에 따라 법적 성격, 회계처리, 공시 기준, 세무 대응 방식이 완전히 달라지기 때문입니다. 초기 사용자 경험은 Web2와 유사하게 제공하고, **특정 조건을 충족했을 때만 블록체인으로 전환하는 구조**는 현재의 규제 환경에서 가장 실무적이고 안정적인 방식으로 평가받고 있습니다.

리워드 토큰의 회계·세무처리 기준

DAO나 플랫폼 내에서 고객에게 무상으로 제공되는 리워드 토큰은 회계상 일반적인 포인트나 마일리지와 유사한 방식으로 인식됩니다. 고객에게 사전 약정에 따라 지급된 토큰이 일정한 사용 가능성이나 교환 조건을 갖고 있다면, 해당 토큰은 계약상 의무를 수반하는 항목으로 간주되며, 이 경우 **'계약부채**(Contract Liability)**'**로 회계처리합니다. 이후 고객이 실제로 토큰을 사용하거나 행사한 시점에 매출 또는 수익으로 전환합니다.

다만, 토큰에 외부 전송 가능성이 있거나, 플랫폼 외부에서도 사용가능한 교환가치 또는 현금성 가치가 존재하는 경우에는 단순 계약부채로 보기 어렵습니다. 이 경우 해당 토큰은 **'기타금융부채**(Other Financial Liabilities)**'**로 분류될 수 있습니다. 이는 K-IFRS 제1109호(금융상품)에 따라, 기업이 계약상 의무로 현금이나 기타 금융자산을 인도할 의무가 있는 경우에 적용됩니다.

경우에 따라 토큰은 **'기타지급수단**(Other Payables)**'**으로 분류되기도 합니다. 사용자의 요청에 따라 물품, 서비스, 사용 권리 등으로 전환 가능하지만 현금 지급 의무는 없는 경우에 해당합니다. K-IFRS에 공식적으로 명시된 계정은 아니지만, 실무에서는 포인트, 쿠폰, 일부 토큰 등 지급의무가 수반되는 항목을 이 계정으로 분류하는 사례가 존재합니다.

세무 측면에서, 리워드 토큰은 지급 시점에서의 회계처리 외에, 사용되거나 소멸되는 시점에도 과세소득 인식 여부에 따라 법인세 조정이 필요할 수 있습니다. 예컨대, **고객이 토큰을 사용하거나** 되는 등 재산적 가치가 실현된 경우, 그 시점에 기업의 수익으로 귀속되며 과세 대상이 됩니다. 반면 일정 기간 내 사용되지 않아 소멸되는 토큰의 경우에는 기업의 과세소득으로 보지 않아 익금불산입 처리가 가능할 수 있으므로, 세무조정 내역을 사전 설계하는 것이 좋습니다.

기업은 토큰의 행사 가능성, 외부 거래 여부, 소멸 조건 등을 기준으로 **회계상 분류 기준**을 사전에 명확히 설정해둘 필요가 있습니다.

리워트 토큰의 전략적 활용 방법

토큰의 사용률과 회수율(또는 소멸률)에 대한 분석은 기업의 **수익성과 직결되는 주**

요 지표입니다. 기업은 사용자 행동 데이터를 기반으로, 어느 시점에 어떤 비율로 토큰이 실제로 사용되는지를 정기적으로 추적해야 합니다.

이러한 분석을 통해 기업은 리워드 비용을 예측하고, 회계적으로 계약부채 전환 시점이나 소멸처리 타이밍을 판단할 수 있으며, 동시에 마케팅 전략과 사용자 참여 설계를 유연하게 조정할 수 있습니다.

리워드 토큰은 CRM 전략과 결합될 때 진정한 효과를 발휘합니다. 고객의 구매 이력, 방문 빈도, 충성도 등을 분석하여 **맞춤형 보상**을 제공하면, 리워드 토큰은 고객 재방문을 유도하고 장기 고객을 확보하는 실질적 수단이 될 수 있습니다.

예를 들어, 고객 등급별 혜택, 리뷰 작성이나 친구 초대 같은 활동에 대한 인센티브, 장기 보유 시 제공하는 추가 리워드 등은 **고객 생애가치**(LTV)를 끌어올리는 중요한 전략입니다.

이러한 전략이 효과적으로 작동하려면, **ERP, POS**(Point of Sale, 매장 결제·판매 시스템), **온라인 쇼핑몰** 등 기존의 고객 데이터 시스템과 리워드 토큰 시스템이 유기적으로 연동되어야 합니다. 예를 들어, 오프라인 매장에서 구매가 발생하면 POS를 통해 자동으로 토큰이 적립되고, 온라인 구매 이력에 따라 고객 등급이 실시간으로 갱신되며, ERP 데이터를 기반으로 개별 맞춤형 리워드가 제공되는 구조가 이상적입니다.

리워드 토큰은 이처럼 고객과의 관계를 설계하는 **CRM 인프라**에 자연스럽게 통합되어야만, 일회성 이벤트가 아니라 브랜드 충성도와 장기적인 수익성을 모두 높이는 전략 자산으로 기능할 수 있습니다.

KYC/DID 연동과 데이터 통합

Web3 환경에서는 **고객 식별 방식**이 달라집니다. 전통 시스템은 이름, 이메일 등 개인식별정보(PII, Personally Identifiable Information)를 기반으로 KYC를 수행하지만, Web3에서는 지갑 주소가 중심이 되며 익명성이 보장됩니다.

이 간극을 해소하기 위해 최근에는 **DID**(Decentralized Identifier, 탈중앙 신원인증) 방식이 도입되고 있습니다. DID는 중앙 서버 없이 사용자가 직접 신원을 증명하고 관리할 수 있도록 하는 구조로, 하나의 DID로 여러 플랫폼에서 로그인할 수 있고, 또 필요한 인증 정보만 선택적으로 제공할 수 있게 합니다.

일부 기업은 이 DID를 활용해 **Web3 지갑과 기존 ERP·CRM 고객 정보를 안전하게 연동**하고 있습니다. 이렇게 통합된 데이터는 CRM 전략을 훨씬 더 정교하게 만듭니다. 예를 들어, NFT를 여러 차례 구매한 고객에게 VIP 등급을 부여하거나, 보유한 토큰 수량에 따라 제품 추천을 다르게 제공할 수 있습니다.

탈중앙 신원인증(DID)과 기존 CRM 계정의 연결 방식은 개인정보 보호법 등을 준수해야 합니다. 예를 들어, 지갑 주소와 개인식별정보(PII)를 연계할 경우 **GDPR**(유럽 일반 개인정보보호법) **및 PIPL**(중국 개인정보보호법)을 비롯한 글로벌 규제가 적용됩니다. GDPR은 데이터 주권, 투명성, 최소 수집 원칙을 강조하며 위반 시 매출의 최대 4% 또는 2천만 유로의 벌금이 부과될 수 있습니다. PIPL 역시 데이터 국외 이전을 엄격히 제한하며, 위반 시 기업 매출의 최대 5%까지 벌금을 부과할 수 있습니다.

현실적인 시스템 구축 방안

Web3 연계를 위한 시스템 구축은 기존 CRM·ERP를 전면 교체하기보다, 현재 운영 중인 플랫폼에 **Web3 인증 모듈**(예 지갑 로그인, 서명 기반 인증, NFT 보유 확인), **온체인 이벤트 트래킹 시스템**(블록체인 상 NFT 발행, 토큰 전송, 스마트 계약 실행 등 활동의 실시간 감지·기록 기능), **NFT 기반 고객 필터 기능** 등을 점진적으로 추가하는 방식이 보다 현실적입니다.

실제로 주요 글로벌 솔루션 기업들도 이러한 **점진적 연동 전략**을 반영하여, API 및 모듈 형태로 지원을 확대하고 있습니다. Salesforce는 NFT 기반 고객 여정 분석 및 보상 설계를 실험하고 있으며, SAP는 공급망 추적과 제품 진품 인증에 블록체인을 연계하고 있습니다. Oracle은 외부 데이터를 스마트 계약에 연결하는 오라클 기술을 강화해 Web3 활용을 뒷받침하고 있습니다.

5

가상자산의 다양한 사업 분야: 플랫폼·지갑·결제

5.1 브랜드 전용 플랫폼

기업은 자체 브랜드와 가상자산 인프라를 연계해, 결제·보상뿐 아니라 지갑 기반 인증, 권한 관리, 자산 간 교환 등 생태계 운영 전반을 지원하는 '브랜드 전용 거래 플랫폼'을 구축할 수 있게 되었으며, 이는 기업의 자산 순환과 사용자 락인, 브랜드 전략을 동시에 구현하는 허브로 자리잡고 있습니다.

브랜드 전용 거래 플랫폼의 개념

'브랜드 전용 거래 플랫폼'은 특정 기업이나 조직이 자체 브랜드와 생태계 전략에 맞춰 설계·운영하는 **가상자산 거래·관리 인프라**라고 할 수 있습니다. 일반 대중을 대상으로 하는 공개형 거래소와 달리, 자사 고객·회원·제휴사 등 **제한된 이용자 그룹**을 중심으로 운영되며, 내부 발행 자산(토큰·포인트·NFT 등)의 발행, 보관, 교환, 결제 기능을 통합 제공합니다.

이 플랫폼의 목적은 수익 창출보다는 생태계 내 자산 순환, 사용자 참여 유지(Lock-in), 브랜드 가치 제고에 있으며, 외부 가격 변동이나 규제 리스크를 최소화하면서 Web3 기반 기능을 구현할 수 있도록 설계됩니다.

'브랜드 전용 거래 플랫폼'은 이미 검증된 오픈소스 거래 프로토콜(Uniswap, 0x, Serum 등)을 기반으로, 기업 목적에 맞게 커스터마이징한 **화이트 라벨 솔루션**(외부에서 만든 플랫폼을 기업이 자체 브랜드에 맞게 수정해 사용하는 형태)으로 구축할 수 있습니다.

Web3 지갑 인증, 자동 유동성 공급(AMM: 스마트 계약 기반으로 가격을 계산하고 거래를 자동 실행하는 구조), 주문 매칭 기능 등 주요 기능은 **모듈 형태의 통합된 솔루션으로 상용화**되어 있으며, 기업이 적절한 개발 리소스만 투입하면 기존 시스템에 빠르게 연동할 수 있을 만큼 기술 환경이 성숙해 있습니다.

이러한 기술적 기반 덕분에 기업은 거래소 인가나 외부 상장 절차 없이도 자체적으로 거래 기능을 확보하고, 생태계 확장과 자산 운용 전략을 유연하게 설계할 수 있습니다.

법적 고려사항 및 규제 전략

한국에서는 가상자산을 고객 간 거래 가능한 구조로 운영할 경우, 특정금융정보법상 VASP 등록 요건에 해당합니다. 그에 따라 실명 확인 입출금 계좌 개설, ISMS 인증, AML 시스템 구축 등 의무가 발생하게 됩니다. 또한, 토큰·포인트·NFT 등이 결제나 사용자 간 교환 기능을 수행하면, 전자금융거래법상 전자지급결제대행업(PG) 또는 전자화폐업 등록이 필요할 수 있습니다.

이러한 규제 부담을 줄이기 위해, 다수의 기업은 **내부 회원이나 제휴사 전용의 제한적 거래 환경**을 설계하고, **현금화 또는 외부 송금 기능은 배제**하여 법적 등록이 필요 없는 구조를 채택합니다.

실무적으로는 내부 생태계 중심의 거래구조를 다음과 같은 형태로 설계할 수 있습니다.

- **내부 자산 간 교환 기능:** NFT ↔ 리워드 토큰, 포인트 ↔ 이용권 등
- **한정된 대상만 거래 참여 가능:** 실명 계정 없이 Web3 지갑만으로 접근
- **자체 발행 자산만 유통:** 외부 코인 상장 없이 내부 발행 자산으로만 거래
- **자동 가격조정 또는 정액제 방식:** 오픈마켓이 아닌 내부 지정가 기반 거래

이와 같은 구조는 엄밀히 말해 '거래소'가 아니라 **'브랜드 전용 가상자산 유통·관리 시스템'**이며, 법적 리스크는 상대적으로 낮아집니다. 다만, 실질적으로 투자성 유도, 유상 판매, 유동성 공급을 유도하는 구조가 있다면 금융당국 해석상 거래소에 준하는 규제를 받을 수 있습니다.

글로벌 진출을 염두에 둔 기업들은 싱가포르, 두바이, 아부다비 등 규제 샌드박스가 활성화된 지역에서 거래 인프라를 설립하거나, IT 기반 시설을 해당 지역 서버에 두는 방식으로 법적 설계를 병행하고 있습니다. 이는 추후 제도화 국면에서 자산 이전, 사용처 확장, 브랜드 이미지 확보에 중요한 전략이 될 수도 있습니다.

5.2 커스터디·지갑 서비스

기업이 가상자산 생태계에 진입할 때, 가장 전략적으로 접근할 수 있는 분야가 커스터디와 지갑 서비스입니다. 거래소 운영이나 토큰 발행보다 규제 부담은 상대적으로 낮으면서도, 기술·보안·신뢰를 기반으로 생태계의 중요 허브 역할을 할 수 있기 때문입니다.

커스터디 사업의 유형

커스터디는 가상자산의 통제 구조를 설계하는 서비스입니다. 기업형 커스터디 사업은 크게 두 가지로 나뉩니다.

커스터디업체는 특정금융정보법상 VASP 등록 요건을 충족해야 합니다. 특히 외부 자산을 받아 지갑을 생성하고, 입·출금 관리까지 수행하는 경우, **AML, ISMS, 실명 확인 시스템**[17] **도입**이 필수적입니다.

---

17 실명 확인 입출금 시스템은 가상자산 거래소가 이용자의 본인 명의 계좌를 통해서만 자금 입출금을 허용하는 시스템입니다. 한국에서는 특정금융정보법에 따라, 원화 거래를 지원하는 거래소는 은행과 제휴해 이 시스템을 의무적으로 갖춰야 합니다.

지갑 서비스: 사용자와의 접점이자 비즈니스 플랫폼

지갑 서비스는 사용자와의 주요 접점이자, 자산 흐름의 시작과 끝을 연결하는 출입구입니다. 기업은 자체 개발, 제3자 지갑 연동 또는 화이트라벨 솔루션을 통해 지갑을 구축할 수 있으며, 이는 결제, NFT 보유 인증, DAO 참여 등의 역할로 확장될 수 있습니다. 이러한 확장성은 지갑 자체를 하나의 **독립된 비즈니스 플랫폼**으로 진화시킬 수 있는 기반이 됩니다.

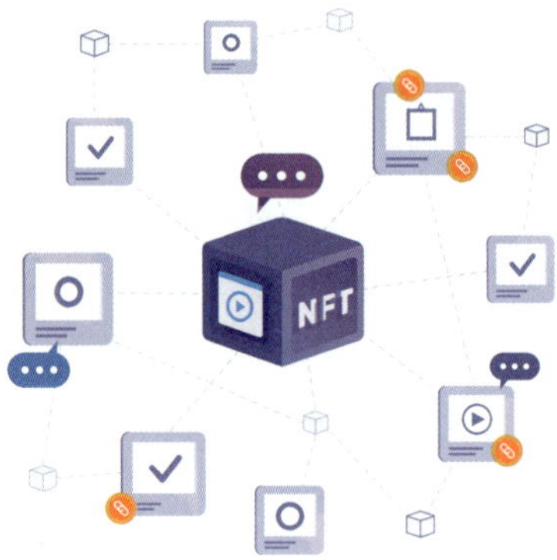

지갑 서비스 설계에서 가장 중요한 과제는 보안성과 사용자 경험(UX) 사이의 균형입니다. **멀티시그, MPC, 하드웨어 키 연동 방식** 등 고도화된 보안 기술이 널리 활용되고 있으며, 특히 하드웨어 지갑은 서명 및 전송과 같은 주요 기능을 오프라인 장치에 저장된 키를 통해 실행함으로써 해킹 위험을 최소화합니다. 이는 고액 자산 보관이나 기업형 지갑에 적합한 방식입니다.

하지만 높은 보안 수준이 인증 절차의 복잡성으로 이어질 경우, 일반 사용자에게는 진입 장벽이 될 수 있습니다. 이에 따라 지갑 구조는 대상 사용자에 맞춰 차별화하는 것이 바람직합니다.

예를 들어, 일반 소비자 대상(B2C)의 경우에는 사용자가 자산을 직접 보유하면서도 기업이 일부 기능을 지원하는 **'준관리형 지갑(Managed Non-custodial)'**이 적합할 수 있습니다. 반면, 기업 고객(B2B)이나 기관 대상 서비스에서는 보안성과 통제를 우선시한 **'완전 수탁형 지갑(Fully Custodial)'** 구조가 보다 현실적인 선택이 될 수 있습니다.

커스터디 및 지갑 서비스를 상품화할 경우, 다음과 같은 수익모델이 가능합니다.

- **보관 수수료:** 보관 중인 자산의 가치 또는 거래 횟수에 따라 정액 또는 정률로 수수료를 받습니다.
- **API 연동 서비스:** 외부 플랫폼에 커스터디 기능을 연결해 제공하고, 그에 대한 사용료를 받습니다.
- **화이트라벨 솔루션:** 지갑 기술을 기업의 브랜드에 맞게 맞춤 제공하고, 초기 구축비와 유지보수 비용을 받습니다.
- **스테이킹·DeFi 연동:** 지갑에 있는 자산을 외부 서비스와 연결해 운용하고, 그 수익의 일부를 받는 방식입니다.

이러한 수익모델은 거래소보다 수익률은 낮을 수 있지만, 지속적이고 안정적인 B2B 수익 기반을 확보할 수 있다는 장점이 있습니다.

서비스 운영을 위한 준비

기업이 이 서비스를 운영할 때에는 다음 요소들을 확보해야 합니다.

- **인증 요건 충족:** ISMS 또는 SOC(미국 AICPA 기준의 내부통제 감사보고서) 인증 요건을 충족해야 합니다.
- **보안 시스템:** 개별 고객 또는 자산별로 이중 키와 서명 권한을 분리하는 시스템을 구축해야 합니다.
- **책임 분배 구조:** 사고 발생 시 책임 분배 기준과 보상 기준을 명확히 설정해야 합니다.
- **회계 체계:** 회계상 보관자산의 비유동자산 구분 기준과 공시 체계를 정비해야 합니다.

한편, 국내보다는 **글로벌 고객 또는 제휴사 대상 커스터디·지갑 서비스**가 더 유망할 수 있습니다. 특히 글로벌 DAO, Web3 게임사, NFT 프로젝트 등은 자체 커스터디나 지갑 기술이 취약하므로, 한국 기업이 기술·보안·UX를 갖춘 지갑 솔루션을 해외에 수출하거나 SaaS 형태로 공급하는 구조가 현실적인 사업화 전략이 될 수 있습니다.

최근에는 커스터디 서비스에 보증보험, 사고이력 공개, 자동화된 자산 대시보드 등 부가 기능을 탑재해 신뢰도와 실무 편의성을 높이는 추세입니다. 특히 Web3 기업들이 회계감사 대응을 위한 자산 실재성 증빙서류를 요구하는 만큼, 이러한 문서화 기능을 포함한 커스터디 서비스는 기업 고객에게 더욱 매력적일 수 있습니다.

5.3 B2B 결제 플랫폼

최근에는 가상자산이 기업 간 거래(B2B)에서 결제·정산 수단으로 빠르게 확산되고 있습니다. 특히 글로벌 공급망, 콘텐츠 라이선스, 소프트웨어 구독 등 복수 국가·복수 통화·정기 지불이 필요한 거래구조에서 가상자산 기반 결제 시스템의 실용성이 부각되고 있습니다.

사업 구조

블록체인 기반 결제는 **속도, 비용, 정산 투명성 측면에서 뚜렷한 강점**을 지닙니다. 중간 금융기관 없이 당사자 간 직접 정산이 가능하며, 수수료는 낮고 송금 시간은 수분 이내로 단축됩니다. 특히 해외법인 간 거래나 크로스보더 소액 정산에 효과적입니다.

이러한 플랫폼에서 기업들은 일반적으로 **스테이블코인**(USDC, USDT, PYUSD 등)을 결제수단으로 활용합니다. 스테이블코인은 법정화폐에 연동된 가상자산이므로, 회계처리와 세무 계산이 명확하고 환율 리스크가 낮아 외부감사 대응에도 유리합니다.

Visa, Mastercard, PayPal 등 주요 결제 기업들은 이미 스테이블코인을 활용한 B2B 결제 인프라를 실험하고 있으며, USDC 기반 정산 API, 자동 청구서 발행, 자산 회계 분리 기능(자산을 사업 목적·주체에 따라 회계 구분) 등이 구현되고 있습니다.

기업은 이러한 인프라를 직접 개발하기보다는, Stripe, Circle, Request Network, Fuse 등 **API 기반 B2B 결제 플랫폼과 연동**하여 빠르게 도입하고 확장하는 전략이 효과적입니다.

외부 B2B 결제 플랫폼 또는 API 인프라와 연동해, 기업이 활용할 수 있는 구조는 다음과 같습니다.

라이선스 로열티 정산

콘텐츠 이용료, SaaS 사용료 등 반복적인 결제를 자동화합니다.

수출입 계약 대금 결제

복잡한 글로벌 공급망 결제 과정을 간소화합니다.

마케팅 제휴비용 분배

DAO나 Web3 프로젝트와의 정산 과정을 표준화합니다.

가맹점 간 가상자산 공유

NFT, 포인트 등 유무형 자산을 가맹점 간에 유통할 수 있는 구조로 만듭니다.

이러한 구조를 활용하면, 거래 당사자 모두가 Web3 지갑 또는 플랫폼을 통해 자동 정산과 이력 관리를 수행할 수 있어, 기존 전자계약과 전자세금계산서 기반 B2B 구조를 보완하거나 대체할 수 있습니다.

기업은 이 방식을 통해 비즈니스 파트너와의 결제 효율을 높이고, 자사 플랫폼 내에서 발행·유통되는 자산의 유동성도 확보할 수 있습니다. 특히, 내부에서만 사용되던 토큰이나 포인트를 B2B 결제에 연동하면, 거래 파트너들이 이를 결제수단으로 받아 외부에서도 활용할 길이 열리게 됩니다.

B2B 결제 시스템 활용을 위한 실무적 고려사항

Web3 기반 B2B 결제 기능을 외부 플랫폼 또는 API 인프라와 연동해 활용할 때는, 다음과 같은 사항을 실무적으로 검토해야 합니다.

- **정산 대상 자산의 회계 분류:** 스테이블코인 등 가상자산을 외화 자산으로 볼지, 금융 상품으로 볼지 등 회계처리 기준을 명확히 해야 합니다.
- **파트너사의 기술 수용성:** 파트너사가 Web3 지갑, 온체인 대시보드 등을 얼마나 잘 활용할 수 있는지 기술 수용성을 파악해야 합니다.
- **AML 체크 리스트:** 거래 상대방의 국가, 지갑, 거래 이력 등을 검토하여 자금세탁 위험을 확인해야 합니다.
- **법적 계약 구조와의 연동:** 거래계약서에 결제조건을 명시할 때, 온체인(블록체인 상)과 오프체인(기존 시스템)의 결제 방식을 명확히 구분해야 합니다.

B2B 결제는 신뢰와 반복성을 구조화하는 과정입니다. 기업은 결제 성공 자체보다도, 결제 실패율 감소, 정산 주기 단축, 감사 대응 문서화 가능성 등 실무 성과에 기반해 구조를 설계해야 하며, 파트너십 확대에 앞서 시범 적용과 위험도 분석을 우선 실시해야 합니다.

법인에게 열리는 가상자산 투자 시대:
기업의 투자와 사업 활용 전략

제 5 부

가상자산 투자 관련 Q&A

C O N T E N T S

제1장 내국법인 가상자산 보유 Q&A: 보유·투자·회계·세무 318

제2장 UAE 법인 통한 가상자산 투자 Q&A: 설립·투자·계좌·송금 333

제5장 AML·트래블룰 관련 Q&A: 자금세탁방지와 규제 378

1

내국법인 가상자산 보유 Q&A: 보유·투자·회계·세무

1.1. 현재 내국법인이 비트코인이나 이더리움을 직접 매입해도 되나요?

법적 허용 여부

대한민국 법률은 법인이 비트코인이나 이더리움 등 가상자산을 직접 매입하는 것을 명시적으로 금지하고 있지 않습니다. 따라서 투자 목적이든 사업 목적이든 법인 명의로 가상자산을 보유하는 것은 원칙적으로 가능합니다.

현실적 어려움

법적으로 금지된 것은 아니지만, 실제로는 실행이 쉽지 않습니다. 이는 다음과 같은 제도적·실무적 장벽 때문입니다.

- **은행 계좌 개설 및 실명계정 발급의 어려움:** 국내 거래소에서 가상자산을 매입하려면 법인 명의의 실명확인 입출금계정(거래소와 연동되는 특수 계좌)이 필수적입니다. 하지만 은행들은 자금세탁 위험을 이유로 법인의 가상자산 투자를 목적으로 한 실명확인 입출금계정 발급을 대부분 거부하고 있습니다.

- **회계·세무 불확실성:** 가상자산은 회계상 일반적으로 무형자산으로 분류되며, 공정가치 상승분은 반영하지 못하고 하락분만 손실로 처리합니다. 특히, 가상자산의 평가 손실(손상차손)은 회계상 인식할 수 있으나, 세무상으로는 처분 전까지 평가 손실을 손금으로 인정하지 않으며, 평가이익 또한 처분 전까지는 과세 대상이 아닙니다. 이처럼 회계와 세무 간의 괴리가 있어 처리에 유의해야 합니다. 개인 투자자에 대한 가상자산 소득세 과세가 2027년 1월 1일로 유예되었기 때문에, 법인이 가상자산을 처분했을 때의 과세 기준에 대한 명확한 세법 해석도 아직 부재하여 불확실성이 존재합니다.

- **부수 리스크:** 가상자산 거래는 자금세탁 방지, 외국환거래법 위반, 내부통제 미비 등의 리스크로 인해 외부 회계감사에서 부정적인 의견을 받을 수도 있습니다.

1.2. 법인이 비트코인을 매입하면 어떤 제재나 불이익이 있나요?

비트코인 자체를 보유했다고 해서 처벌받지는 않지만, 매입·보관·보고의 전 과정에서 규제 위반 리스크가 상존합니다.

구분	주요 리스크	설명
제도적	실명계정 미발급, 거래 차단	실명 확인 입출금 계정 없이는 원화 입금 및 원화-가상자산 교환이 불가능하여 사실상 매입 자체가 불가능합니다.
법적	자금세탁방지법(AML) 위반, 외환신고 누락 → 형사처벌 등	FIU 모니터링 대상이 될 수 있으며, 해외 거래소 이용의 경우 외국환거래법상 자본거래 신고 누락 시 과태료가 부과될 수 있습니다. 미공개 정보 이용 등은 형사처벌 대상입니다.
회계	손상차손 미반영, 외부감사 지적	가상자산 평가 손실(손상차손) 미반영 시 외부감사에서 의견거절 또는 한정의견을 받을 수 있습니다.
세무	자산 인식 불명확, 세무조정 누락	가상자산 소득세 과세가 유예됨에 따라 취득·처분 손익 처리 기준이 여전히 불명확하여 법인세 신고 시 사후조사 대상이 될 수 있습니다.
신용도	공시 누락, 감사의견 한정 → 기업 이미지 타격	규제 위반 리스크로 인해 기업 이미지에 부정적인 영향을 미칠 수 있습니다.

1.3. 법인이 거래소 계좌를 만들 수 없다는 게 사실인가요?

매우 어려움: 일반적인 법인이 가상자산 거래소에서 실명 확인 계정을 발급받는 것은 현실적으로 매우 어렵습니다. '불가능'은 아니지만 '극히 제한적'입니다.

제한 사유

- **은행과 거래소의 협약:** 대부분의 은행은 일반 법인에게 실명 확인 입출금 계정 발급을 제한합니다. 자금세탁 위험, 기업 자금의 목적 외 사용 우려, 거래 추적 어려움 등이 주요 이유입니다.
- **거래소의 보수적 태도:** 거래소들은 법인의 가상자산시장 참여 로드맵에 따라 가상자산 거래소 운영사(인건비, 세금 납부 등 운영비 목적), 특정 공공/비영리기관(기부금 수취 목적) 등 극히 예외적인 경우를 제외하고는 법인 회원을 거의 받지 않습니다. 일반적인 중소기업, 스타트업 등 비상장법인은 승인 가능성이 거의 없습니다.
- **해외 거래소:** Binance, Kraken 등 글로벌 거래소는 법인 계좌 개설을 허용하지만, AML/CFT 요건이 매우 까다롭고 한국 본사 자금이 들어갈 경우 외국환거래법 이슈가 발생할 수 있습니다.

1.4. 국내에서 실제로 비트코인을 보유한 법인 사례가 있나요?

일부 국내 상장사들과 가상자산거래소들은 법인 명의로 가상자산을 보유하고 있습니다. 대표 사례는 아래와 같습니다.

기업명	보유 방식	주요 특징
비트맥스	직접 보유	2025년 8월 현재 약 551BTC를 보유하고 있습니다. 국내 상장사로는 최대 규모입니다. 2025년에 4차례 대규모 전환사채(CB)를 발행해 비트코인 매수자금을 확보했습니다. 애초 가상현실 기반 IT사업을 영위했지만 2025년부터 비트코인 투자 관련 보도가 많습니다.
위메이드	직접 보유	2022~2023년 공시에서 비트코인 등 가상자산을 직접 보유하고 있다고 밝혔습니다. 자체 발행한 WEMIX 생태계 운용 및 전략적 장기 보유가 목적입니다. 2024년 3분기 말 기준 약 223BTC를 보유하고 있습니다.
네오위즈	직접 보유	2024년 3분기 말 기준 약 123BTC 외에 이더리움, 테더 등 다양한 가상자산을 보유하고 있습니다.
가상자산거래소	직접 보유	업비트, 빗썸, 코인원, 코빗, 고팍스 등 원화마켓거래소들과 코인마켓거래소들이 고객 예탁 자산과 별개로 운영 자산 일부를 비트코인 등으로 보유 중입니다. 상장 가상자산의 거래 수수료 등과 관련되어 알트코인들도 보유하고 있습니다.
기타	직접 보유	2024년 3분기 말 기준 카카오(약 39BTC), 셀트리온(약 18BTC), 다날(약 15BTC), 넷마블(약 8BTC) 등이 가상자산을 보유하고 있습니다. LG전자, 롯데이노베이트, 네이버 등은 다양한 알트코인을 보유하고 있습니다.

1.5. 전문투자자 요건을 갖추면 가상자산 거래가 가능한가요?

공식적 허용: 금융위원회의 2025년 2월「법인의 가상자산 시장 참여 로드맵」에 따르면, 전문투자자 요건을 갖춘다고 해서 가상자산 거래가 자동으로 보장되는 것은 아니지만, 국내 거래소 접근 가능성이 제도권 내에서 공식적으로 열리는 것으로 보는 것이 적절합니다.

상장사 예외: 특히 상장사의 경우에는 별도의 전문투자자 등록 절차 없이, '상장사'라는 지위만으로도 법인 로드맵에 따라 거래가 허용될 예정입니다.

요건: 자본시장법 시행령 제10조 제3항 제16호에 따라, 외부감사 대상 주식회사는 금융투자상품 잔고 50억 원 이상, 그 외 법인은 100억 원 이상이어야 전문투자자로 등록할 수 있습니다.

거래소 반응: 일부 국내 거래소는 자금세탁 리스크가 낮은 '전문투자자 등록 법인'에 대해 거래 허용을 검토하고 있습니다. 이는 거래소 내부통제기준 및 FIU 대응 전략에 따라 '전문투자자 등록 여부'를 하나의 안전판으로 활용하는 것입니다.

한계: 상장사의 경우 공식적으로 허용될 예정이지만, 구체적 법률 조항으로 명문화된 것은 아니며, 실제 적용은 거래소의 내부 규정 및 감독당국의 해석에 따라 달라질 수 있습니다. 또한, 전문투자자 등록 시 유효기간은 2년이며, 상장사가 가상자산을 보유할 경우 공시 및 감사 대응 부담이 따릅니다.

1.6. 비상장기업이나 소규모 기업은 투자 자체가 불가능한가요?

법률상 제한 없음: 법적으로 비상장 또는 소규모 기업이 가상자산을 보유하지 못한다는 조항은 없습니다.

현실적 어려움: 그러나 현실적으로는 거의 불가능하거나 극히 제한된 상황입니다. 주요 장벽은 다음과 같습니다.

- **실명계정 발급 불가** (대부분 은행 거부)
- **거래소 접근 제한** (자금세탁 위험 이유로 비상장 소형 법인 수용 안 함)
- **내부통제 부족** (자산 보관, 회계처리, 사고 대응 시스템 미비)
- **세무 리스크** (자산 분류, 손익 인식 전문성 부족으로 세무조사 가능성 증가)

AML 측면 고위험군 분류: FIU, VASP, 은행 등은 비상장·소규모 법인을 AML 고위험군으로 간주하며, 자금 운용이 사업보다 우선하거나 불법 자금 세탁에 이용될 우려가 있다고 봅니다.

해외법인 통한 우회 보유: 자산 규모가 작고 국내 규제 회피 부담이 크다면, 두바이(DMCC 등), 아부다비(ADGM) 등에서 소형 Freezone 법인을 설립하여 투자하는 것이 더 현실적인 대안입니다.

1.7. 법인이 가상자산으로 비용을 결제하거나 지급해도 되나요?

법적으로는 가능: 현행법상 가상자산을 비용 지급 수단으로 사용하는 것을 금지하는 조항은 없습니다. 따라서 용역 대가, 개발비, 자문료 등을 가상자산으로 지급하는 것은 형식상 허용됩니다.

실무상 사례: 블록체인 관련 스타트업들은 개발자에게 이더리움 지급, 온체인 수수료 정산, 글로벌 파트너에게 토큰으로 마케팅비 제공 등 실제로 가상자산을 활용하고 있습니다.

주의할 실무 포인트

- **자금 출처 증빙:** 가상자산 지급 전 매입 방식과 원화 교환 내역 등을 명확히 기록해야 합니다.
- **지급 내역 보고:** 외부감사 또는 세무조사 시 지급 내역의 실체와 시가 기준을 증빙해야 합니다.
- **환산 기준:** 지급 당시의 원화 환산 기준을 기록해야 합니다.
- **세무 처리:** 비용 인정 여부는 거래의 실체와 가치에 따라 국세청 해석이 다를 수 있습니다.

내부통제 문서화 필수: 지급 요청 및 승인 절차, 지급 대상 및 주소 확인, 환산 기준, 블록체인 전송 기록 등 내부통제 체계를 문서화해야 합니다.

위험이 큰 영역: 국내 법인의 가상자산 결제는 명시적으로 금지되지는 않지만, 법정통화가 아니므로 법적 효력이 불안정하며, 회계상 평가 및 손익 인식 문제, 세무상 비용 인정의 어려움, AML 및 내부통제 리스크가 매우 큽니다.

1.8. NFT 같은 가상자산은 상대적으로 보유가 더 쉬운가요?

더 쉽지 않음: 기술적으로는 보유가 가능하지만, 법적·회계적 해석이 더 복잡하여 실제 보유와 운용에는 더 까다로운 요소들이 많습니다.

NFT

- **활용 사례:** 마케팅, 멤버십, 로열티 프로그램, 콘텐츠 사업 등에서 법인이 직접 발행하거나 보유하는 사례가 존재합니다.
- **법적 지위:** 국내에서는 NFT를 법적으로 별도로 정의하고 있지 않으며, 실질적으로 가치를 가진다면 다른 가상자산과 동일한 회계·세무 규제를 받을 가능성이 큽니다.

보유의 어려움: NFT는 거래소 상장 코인처럼 가격 기준이 명확하지 않고, 자산 평가 및 손익 인식 기준이 존재하지 않으므로 외부감사 또는 세무조사 시 더 많은 설명이 요구됩니다.

활용 목적의 중요성: 투자 목적보다는 기술적/사업적 활용 목적을 분명히 해야 리스크를 줄일 수 있습니다. 단순 투자 목적일 경우 투자 규제·세무 리스크가 확대됩니다. 국세청은 NFT도 과세 대상이라는 입장입니다.

1.9. 가상자산을 보유할 때 회계와 세무는 어떻게 처리하나요?

명확한 구분 필요: 회계상으로는 일반적으로 '무형자산'으로 분류되며, 세법상 과세 시점과 손금 인정 시점은 회계기준과 반드시 일치하지 않습니다. 기업은 회계와 세무를 명확히 구분하여 설계해야 합니다.

항목	회계처리 (K-GAAP/-IFRS)	세무 처리 (법인세법상)	설명
분류	무형자산 원칙, 요건 충족 시 재고자산, 금융자산 등	실현 손익 기준 과세 (단, 해외 소재 가상자산 계좌는 해외금융계좌 신고 대상에 포함)	가상자산은 무형자산 등으로 분류되나, 세무상으로는 취득 시 자산화 가능하며, 손익은 실현 시점에 과세됩니다.
최초 인식	취득원가로 자산화	취득원가로 자산화	
평가 방식	비용모형 적용 (재평가모형 불가)	평가 손실 손금 불인정	공정가치가 장부가보다 낮아지면 손상차손을 인식하지만, 세무상으로는 처분 전까지 평가 손실을 손금으로 인정하지 않습니다.
평가 이익	인식 불가 (처분 전까지)	과세 대상 아님 (단, 해외 소재 가상자산 계좌는 해외금융계좌 신고 대상에 포함)	회계상 평가이익은 처분 전까지 인식할 수 없습니다. 단순 보유 상태에서는 과세 대상이 아닙니다.
처분 손익	인식	과세 (수익으로 인식)	가상자산을 처분하거나 교환할 때 양도차익이 발생하면 세무상 과세 대상이 됩니다.

사업 사용	업무 관련성 입증 시 비용 인정	사업 목적 외 사용 시 손금 부인	가상자산을 사업 목적으로 사용 시 비용으로 인정될 수 있으나, 세무상으로는 업무 관련성이 중요하며, 목적 외 사용 시 손금 부인될 수 있습니다.
VAT	가상자산 자체는 비과세 (금융자산 취급)	가상자산을 대가로 한 용역/재화 제공 시 과세	가상자산 자체는 부가가치세 과세 대상이 아닙니다.

※ **세무처리 관련:** 가상자산은 2022년 1월 1일 이후 신고 의무가 발생하는 경우부터 해외금융계좌 신고 대상에 포함되며, 2023년 6월에 첫 신고 대상이 되었습니다. 따라서 법인이 해외에 가상자산 계좌를 보유하는 경우 관련 법규를 준수해야 합니다.

1.10. 해외법인을 통해 보유하면 국내법 위반인가요?

원칙적으로 허용: 해외법인을 통해 가상자산을 보유하는 것 자체가 국내법을 직접 위반하는 것은 아닙니다. 국내 법인이 해외 자회사를 설립하는 것은 합법적이며, 해당 자회사가 현지 법령에 따라 가상자산을 보유하는 것도 가능합니다.

리스크 발생 조건: 그러나 다음과 같은 조건에서는 리스크가 발생할 수 있습니다.

- **우회 투자 구조:** 해외법인이 국내 본사의 지시에 따라 운영되며, 국내 자산을 해외로

우회 투자한 경우, 실질과세 원칙 또는 외국환거래법 위반 위험이 발생할 수 있습니다. 이는 국적과 관계없이 국내에 생활의 근거가 있는 자가 국외에서 거주자 또는 내국법인의 임직원이 되는 경우 국내에서 파견된 것으로 보아 한국의 거주자로 간주될 수 있는 등 경제적 실질에 따라 판단될 수 있습니다.

- **자금세탁 위험:** 해외법인을 통한 가상자산 매입이 출처 불분명 자금의 은닉 또는 세금 회피 수단으로 이용될 경우, 특정금융정보법 및 외국환거래법상 조사 대상이 될 수 있습니다.

- **공시 및 회계 이슈:** 연결재무제표 기준으로 해외 자회사의 가상자산 보유도 본사에 반영되어야 하며, 회계처리 및 공시 누락 시 회계부정으로 간주될 수 있습니다.

- **세무 신고 누락:** 해외 자회사가 낸 수익이나 보유자산을 한국 세무당국에 신고하지 않으면 해외금융계좌신고 의무 위반 가능성이 있습니다. 특히, 국내 거주자 또는 내국법인은 매월 말일 중 어느 하루라도 해외금융계좌 잔액 합계가 5억 원을 초과하는 경우 다음 해 6월 1일부터 30일까지 신고해야 합니다. 또한, 특수관계인 간의 국제거래(예: 한국 본사와 UAE 자회사 간 자금 거래) 시 정상가격 원칙이 적용되며, 인위적인 가격 조정으로 소득이 이전되는 경우 이전가격 과세 문제가 발생할 수 있습니다. 한국은 다자간 금융정보자동교환 협정(CRS MCAA)에 서명하고 UAE를 포함한 다수 국가와 금융 정보를 자동 교환하고 있으므로, 신고 누락 시 적발될 가능성이 높습니다.

해외금융계좌 신고 의무 강화

- 한국 거주자(개인) 또는 내국법인은 해외금융회사에 개설된 해외금융계좌를 보유한 경우 신고 의무가 있습니다.
- 신고 대상 계좌에는 예금, 증권, 파생상품 계좌 외에 가상자산 및 이와 유사한 자산의 거래를 위해 개설된 계좌가 포함됩니다. (2022년 1월 1일 이후 신고 의무 발생분부터 적용, 2023년 6월 첫 신고 대상)

- 신고 기준은 해당 연도의 매월 말일 중 어느 하루라도 보유 계좌 잔액 합계액(복수 계좌 합산)이 5억원을 초과하는 경우입니다.
- 신고 시기는 다음 해 6월 1일부터 30일까지입니다.
- 신고 의무 불이행과 관련 최고 20억 원까지 포상금이 지급될 수 있는 신고포상금 제도가 운영되고 있어 주의가 필요합니다.

국제거래에 대한 과세 제도 적용

- **'국제거래'의 정의:** 한국 법인이 해외법인과 가상자산의 매매, 임대차, 용역 제공, 금전 대출·차용 등 손익 및 자산과 관련된 모든 거래를 하는 경우, 이는 '국제거래'로 간주됩니다. 이는 거래 당사자의 한쪽 또는 양쪽이 비거주자 또는 외국법인인 경우에 해당합니다.
- **조세조약의 적용:** 한국은 99개국과 조세조약을 체결하고 있으며, 이는 국가 간 과세권 배분, 국제적 이중과세 방지 및 조세 회피 방지를 목적으로 합니다. 따라서 해외법인과의 거래 시 해당 국가와의 조세조약을 반드시 검토해야 합니다.
- **이전가격(Transfer Price) 원칙:** 거주자(한국 법인)와 국외특수관계인(해외 자회사) 간의 국제거래 가격이 정상가격(Arm's Length Price)보다 낮거나 높은 경우, 과세당국은 정상가격을 기준으로 과세표준 및 세액을 결정하거나 경정할 수 있습니다. 이는 가상자산 거래에도 동일하게 적용될 수 있습니다.
- **국가 간 조세행정 협력:** 한국은 조세조약 외에도 다자간 조세행정공조 협약(136개국) 및 다자간 금융정보자동교환 협정(CRS MCAA, 110개 관할권)에 참여하고 있습니다. 이를 통해 한국 세무당국은 해외 금융 정보를 자동 교환받을 수 있으므로, 해외법인을 통한 자산 보유 및 거래 내역이 투명하게 관리되고 신고되어야 합니다.

실질과세 원칙: '형식보다 실질을 본다'는 원칙은 해외법인을 통한 보유라도 '국내법의 우회 회피'로 간주될 수 있음을 의미합니다.

1.11. 법인이 가상자산을 펀드나 간접 투자로 보유할 수 있나요?

현실적인 경로: 법인이 가상자산을 직접 보유하지 않고 펀드나 간접 투자로 접근하는 방식이 더 적법하고 현실적인 경로로 여겨집니다. 국내 법령이나 실무 관행상 직접 보유보다 규제 리스크가 낮습니다.

투자 방식	설명	가능성 및 제한사항
가상자산 ETF 투자	미국, 캐나다 등에서 상장된 비트코인 ETF (예) BlackRock) 등에 투자	한국 법인도 해외 증권 투자 가능하나, 해외 증권계좌 개설 및 외환 신고 요건 충족 필요
TRS (총수익스왑)	금융기관을 통해 기초자산 가격 변동에 따른 수익만 수취	국내 대형 법인, 증권사와 계약 필요. 전문투자자 요건 요구될 수 있음
파생상품 투자 (선물 등)	CME 등에서 거래되는 BTC/ETH 선물 등에 대한 노출	국내에서는 직접 참여 어려움. 외국 계좌 활용 시 외환 신고 및 파생 한도 주의
가상자산 펀드 (사모형)	외국계 헤지펀드, 사모펀드가 운용하는 코인 기반 펀드	국내 판매 불가. 해외법인 통해 투자하거나, 외화 자산 투자 구조 활용
지분 간접 보유	코인 보유 기업 (예) Coinbase, Strategy)의 주식 투자	간접적 노출 가능. 일반 주식 투자로 분류되어 규제 리스크 낮음

1.12. 임직원 명의로 매입하고 법인 자산화하는 것은 문제가 되나요?

매우 위험: 임직원이 본인 명의로 매입한 가상자산을 법인 자산으로 간주하는 것은 원칙적으로 매우 위험하며, 불투명한 거래로 간주될 수 있습니다.

주요 위험:

- **명의신탁 문제:** 임직원이 본인 명의로 매입했지만 실소유자가 법인일 경우 '명의신탁'으로 간주될 수 있습니다.
- **회계 불인정:** 법인 명의 자산이 아니면 기업 회계기준상 자산으로 계상하기 어렵고, 법인 소유 증명이 어렵습니다.
- **세무상 증여 간주:** 임직원이 보유한 자산을 법인에 이전하면 무상 양도 시 증여세, 유상 양도 시 시가 판정 및 부가세 이슈가 발생할 수 있습니다.
- **금전대여/횡령 간주:** 임직원이 법인을 대신해 자금을 사용한 경우 금전대여, 횡령, 유용으로 판단될 수 있습니다.
- **내부통제 문제:** 임직원 지갑을 통해 법인 자산 관리 시 내부통제 및 감사 이슈가 발생합니다.

정당한 구조: 가상자산을 법인 명의로 보유하려면 법인 명의 지갑 생성, 매입 자금 흐름 명확화, 회계 인식 및 세무 신고 구조 확립, 지갑 관리자와 커스터디 책임 구분 등 소유권이 명확한 법인 명의 구조여야 합니다.

2

UAE 법인 통한 가상자산 투자 Q&A: 설립·투자·계좌·송금

2.1. UAE(두바이·아부다비)에 법인을 세우면 비트코인을 살 수 있나요?

합법적 가능: UAE(특히 두바이와 아부다비)에서는 법인을 세운 후 일정 조건을 갖추면 합법적으로 비트코인, 이더리움 등 가상자산을 매입하고 보유할 수 있습니다.

가능한 이유

- **명시적 금지 규정 없음:** UAE는 '법인의 가상자산 보유' 자체를 막는 법률이 없습니다.

- **규제 프레임워크 존재:** 두바이는 VARA, 아부다비는 FSRA 등 감독기관을 통해 가상자산 거래 및 보유 관련 제도를 정비해 왔습니다.
- **외화 통제 없음:** UAE는 외환 통제가 없어 자유로운 자금 이동이 가능하며, 이는 현지에서 발생한 가상자산 수익을 한국으로 송금하는 데 유리한 환경을 제공합니다. 따라서 법인 계좌에서 자유롭게 거래소 입출금이 가능합니다.
- **외국인 투자 친화적 환경:** UAE는 외국인 100% 지분 소유가 가능하며, 다수의 자유무역지대(프리존)가 낮은 세금, 간소화된 법인 설립 절차 등의 혜택을 제공하여 외국인 투자를 적극 유치하고 있습니다.
- **정부의 디지털 산업 육성 의지:** UAE 정부는 AI 산업을 미래 성장 동력으로 적극 육성하고 데이터 활용 분야에 대한 투자와 지원 정책을 가속화하고 있어 가상자산에 친화적인 환경이 조성되어 있습니다.
- **현지 거래소 접근 가능:** Binance UAE, BitOasis 등 현지 라이선스를 받은 거래소에 법인 계좌를 개설해 운용할 수 있습니다.

매입 조건

- **적절한 법인 설립지 선택:** 두바이의 DMCC, IFZA, DIFC, 아부다비의 ADGM, 라스알카이마(RAK DAO) 등 프리존(Free Zone) 법인이 일반적입니다.
- **라이선스 유형 확보:** 관할지에 따라 차이가 있습니다. 두바이 DMCC·RAK DAO 등 VARA 관할 일부 프리존은 상업 라이선스만으로 허용하기도 합니다. 그러나, 두바이 DIFC(DFSA 별도 관할)와 아부다비 ADGM(FSRA 관할)은 자기자본만을 이용한 순수한 자체 거래는 인가 대상에서 제외될 수 있으나, 시장조성이나 제3자 자금 운용 등은 인가가 필요합니다. 또한, 두바이의 VARA 관할 지역은 자기자금 거래가 일정 규모(30일 누적 2.5억 달러 초과) 이상이면 NOC(No Objection Certificate)가 요구됩니다.

- **법인 은행 계좌 개설:** 현지 또는 글로벌 은행에서 법인 명의 계좌를 개설하고 거래소와 연동해야 합니다.

- **등록 거래소 이용:** Binance UAE, BitOasis 등 현지 등록 거래소를 이용해야 합니다.

유의할 점

- **세무 고려 필요:** 2023년 6월 1일 이후 시작되는 회계연도부터 UAE에도 연방 법인세가 발효되었으며, 과세소득 AED 37만5000(약 10만 달러) 미만은 0%, 초과분은 9%의 세율이 적용됩니다. 특히 프리존 내 적격 사업자(Qualifying Free Zone Person, QFZP)는 적격 소득에 대해 0% 세율을 적용받을 수 있으나, 비적격 소득에는 9% 세율이 적용되므로 세무 계획 시 유의해야 합니다. 가상자산 소득도 법인세 대상이 될 수 있습니다. 또한 프리존 기업은 2026년 12월 31일 이전 과세 기간 동안 수익이 AED 300만(약 81만 달러) 미만일 경우 소규모 기업 감면 혜택을 받을 수 있습니다.

- **자금세탁 리스크:** 한국 기업이 국내 지시로 운영하며 자금 흐름이 불분명할 경우 국제 공조를 통한 제재 가능성이 있습니다.

2.2. UAE에서 반드시 라이선스를 받아야 하나요?

사업 목적 시 필수: UAE에서는 고객 자산 수탁(커스터디), 중개, 거래 대행, 거래소 운영, ICO 발행, DAO 운영 등 '가상자산 사업 행위'를 하는 경우 반드시 관련 라이선스를 받아야 합니다.

자체 보유 목적(Prop Trading): 법인이 자기자금으로만 가상자산을 매입·보유하는 경우, 관할에 따라 인가 필요 여부가 다릅니다. DMCC·RAK DAO 등 일부 프리존은 단순 사업 목적 등록이나 기본 상업 라이선스로 허용하기도 하지만, DIFC(DFSA)와 ADGM(FSRA)의 경우, 자기자본만을 이용한 순수한 자체 거래는 인가 대상에서 제외될 수 있으나, 시장조성이나 제3자 자금 운용 등은 인가가 필요합니다.

따라서 단순 보유 목적이라도 어느 관할에서 설립하느냐에 따라 규제 강도가 달라집니다.

2.3. 프라이버시 코인이나 스테이블코인은 투자하면 안 되나요?

항목	투자 가능 여부	주의 사항
프라이버시 코인 (익명성 코인)	매우 제한적 / 사실상 금지	AML·CFT(자금세탁 및 테러 자금조달 방지) 문제로 대부분 국가·거래소에서 제한됩니다. UAE에서도 AML 위험이 큰 자산으로 분류되어 거래 불허 또는 거래소 상장 금지됩니다.
스테이블코인 (Stablecoin)	가능하나 주의 필요	발행 구조, 규제 이슈에 따라 회계·세무·법률 리스크가 존재합니다. USDT(Tether)는 준비금 불투명성 등 위험 요인이 있으며, 알고리즘 스테이블코인은 피해야 합니다.

※ **프라이버시 코인(익명성 코인)**은 거래 내역이 외부에 드러나지 않도록 설계된 익명성과 프라이버시 중심의 가상자산을 의미합니다. 일반적인 비트코인이나 이더리움은 거래 기록이 블록체인에 공개되어 있어 주소 추적이 가능하지만, 프라이버시 코인은 이를 기술적으로 차단하거나 위장합니다.

2.4. UAE에 법인을 설립하려면 어떤 절차가 필요한가요?

프리존 설립 일반적: 가상자산 관련 기업은 VARA(두바이) 또는 FSRA(아부다비)의 관할을 받는 프리존(Free Zone)에 설립이 일반적입니다. UAE는 50개 이상의 프리존을 보유하고 있으며, 이들 프리존은 외국인 100% 지분 소유, 법인세 및 수출입 세금 면제, 첨단 인프라 활용, 글로벌 물류 연계성 등의 혜택을 제공하여 외국 기업에 유리한 비즈니스 환경을 조성합니다.

구분	주요 특징	라이선스 발급 예시 지역
본토 (Mainland)	외국인 100% 지분 가능 (2021년 이후)	일반 사업자에게는 불가
프리존 (Free Zone)	별도 자치구역, 외국인 100% 소유 가능, 라이선스 특화	DMCC, ADGM 등 특화된 구역에서 가능
오프쇼어 (Offshore)	UAE 내 사업 활동 불가, 자산 보유·지주회사 목적	거래소 계좌 개설·투자 불가

※ **UAE에서 본토(Mainland), 프리존(Free Zone), 오프쇼어(Offshore)**는 법인 설립 방식에 따라 구분되는 세 가지 기업 유형입니다.

구분	본토 (Mainland)	프리존 (Free Zone)	오프쇼어 (Offshore)
정의	UAE 정부(에미리트별 경제부)에 등록된 일반 내수 기업	특정 지역에 설립되는 경제특구 내 기업	사무실 없이 설립되는 해외 비즈니스 전용 법인
해당 사업	UAE 전역에서 영업 가능한 일반 내수 기업	외국인 100% 지분 + 지정된 지역 내 사업	물리적 사무소 없이 해외용 법인
지분 구조	과거에는 UAE 국민 51% 요구, 현재는 일부 업종 제외	외국인 100% 소유 가능	외국인 100% 소유 가능
영업 범위	UAE 전역 및 해외	프리존 내와 해외 (UAE 본토 거래는 제한)	UAE 내 영업 불가, 해외 전용
예시 지역	아부다비, 두바이 전역	DMCC, ADGM, DIFC, DWTC, RAKEZ 등	JAFZA Offshore, RAK ICC 등
장점	- 공공기관 계약 가능 - UAE 로컬 B2C 영업 가능	세제 혜택, 외환 제한 없음, 설립 간편	법인세 면제, 프라이버시 보호, 설립 간단
단점	- 설립 절차 복잡 - 규제 엄격	가상자산 거래 목적 은행계좌 개설 어려움	UAE 내 영업 불가, 은행계좌 개설 어려움

설립 절차 (DMCC 또는 ADGM 예시)

① **사전 준비:** 사업 목적 결정, 라이선스 범위 확인, UAE 내 로컬 컨설턴트/법무법인 협력사 선정

② **회사명 및 구조 설정:** 상호명 승인, 자본금 구조, 주주 구성 설정

③ 라이선스 신청:

- 자기자산 운용(Proprietary Trading) 목적
  - 주요 프리존(DMCC·RAK DAO): 일반 상업 라이선스로 가능
  - 두바이(VARA): NOC 발급 필요
- 영업 목적(중개·커스터디·거래소 운영 등)
  - 정식 가상자산 라이선스 신청 필수
  - AML/CFT 내부통제 시스템, 지갑 관리 프로토콜, KYC 정책 등 관련 문서 제출 요구

④ 법인 등록 및 계좌 개설: 설립 서류 제출, 임시 법인 설립 인가서 발급, 라이선스 승인 후 정식 등록

⑤ 사무실 임대 및 실체 요건 충족: 프리존에 따라 가상오피스 불가, 현물 사무실(공유 또는 플렉스 데스크 포함) 필수, 실제 직원 채용 요구될 수 있음 (특히 ADGM)

소요 기간 및 비용(평균)

- **컨설팅 및 서류 준비:** 약 12주가 소요되며, 비용은 평균적으로 2,000달러에서 5,000달러 사이입니다. 이는 법인 설립을 위한 초기 자문과 필요한 서류를 준비하는 단계입니다.

- **라이선스 심사:** 가장 긴 시간이 소요될 수 있는 단계로, 평균 24개월이 걸리며, 비용은 15,000달러에서 30,000달러 이상으로 예상됩니다. 특히 아부다비(FSRA)나 두바이(VARA)와 같은 규제기관에 가상자산 관련 라이선스를 신청하고 심사를 받는 과정은 AML/CFT 내부통제 시스템, 지갑 관리 프로토콜, KYC 정책 등 엄격한 문서 제출을 요구합니다.

- **법인 설립 및 운영비:** 법인 설립 후 초기 12개월간의 운영 비용은 평균 10,000달러에서 20,000달러 정도가 소요됩니다. 이 비용에는 설립 서류 제출, 임시 인가 발급, 정식 등록 등이 포함됩니다.

- **연간 유지비:** 그 외에 연간 약 10,000달러 내외의 유지비와 감사비 등 추가 비용이 발생할 수 있습니다. 특히 ADGM에서는 가상오피스 사용이 불가하며 실제 사무실(공유 또는 플렉스 데스크 포함)이 필수이며, 실제 직원 채용이 요구될 수도 있습니다.

실무 팁

은행 계좌 개설은 라이선스 없이는 매우 어려우므로 라이선스 우선, 사전 AML/CFT 매뉴얼 준비.

2.5. 법인 명의로 어떻게 비트코인을 실제 매입하나요?

3단계 실행 구조

UAE에서 법인 명의로 비트코인을 매입하려면 다음과 같은 3단계를 거쳐야 합니다.

1 법인 설립 + 상업 라이선스·인가 확보

- **주요 프리존**(RAK DAO 등): 자기자금 보유(Prop Trading)는 일반 상업 라이선스로 가능
- **두바이**(VARA): 자기자금 거래 시 NOC 발급 필요
- 외부 고객 대상 영업(중개·커스터디·거래소 운영 등)은 모든 관할에서 정식 가상자산 라이선스 필수

2 은행 계좌 개설 또는 OTC 파트너 확보

- **법인 명의 계좌 개설:** UAE 내 지정은행(Emirates NBD, Wio Bank 등) 또는 외국계 은행(HSBC Middle East 등)에서 법인 계좌를 개설합니다. 규제기관의 인허가 등이 필요한 경우, 가상자산 계좌 개설 전에 그 부분이 선결되어야 합니다.
- **OTC 브로커 또는 거래소 연동:** 법인 명의 계좌를 통해 OTC(장외거래) 브로커와 매입 계약을 체결하거나, Binance MENA, MidChains 등 현지 라이선스 거래소를 이용합니다. 은행을 통한 법정통화 송금 후 비트코인 등을 수취하는 방식이며, 은행이나 거래소가 사전에 법인 보관용 또는 커스터디 지갑 주소의 제출을 요구할 수도 있습니다..

3 자산 보관 체계 수립

- **법인 직접 지갑 운영:** 하드월렛(or 콜드월렛)에 보관할 경우, 자산의 관리 책임과 승인 권한을 명확히 하기 위해 이사회 결의서 작성이 요구되며, 보안성과 내부 통제 강화를 위해 멀티시그 구조 도입이 필요합니다.
- **커스터디 업체 이용:** VARA 또는 ADGM 등록된 커스터디 서비스(Hex Trust, Zodia 등)를 이용하는 것이 일반적이며, 이 경우에도 자산 소유는 법인 명의로 남습니다.

실무 팁

은행은 수익모델, 내부통제, AML 능력이 뚜렷해야 계좌 개설을 승인하며, 프라이버시 코인이나 미인가 스테이블코인 매입은 리스크가 있습니다. 거래 후에는 지갑 주소, 체인 ID 등 기록을 관리할 필요가 있습니다.

2.6. 어떤 은행이 계좌를 열어주고 어떤 서류가 필요한가요?

계좌 개설 가능한 은행: 가상자산 관련 계좌 개설이 가능한 은행은 일부로 제한되며, 가상자산 사업을 영위할 경우 UAE 관할 내 가상자산 관련 라이선스 문제를 먼저 해소해야 합니다.

- **Wio Bank(ADGM):** 디지털 은행으로 빠른 온보딩, 핀테크 친화적이며 계좌 개설이 가능합니다. (선별 심사)
- **Emirates NBD:** UAE 최대 상업은행으로 계좌 개설이 가능하지만 조건이 까다롭습니다.
- **RAKBANK, Mashreq Bank:** 중소기업 친화적이고 디지털화 수준도 높아 일반 기업 계좌 개설은 수월하지만, 가상자산 목적은 사전 협의가 필요합니다.
- **HSBC Middle East, UOB:** 글로벌 규제 준수에 엄격하면서도 아시아계 기업에 비교적 우호적이나, 가상자산 목적 계좌 개설은 제한적이거나 사실상 불가합니다.

계좌 유형: Business Current Account(법인 계좌)가 열리며, 통화는 AED 또는 USD입니다. (BTC 등으로 직접 입금은 불가)

필요 서류

- **법인 설립 관련 서류:** Trade License(사업자 등록증), Certificate of Incorporation(설립 증명서), MOA/AOA(정관), Shareholder List(주주 명부) 및 Board Resolution(이사회 결의서), Office Lease Agreement(실물 사무실 계약서 등)
- **실소유자 및 이사진 관련 서류 (UBO/KYC):** UBO(최종 수익자) 및 이사 전원의 여권 사본 + UAE Visa, 개인 주소 증명서류, 이력서 또는 경력 요약
- **AML/Compliance 관련 서류:** Business Plan(수익모델 및 자금 흐름 명시), AML/KYC Policy Statement(내부통제 방침), Source of Funds(자금 출처 증명), Projected Financials(1년 치 예상 손익 예측)

계좌 개설 절차: 예비 심사 → 서류 제출 + 이사회 결의서 → AML·CFT 심사 → 계좌 승인 → 초기 입금 → 운영 개시

유의 사항: '가상자산' 명시 없는 일반 무역 목적 법인은 계좌 개설 후 거래 차단 사례가 있으며, 실소유자가 한국 국적이고 금융·블록체인 등 가상자산 관련 경력이 전혀 없을 경우 거절 가능성이 있습니다.

2.7. UAE 법인을 만들어도 결국 국세청에 신고해야 하나요?

신고해야 할 가능성: 결론부터 말하면 '신고해야 할 수 있습니다.' UAE에 법인을 설립하여 가상자산을 보유하더라도, 한국 국세청의 '해외금융계좌 신고' 의무 및 국제공조제도(CRS, BEPS 등)의 적용 가능성 때문에 해외에서 보유한다는 의미만으로 모든 의무에서 자유로워지는 것은 아닙니다.

해외금융계좌 신고 의무 (국세청, 세무서)

적용 대상: 한국의 거주자(개인 및 법인 포함)가 해외 금융회사에 개설된 해외금융계좌를 보유하고 있으며, 해당 연도의 매월 말일 중 어느 하루라도 보유 계좌 잔액 합계가 5억 원을 초과하는 경우, 다음 해 6월 1일부터 30일까지 국세청에 해외금융계좌 정보를 신고해야 합니다.

- UAE 법인이 한국 법인의 해외 자회사(지배구조 50% 이상)로 간주되면 신고 대상이 될 수 있습니다.
- 개인 명의로 UAE 법인을 소유하고 있더라도, 실질적인 지배권이 한국 거주자에게 있다고 인정되면 과세당국은 이를 '명목 회피'로 판단하여 신고 의무를 부과할 수 있습니다.
- 2022년 1월 1일 이후 신고 의무 발생분부터는 가상자산 및 이와 유사한 자산의 거래를 위해 개설한 계좌도 신고 대상에 포함됩니다. 신고 대상 자산에는 현금, 주식, 채권, 집합투자증권, 보험상품, 가상자산 등 해당 해외금융계좌에 보유한 모든 자산이 포함됩니다.

- **신고 불이행 시 제재:** 신고 의무를 이행하지 않거나 과소 신고할 경우, 미·과소신고 금액의 20% 이하에 상당하는 과태료가 부과될 수 있습니다(20억 원 한도). 미·과소신고 금액이 50억 원을 초과하는 경우에는 명단 공개 및 2년 이하의 징역 또는 신고 의무 위반 금액의 13% 이상, 20% 이하에 상당하는 벌금에 처할 수 있습니다.

BEPS 2.0 및 CbCR 체계로 실질 소득 추적 가능성

- UAE는 조세정보 자동교환 협약(CRS)에 가입되어 있으며, 한국 역시 OECD BEPS(세원 잠식 및 소득 이전) 프로젝트 참여국입니다. 이 협정(CRS MCAA)을 통해 한국 세무당국은 UAE를 포함한 다수 국가와 금융 정보를 자동 교환합니다.
- 다음과 같은 정보가 자동 공유될 수 있습니다: 법인 소유구조, 실질소유자(UBO) 정보, 금융계좌 및 거래 내역, 배당·이자·양도소득 등
- 따라서 소득이 한국 거주자에게 귀속되는 것으로 판단되면, 설령 UAE에서 발생한 수익이라 하더라도 한국 과세당국의 추적을 피하기 어렵습니다.
- 특히, BEPS 2.0의 '글로벌 최저한세(Pillar Two)' 도입에 따라, 일정 매출 이상 다국적 기업은 UAE에서의 저세율 이익에 대해 한국에서 추가 과세를 적용받을 수 있습니다.
- 또한, CbCR(국가별 보고서) 제출 대상 기업(연간 연결 매출 한화 약 1조 원 이상 다국적 기업집단)의 경우, 각국 법인별 매출·세전이익·납세액·자산현황 등이 세무당국에 공유되므로, 단순 소득 이전이나 명목상 법인 설립만으로 과세 회피를 기대하기 어려워졌습니다.

세무 리스크 정리

- **우회 투자 구조 및 실질과세 원칙:** 해외법인이 국내 본사의 지시에 따라 운영되거나, 국내 자산을 해외로 우회 투자한 것으로 판단될 경우 '실질과세 원칙'에 따라 국내법 우회로 간주될 위험이 있습니다. 이는 국적과 관계없이 국내에 생활의 근거가 있는 자가 국외에서 거주자 또는 내국법인의 임직원이 되는 경우 국내에서 파견된 것으로 보아 한국의 거주자로 간주될 수 있습니다.

- **자금세탁 위험:** 해외법인을 통한 가상자산 매입이 출처 불분명 자금의 은닉 또는 세금 회피 수단으로 이용될 경우, 특정금융정보법 및 외국환거래법상 조사 대상이 될 수 있습니다.

- **공시 및 회계 이슈:** 연결재무제표 기준으로 해외 자회사의 가상자산 보유도 국내 본사에 반영되어야 하며, 회계처리 및 공시가 누락될 경우 회계 부정으로 간주될 수 있습니다.

- **국제거래에 대한 과세 제도 적용:** 앞의 1.10. 답변 참조

- **이중과세방지협정(DTA):** 이중과세방지협정은 체결되어 있지만, 과세권 귀속이 UAE 법인에 있음을 명확히 입증하지 못하면 한국에서 과세될 수 있습니다.

실무 조언

- 소득 귀속 구조(UBO, 배당 경로 등)를 명확히 설계해야 합니다.
- 해외금융계좌 신고 대상 여부를 세무사와 사전 검토해야 합니다.
- UAE에서 발생한 소득이 한국으로 유입되면 한국 과세 당국에 신고 및 과세될 가능성이 있다는 점을 반드시 고려해야 합니다.

2.8. 두바이와 아부다비는 어떻게 다른가요?

두바이와 아부다비는 모두 아랍에미리트(UAE)를 대표하는 경제 자유지대이자 국제 비즈니스 허브입니다. UAE는 7개의 토후국으로 이루어진 연방 국가이며, 아부다비는 수도이자 가장 큰 토후국으로 국토의 대부분과 석유·가스 매장량의 95%를 보유하고 있어 실질적인 리더 역할을 합니다. 두 도시 모두 석유 의존도를 줄이고 경제를 다각화하기 위해 노력해 왔습니다.

가상자산 법인 설립 및 투자 목적에 따라 두 도시 간에는 명확한 차이점이 존재하며, 그에 따른 선택 전략도 달라져야 합니다.

	두바이	아부다비
규제 기관의 차이	VARA가 가상자산 전담 규제기관입니다. 세계 최초의 가상자산 전담 규제기구로 알려져 있습니다.	ADGM 내 FSRA가 가상자산 관련 규제를 담당합니다.
관할 구역	두바이 전체 중 DMCC 등 주요 자유지대에서 VARA의 관할을 받습니다.	ADGM이라는 특수 금융 자유구역 내에서 FSRA의 관할을 받습니다.
접근성 및 성격	상대적으로 빠른 설립과 유연한 구조를 제공하며, 실용적인 접근 방식을 취합니다.	강력한 국제 규제와 인가 중심이며, 국제적 제도 정합성을 중시하는 보수적인 성격을 가집니다.

법인 설립 비용 및 속도

- **설립 비용:** 두바이가 비교적 저렴하며, DMCC 기준으로 연 1,000만~2,000만 원 수준입니다. 아부다비는 다소 고가로, ADGM 기준으로 연 3,000만 원 이상이 소요될 수 있습니다.
- **설립 속도:** 두바이는 빠르면 1~2개월 내에 라이선스 취득이 가능합니다. 아부다비는 상대적으로 느려 3개월 이상 소요될 수 있습니다.
- **외국인 지분:** 두 도시의 자유지대 모두 100% 외국인 지분 소유를 허용하므로, 로컬 파트너가 필수적이지 않습니다.

가상자산에 대한 정책 기조

- **두바이 VARA:** 스테이블코인, NFT, 메타버스까지 포괄하는 광범위한 접근을 취하며, 자산 보관(Custody), 브로커리지, 자산 관리 등 라이선스를 세분화하여 제공합니다. Binance, OKX 등 주요 글로벌 거래소를 유치한 바 있습니다.
- **아부다비 ADGM/FSRA:** 영미권 금융감독체계에 가까운 구조로, 기존 금융규제에 맞춘 가상자산 라이선스를 제공합니다. 주로 기관투자자, 신탁, 자산운용사 중심의 정책을 펼칩니다.

실무자 관점 비교 요약

평가항목	두바이 (실용 중심)	아부다비 (제도 중심)
기업 설립 유연성	★★★★★	★★★☆☆
라이선스 취득 용이성	★★★★☆	★★☆☆☆
제도 신뢰성	★★★★☆	★★★★★
글로벌 제휴 환경	★★★★☆	★★★★★
스타트업/중소기업 적합성	높음	낮음
기관투자자 적합성	중간	매우 높음

어디가 더 나은가?

- **두바이**는 스타트업, 중소기업에게 유리하며, 유연한 사업구조와 빠른 라이선스 취득을 원하는 경우 검토할 수 있습니다.
- **아부다비**는 강력한 제도 신뢰성을 바탕으로 기관투자자나 보다 보수적이고 국제적인 정합성을 중시하는 투자자에게 적합합니다.
- 추가적으로, UAE는 2023년 6월부터 법인세(9%)를 도입했지만, 프리존 내 적격 사업자에 대해서는 특정 요건 충족 시 0%의 세율을 적용하는 등 외국인 투자 유치를 위한 인센티브를 제공하고 있습니다. 소득세는 없으며, VAT는 5%입니다.

2.9. 지갑을 직접 관리해도 되나요, 아니면 커스터디에 맡겨야 하나요?

UAE에서 설립된 법인이 가상자산을 보유할 때, **지갑 관리 방식은 크게 ① 자체 보관**(Self-custody)**과 ② 수탁**(커스터디) **서비스 이용**으로 나뉘며, 선택에 따라 규제와 실무 조건이 달라집니다.

자체 지갑 보관(Self-custody)**은 가능하지만 제약이 존재**합니다.

- **가능 여부:** 원칙적으로 두바이(VARA)와 아부다비(FSRA) 모두 법인이 자체 지갑을 보관하는 것을 금지하지는 않습니다. 법인 명의로 하드월렛(or 콜드월렛)을 운영하는 것도 가능하며, 이 경우 이사회 결의서나 이중 서명 구조가 필요합니다.

- **제약 조건:**
  - 라이선스 유형(예 가상자산 투자/거래/보관 등)에 따라 허용 범위가 달라질 수 있습니다.
  - 고객 자산을 관리하거나 제3자와 계약하는 경우, 반드시 커스터디 의무가 발생합니다.

- **주요 리스크:**
  - **내부 보안 취약점:** 자체 보관 시 해킹이나 내부 유출 등 사고 발생 시 법인이 모든 책임을 부담해야 합니다.
  - **감사 및 보고 이슈:** 감사 시 자산 보관 체계에 대한 설명이 미비하면 감사 의견에 부정적인 영향을 미칠 수 있습니다.

- 즉, **자체 보관은 가능하지만 공시, 감사, 내부통제, 보험 등 복합적인 리스크**에 대비해야 하며, 일정 규모 이상의 기업은 보통 커스터디를 선택하는 것이 일반적입니다.

커스터디 이용은 제도상 가장 권장되는 방식입니다.

UAE에서 이용 가능한 커스터디 서비스 예시

- **Hex Trust:** 홍콩 기반이며 두바이 VARA에 등록되어 있습니다.
- **Copper:** 영국 기반이며 ADGM에 진출했습니다.
- **Fireblocks:** 기관형 MPC 기반 지갑 서비스를 제공합니다.
- **Zodia Custody:** 스탠다드차타드 계열사로 아부다비 인가 절차를 진행 중입니다.

장점

- **보험 가입:** 보통 수백억 원 이상의 보장 금액으로 가상자산 손실 위험을 줄일 수 있습니다.
- **내부자 해킹 위험 제거:** 외부 전문 기관이 관리하므로 내부자 위험이 줄어듭니다.
- **감사 대응 시 안정성:** 제도적으로 인정된 방식으로, 회계감사 시 안정적인 구조로 인정받을 수 있습니다.
- **고객 신뢰 확보:** 특히 기관 거래 시 필수 요건으로, 고객 및 파트너의 신뢰를 확보하는 데 중요합니다.

실무 기준 정리: 언제 어떤 방식이 적합한가?

상황	 자체 지갑 보관	 커스터디 이용
스타트업·소규모 자산 운용	현실적 선택 (보안 리스크)	비추천 (비용 부담)
10억 원 이상 보유 계획	위험 부담 큼	강력 권장
고객 자산 보유 (브로커, 운용사)	불가	필수
회계·감사 대응 필요 시	비추천	안정적
UAE 규제기관 등록 전	임시 허용	상황에 따라 제한 가능

2.10. UAE에서도 법적 제재를 받을 수 있나요?

'허용국'이지 '비규제국' 아님: UAE는 가상자산에 친화적인 관할권이지만, 명확한 라이선스 체계가 운영되고 있으며, 법인의 행위가 규제에 어긋나면 법적 제재나 라이선스 박탈 등 행정처분을 받을 수 있습니다.

주요 규제기관

- **두바이:** VARA(Virtual Assets Regulatory Authority)
- **아부다비:** FSRA(Financial Services Regulatory Authority)
- **DIFC:** DFSA(Dubai Financial Services Authority)

제재 사유

- **라이선스 없는 사업 행위:** VARA 또는 FSRA 등록 없이 가상자산 거래 중개, 투자, 커스터디, 발행 등을 수행하면 벌금, 라이선스 취소, 형사처벌이 가능합니다.
- **AML/CFT 위반:** 고객 확인 절차 생략, 의심거래 보고 누락 시 최대 수백만 AED 벌금 및 사업 정지
- **허용되지 않은 자산 거래:** 프라이버시 코인(Monero, Zcash 등)은 일부 자유지대에서 불허되며, 미인가 스테이블코인 거래도 금지될 수 있습니다.
- **지속적인 보고 의무 미이행:** 가상자산 보유 현황, 거래 내역, 내부통제 체계 등을 주기적으로 보고해야 합니다.

단순 보유 관련 제재: 단순 보유 자체는 규제 대상이 아니며, 사업 목적 여부와 보유 규모가 핵심입니다. 하지만 대외 매입 대행, 직원/협력사 대상 지급 수단 활용, 수익 창출 목적의 반복 매매 등은 사실상 사업으로 간주될 수 있습니다.

2.11. UAE에서 받은 수익이나 시세차익은 어떻게 송금하고 신고하나요?

송금 가능: UAE는 외환 거래 통제가 없는 자유로운 자금 이동 국가이므로, 현지에서 가상자산을 매각한 후 한국 계열사 또는 본사 계좌로 송금하는 것이 가능합니다. 단, 은행은 자금 출처 및 용도 증빙을 요청할 수 있습니다.

한국에서의 세무 신고: 송금 목적과 방식, 국내 법인의 회계 및 세무 처리 여부에 따라 신고 의무와 과세 여부가 달라집니다.

상황	세무상 판단	신고 및 과세
한국 법인이 UAE 법인을 100% 보유	해외 자회사 수익	해외 투자 보고 의무 + 배당 소득 등 과세 가능성
UAE 법인 수익을 한국으로 배당 송금	배당 소득 인식	법인세 과세 대상 (일부 외국 납부 세액 공제 가능)
송금액이 원금 회수 명목	과세 대상 아님	초기 투자 금액, 이자가 아님을 증빙해야 합니다.
UAE 법인을 실질적으로 국내에서 지배/관리	역외 법인 간주 가능	국내 세법상 국내 법인으로 간주되어 전면 과세 가능성이 있습니다.

- **해외금융계좌 신고 의무:** 앞의 1.10. 및 2.7. 참고.
- **역외 법인 간주 가능성:** 단순히 UAE 법인 설립에 그치지 않고, 한국 본사(내국법인)가 UAE 법인의 사업 활동을 실질적으로 국내에서 지배/관리하는 것으로 판단될 경우, UAE 법인의 수익이 한국 법인의 수익으로 간주되어 국내 세법상 전면 과세될 가능성이 더욱 커집니다. 이때, 국내 법인과 해외법인 간의 거래는 '국제거래'로 정의되며, 이전가격 적용 등 국제 조세 규정이 적용될 수 있습니다.

외국환거래법상 신고 요건

- **해외 직접 투자 신고:** 투자 시 한국 법인이 해야 합니다.
- **해외 현지 법인 수익 송금:** 송금 시 UAE 법인이 외화 수취 신고(은행 및 관세청 기준)를 해야 합니다.
- **조세 회피국 지정 여부 확인:** 현재 UAE는 조세 회피처로 분류되지 않지만, 자금세탁 방지 기준상 고위험 국가로 간주될 경우 은행별 심사가 강화될 수 있습니다.

- **실무상 고려 사항:** 현지 회계감사 및 세금 납부 내역 확보, 정기적 외화 자산 신고(해외금융계좌 신고 대상 여부 확인), 한국 본사 수령 시 회계처리 명확화(이익 배당 vs. 투자금 회수)가 필수입니다.

3

가상자산 과세 Q&A: 양도·대여·NFT·스테이킹

3.1. 가상자산 양도·대여 소득 과세 시기는?

▌ **2027년 1월 1일 :** 가상자산은 소득세법 개정에 따라 가상자산 양도소득 과세 시행이 2년 유예되어 2027년 1월 1일 이후 양도·대여분부터 '기타소득'으로 분리과세됩니다.

3.2. 양도·대여 소득 과세 대상 가상자산은?

▌ **가상자산 이용자 보호법에서 규정:** 가상자산 이용자 보호법 제2조 제1호에 따른 가상자산을 양도하거나 대여함으로써 발생하는 소득입니다. 가상자

산 이용자 보호법은 '가상자산'을 "경제적 가치를 지닌 것으로서 전자적으로 이전 또는 거래될 수 있는 증표"로 정의하고 있습니다.

3.3. 양도·대여 소득 과세 제외 대상은?

법률과 시행령에 규정: ① 화폐·재화·용역 등으로 교환될 수 없는 전자적 증표로서 발행인이 용도를 제한한 것, ②「게임산업법」에 따른 게임물의 이용을 통하여 획득한 결과물, ③ 선불전자지급수단, 전자화폐, ④ 전자등록주식, ⑤ 전자어음, ⑥ 전자선하증권, ⑦ 한국은행 발행 전자화폐, ⑧ 거래의 형태와 특성을 고려하여 시행령으로 정하는 것

3.4. 개인간 NFT 매매에서 발생하는 소득에 대한 과세는?

일반적으로 비과세: 소득세법은 과세 대상을 명확히 열거하는 열거주의를 따릅니다. 따라서 법에 규정된 소득에 대해서만 세금을 부과할 수 있습니다. 그런데, 가상자산 이용자 보호법 시행령에 따르면, NFT는 가상자산의 범위에서 제외됩니다. 따라서 2027년 1월 1일부터 시행될 예정인 '가상자산 양도·대여 소득'에 대한 과세 대상에 NFT는 포함되지 않습니다.

예외적으로 과세: NFT가 모든 과세 대상에서 제외되는 것은 아닙니다. 개

인 간의 단순한 NFT 매매는 비과세가 원칙이지만, 수익 활동의 형태와 규모에 따라 과세 여부가 달라질 수 있습니다.

- **사업 소득:** NFT를 반복적이고 계속적으로 판매하여 수익을 얻는 개인은 '사업소득'으로 과세됩니다.
- **기타 소득:** 사업성이 없는 개인이 일시적으로 NFT를 판매하여 얻은 소득이 기본공제 한도(250만 원)를 초과하는 경우 '기타소득'으로 분류되어 과세될 수 있습니다. 특히, NFT의 실질적인 기능이 가상자산과 유사하다고 판단되면(예) 다른 가상자산과 교환 가능하거나, 특정 재화·서비스의 지급 수단으로 사용되는 등) 가상자산으로 간주되어 과세 대상이 될 수 있습니다.

3.5. NFT 제작 및 발행 거래에 대한 과세는?

사업소득으로 과세되는 경우: NFT를 계속적, 반복적으로 제작 및 발행하여 수익을 얻는다면 이는 '사업소득'으로 분류됩니다. 이 경우, 운영 주체가 개인이라면 '소득세'가, 법인이라면 '법인세'가 과세됩니다.

기타소득으로 과세되는 경우: NFT를 일시적이고 우발적으로 제작하여 얻은 소득은 '기타소득'에 해당합니다. 이 소득이 기본공제 한도(250만 원)를 초과할 경우 소득세가 과세될 수 있습니다.

3.6. NFT 거래소를 운영하는 사업자에 대한 과세는?

사업자의 수익은 과세 대상: NFT 거래소를 운영하는 사업자는 거래 중개 용역을 제공하고, 그 대가로 받는 수수료를 주요 수익원으로 합니다. 이러한 수익에 대해서는 부가가치세, 소득세, 법인세가 발생할 수 있습니다.

부가가치세: NFT 거래소 운영 사업자가 제공하는 거래 중개 용역은 부가가치세 과세 대상입니다. 업비트나 빗썸과 같은 가상자산 거래소도 수수료에 대해 부가가치세를 납부하고 있습니다.

소득세 및 법인세: 거래소 운영 주체가 누구인지에 따라 과세되는 세금이 다릅니다.

- **개인 사업자:** 사업을 통해 얻은 이익은 사업소득으로 분류되어 소득세가 과세됩니다.
- **법인 사업자:** 사업을 통해 얻은 이익은 법인세로 과세됩니다.

3.7. NFT 창작자가 받는 수수료에 대한 과세는?

기타소득에 해당: 국세청은 예규를 통해 NFT 거래소에서 민팅(발행)된 NFT가 거래될 때마다 창작자에게 지급되는 수수료(일명 로열티)를 기타소득으로 판단했습니다. 이는 창작자가 일시적이고 우발적으로 얻는 소득으로 간주되기 때문입니다.

거래소의 원천징수 의무: 기타소득을 지급하는 자는 소득에 대한 세금을 미리 공제하는 원천징수 의무가 있습니다. 하지만 실무적으로 거래소는 창작자에게 수수료를 이더리움(ETH)과 같은 가상자산으로 지급하기 때문에 원천징수가 어려운 문제가 있습니다.

원천징수 방법 검토 필요: 이러한 문제를 해결하기 위해 거래소는 다음과 같은 방법을 활용할 수 있습니다.

- **가상자산 차감:** 원천징수액에 해당하는 이더리움(ETH)을 제외한 나머지 금액만 창작자에게 지급합니다.
- **현금 지급/수령:** 원천징수액에 해당하는 원화를 창작자에게서 직접 받은 후, 수수료 전액을 가상자산으로 지급합니다.

3.8. 법인이 유틸리티 토큰을 투자자에게 판매한 경우 수익 인식 시점은?

원칙은 토큰을 인도한 시점: 법인이 투자자에게 유틸리티 토큰을 판매하고 그 대가를 받는 경우, 일반적으로 토큰을 인도한 시점에 수익이 확정된 것으로 봅니다. 이는 투자자가 토큰을 실제로 사용하는 시점과는 관계없습니다.

계약 구조에 따른 이연 인식 가능성: 토큰이 단순 판매가 아닌, 특정 조건이 충족되어야만 사용할 수 있는 구조라면(예 플랫폼 오픈 이후 사용가능, 일정 기간 락업 등),

수익 인식 시점이 달라질 수 있습니다. 회계상으로는 이러한 조건부 권리의 경우 수익을 나중에 인식하는 것이 일반적입니다. 하지만 세법에서는 대가를 받은 시점에 과세소득으로 판단하는 경향이 있어, 회계처리와 세무처리 간에 차이가 발생할 수 있습니다. 따라서 토큰 판매 계약을 설계할 때 이러한 부분을 충분히 고려하는 것이 중요합니다.

3.9. Airdrop에 대한 과세는?

증여세 과세 대상: 기획재정부와 국세청은 Airdrop을 '경제적 가치가 있는 자산을 무상으로 이전받은 경우'로 보아 증여에 해당한다는 입장입니다. 따라서 과세요건이 충족되면 증여세가 부과될 수 있으며, 실제로 Airdrop 보상에 대해 증여세가 과세된 사례도 있습니다. 과세 여부는 Airdrop을 받는 데 대가성이 있는지 여부에 따라 달라질 수 있습니다.

3.10. 하드포크, 스테이킹 리워드에 대한 과세는?

우리나라는 과세 기준 미정립: 현재 우리나라에는 하드포크(Hard Fork)나 스테이킹 리워드(Staking Reward)에 대한 명확한 과세 기준이 정립되지 않았습니다. 취득 시점, 과세 시점, 과세 방식이 불확실하여 일반 투자자뿐만 아니라 프로젝트 개발자, DeFi 서비스 운영자 등 실무자들의 세무 리스크가 큰 상황입니다.

미국은 명확한 과세 기준 정립: 미국 국세청(IRS)은 이에 대한 구체적인 가이드라인을 마련해두고 있습니다. 미국 IRS의 과세 기준은 국내 과세 기준이 명확해질 때까지 합리적인 실무 참고 기준으로 활용될 수 있습니다.

- **소득세 부과:** 하드포크나 스테이킹 리워드로 받은 가상자산은 수령 시점의 공정가치를 기준으로 일반 소득으로 간주하여 소득세를 부과합니다.
- **과세요건:** 가상자산을 자유롭게 입출금, 매도, 사용 등 '지배권'을 확보했을 때 과세요건이 충족됩니다.
- **양도차익 과세:** 이후 해당 가상자산을 양도할 때는 수령 당시의 공정가치를 취득가액으로 삼아 양도차익에 대해 별도로 과세합니다.

3.11. 가상자산 평가 기준일은?

평가 기준일 전후 각 1개월의 평균액: 2021년 12월 31일까지는 가상자산을 평가 기준일의 종가(최종 시세가액)로 평가했습니다. 2022년부터는 국세청장 고시 가상자산사업자 거래소를 기준으로, 평가 기준일 전후 각 1개월의 일평균가액의 평균액으로 평가합니다. 다만 고시 사업자가 아닌 거래소의 경우에는 일평균가액 또는 최종 시세가액으로 평가합니다.

비상장 가상자산의 경우: 가상자산이 거래소에 상장되지 않았다면 시세 기준이 명확하지 않아 평가 자체가 어려울 수 있습니다. 실무적으로는 장외시장(OTC) 가격이나 유사 자산의 시세를 기준으로 삼기도 하지만, 이러한 평가 방식이 세무 당국에 의해 인정될지는 불확실합니다. 따라서 시세 확인이 가능한 가상자산으로 거래하는 것이 리스크 관리 차원에서 바람직합니다.

3.12. 해외법인이 만든 가상자산 지갑도 해외금융계좌 신고 대상인지?

비수탁·탈중앙화 방식 지갑은 신고 대상이 아님: MetaMask(메타마스크), Ledger(렛저), Kaikas(카이카스) 등과 같은 비수탁(Non-custodial) 지갑은 지갑 생성 과정만 제공할 뿐, 개인 암호키(프라이빗 키)에 대한 통제권을 가지지 않습니다. 마찬가지로 Uniswap(유니스왑)과 같은 탈중앙화거래소(DEX)도 사용자가 직접 생성한 지갑을 연동하여 거래하는 구조이므로 사업자가 통제권을 갖지 않습니다. 이처럼, 국외 사업자가 개인 암호 키를 보관·저장하는 프로그램만 제공하고 실제 통제권을 가지지 않는 경우, 해당 지갑에 보유한 가상자산은 해외금융계좌 신고 대상에 해당하지 않는다는 것이 국세청의 입장입니다.

중앙화 방식 지갑은 신고 대상: Binance(바이낸스)와 같은 해외 중앙화거래소(CEX)나 Huobi Global(후오비 글로벌)과 같은 중앙화 가상자산 예치 플랫폼에 보유한 자산은 사업자가 사용자의 자산에 대한 통제권을 가지므로, 해외금융계좌 신고 대상에 해당합니다.

3.13. 해외금융계좌 신고를 위한 가상자산 평가액은 어떻게 계산하나요?

매월 말일 현재 시가로 계산: 해외 가상자산 지갑에 보유한 금액은 매월 말일 현재 보유 수량에 시가를 곱해 원화로 환산하여 계산합니다. 이때, 시가는 해당일의 기준환율을 적용합니다.

시가 적용 방법

- **거래소 가격 적용:** 해외 거래소마다 같은 가상자산의 가격이 다를 수 있으며, 동일 거래소 내 다양한 거래 쌍(예 ETH/USDT, ETH/BUSD)의 가격도 미세하게 다를 수 있습니다. 국세청은 시세 확인이 어려운 경우, "해당 가상자산이 거래되는 국외 거래소들의 매월 말일 최종 가격 중 하나를 임의로 선택해 잔액을 산출"하도록 안내하고 있습니다. 따라서 신고자가 일관된 기준을 적용하여 금액을 산정하는 것이 중요합니다.

3.14. 가상자산 채굴장비 매입세액공제가 되는지?

공제되지 않음

- **가상자산은 부가가치세 과세 대상이 아님:** 국세청은 가상자산 자체를 부가가치세법상 '재화'나 '용역'으로 보지 않습니다.
- **채굴 행위는 면세 사업과 관련:** 가상자산 채굴 행위는 부가가치세가 면제되는 '가상자산 매각'과 직접적으로 관련된 활동으로 간주됩니다. 부가가치세법상, 부가가치세가 면제되는 사업에 사용되는 장비의 매입세액은 공제받을 수 없습니다.

3.15. 가상자산도 상속세 과세 대상인지?

상속세 과세 대상: 가상자산도 일반적인 재산과 마찬가지로 상속세 과세 대상에 포함됩니다. 국세청은 유권해석을 통해 이와 같은 입장을 밝힌 바 있습니다.

평가 방법: 가상자산의 가액은 상속개시일(사망일)을 기준으로 전후 각 1개월 동안의 일평균 가격을 평균하여 평가합니다.

국세청이 고시한 사업자에서 거래되는 가상자산:

- 상속개시일 전후 각 1개월 동안, 해당 거래소들이 공시한 일평균가액의 평균액으로 계산합니다.
- 만약 여러 거래소에서 거래되는 경우, 각 거래소의 일평균가액을 평균하여 최종 평가액을 산출합니다.

그 외의 가상자산: 거래일의 일평균가액이나 최종 시세 가액 등 합리적으로 인정되는 가액으로 평가합니다.

3.16. 가상자산 상속절차는 어떻게 되나요?

수탁형 지갑에 보관하는 경우: 상속이 발생하면, 거래소에 연락해 상속에 필요한 서류를 제출하고 정해진 절차에 따라 상속을 진행하면 됩니다. 이는 거래소가 상속 관련 규정을 마련해두었기 때문에 상대적으로 안전하고 명확합니다.

개인 지갑 등 비수탁형 지갑에 보관하는 경우: 개인 지갑은 암호키(프라이빗 키)를 소유자 본인만 알기 때문에, 상속 절차가 매우 복잡해질 수 있습니다. 분쟁을 막고 상속인들이 재산을 안전하게 받을 수 있도록 미리 다음 내용을 준비해두는 것이 좋습니다.

- **지갑 정보와 접근 방식:** 지갑 주소, 프라이빗 키 또는 니모닉(Mnemonic, 가상자산 지갑을 복구할 때 사용하는 일련의 단어) 등 지갑에 접근할 수 있는 정보를 미리 정해진 상속인에게 전달하는 방식을 정해둡니다.
- **유언장 및 별도 문서:** 유언장이나 별도 문서에 상속인 간의 분할 방식을 명확히 기재해 두는 것이 좋습니다.

분실 시 복구 불가: 가상자산의 특성상 암호 키를 잃어버리면 복구 불가능하니, 보관 방식과 전달 방법을 미리 정해두는 것이 중요합니다.

4

외국환거래 Q&A:
국경 간 이전과 규제

4.1. 법인이 해외 거래소로 원화를 송금해 가상자산을 매수해도 되나요?

원칙적 허용: 법인은 연간 10만불 범위 내에서 외국환거래법 상 신고 절차 없이 원화를 해외로 송금할 수 있습니다. 다만, 건당 5,000불을 초과하는 송금을 하는 경우, 그 사유와 금액을 입증하는 서류를 제출해야 합니다.

절차 준수:

- **송금 목적 일치:** 송금 사유, 결제·이체 내역이 모두 동일해야 하며, 목적을 허위로 기재하면 위법 소지가 있습니다.

- **은행 심사 대응:** 외국환은행이 송금 심사 과정에서 거래 목적·규제 준수 여부를 확인할 수 있습니다.

위반 리스크: 송금 목적을 허위로 꾸미거나, 신고·승인 절차를 생략하면 외국환거래법 위반(과태료·형사처벌)으로 제재를 받을 수 있습니다.

4.2. 해외 지사를 통해 가상자산을 매입해 본사로 보내도 되나요?

원칙적 허용: '외국통화' 또는 '지급수단'의 지급·수령 행위에 해당할 경우 외국환거래 신고 대상이 됩니다. 현재 가상자산은 '외국통화' 또는 '지급수단'으로 명확히 분류되지 않고 있습니다. 따라서 해외 지사에서 본사로 가상자산을 전송하는 행위 자체만으로 외환신고 의무가 발생한다고 보기 어렵습니다. 다만, 가상자산 매입 과정에서 지급수단으로 외화를 송금하는 등 구체적 사안에 따라 신고·보고 의무가 적용될 수 있습니다.

증빙 자료: 자금의 출처·거래 경로·거래 내역을 모두 구비해 두는 것이 바람직합니다. 송금 명세서, 매매계약서, 결제·이체 내역 등 증빙을 구비해 두어야 하며, 금융기관이나 감독기관의 요청 시 즉시 제출할 수 있어야 합니다.

규제 리스크: 해외 지사가 현지에서 미신고 또는 불법 거래소를 이용해 가상자산을 매입하는 경우, 해당 거래가 본사와 연결 거래로 간주되어 국내

본사도 자금세탁방지의무 위반의 리스크를 부담할 수 있습니다. 이는 본사 내부통제·준법감시 체계에서 반드시 점검해야 하는 사항입니다.

4.3. 해외 자회사가 ICO에 참여해 토큰을 취득하면 신고해야 하나요?

신고 필요성: ICO(Initial Coin Offering)에 참여하여 토큰을 취득하는 행위가 증권의 취득으로 평가되면, 이는 외국환거래법 상 해외직접투자 또는 증권 취득에 해당합니다. 다만, 본사가 자금을 직접 송금하는 사정 등이 있지 않는 한, 해외 자회사의 해외 토큰 취득은 국내 외국환신고 의무를 발생시키지 않습니다.

법률검토 필수: 취득한 토큰이 증권성을 가진 경우, 해당 거래는 한국 자본시장법상 증권 발행·유통 규제의 적용을 받을 수 있습니다. 무등록 증권 취득이나 해외 불법 증권공모에 참여한 것으로 간주될 위험이 있어, 사전 법률검토를 통해 토큰의 법적 성격, 발행 주체의 규제 상태, 해당국·한국 양쪽의 법규 준수 여부를 반드시 확인해야 합니다.

유의 사항: ICO 참여를 위한 송금 과정에서도 자금세탁방지의무를 준수해야 하며, 발행 주체·프로젝트가 제재 대상 국가 또는 고위험국과 연계된 경우, 금융기관이나 VASP에서 거래 제한이나 STR 보고를 할 수 있습니다.

4.4. 법인이 가상자산을 해외법인에 증여·양도하면 신고해야 하나요?

신고 의무: 법인이 보유한 가상자산을 해외법인에 증여하거나 양도하는 행위는 외국환거래법상 자본거래에 해당할 수 있습니다. 따라서 거래 전·후에 외국환은행 또는 한국은행에 신고해야 하며, 거래 성격·금액·계약 조건에 따라 사전 신고인지 사후 보고인지를 구분해야 합니다. 신고 누락 시 과태료, 형사처벌, 환전·송금 제한 등의 제재를 받을 수 있습니다.

AML·제재 위험: 거래 목적이 불분명하거나, 수증·양도 대상이 제재 대상국가 또는 해당국 소재 법인인 경우, VASP 또는 금융기관이 해당 거래를 STR 대상으로 지정해 FIU에 보고할 수 있습니다. 또한, 특정금융정보법에 따라 고객확인 절차(KYC) 또는 이용약관 등에 근거해 관련 자료 제출을 요구할 수 있으며, 의심거래보고 여부는 당사자에게 통지되지 않습니다.

유의 사항: 증여·양도는 회계·세무상으로도 법인세 또는 양도소득세 과세 이슈가 발생할 수 있으며, 시가평가·거래 증빙 확보가 필수입니다. 특히 내부 거래(계열사 간 거래)라도 규제 예외가 자동으로 인정되지 않으므로 반드시 신고·보고 절차를 확인해야 합니다.

4.5. 법인이 '출장 경비' 명목으로 해외에 가상자산을 전송해도 되나요?

원칙: 실제 출장 경비 지급이 목적이라면, 가상자산 전송 자체가 자본거래 또는 지급거래에 해당할 수 있으므로 외국환거래법상 신고·보고 절차를 준수해야 합니다. 그러나 실무상 한국은행 또는 외국환은행을 통한 외국환거래법상 신고는 접수되지 않고 있습니다. 따라서, 법인이 직접 전송하거나 VASP를 통해 전송하는 경우, 특정금융정보법상 KYC(거래 목적 및 자금 원천 확인), 수취인 정보 기록 등 AML 리스크를 최소화하기 위해 출장 경비의 성격을 입증할 수 있는 출장 계획서, 계약서, 영수증, 지출 내역서 등 증빙을 준비해 두는 것이 바람직합니다.

위반 리스크: 출장 경비가 아닌 다른 목적(예 투자, 자산 이전, 증여 등)임에도 '출장 경비'로 기재해 가상자산을 전송하면, 이는 외국환거래법 위반이 될 수 있습니다. 심한 경우 사기나 사문서 위조·행사 혐의까지 적용될 수 있으며, VASP나 은행에서 STR 대상이 되어 전송이 차단되거나 계정이 제한될 수 있습니다.

4.6. 김치 프리미엄 이용해 가상자산 차익 후 해외 송금시 어떻게 되나요?

위반 내용: 국내외 가상자산 시세 차이(일명 '김치 프리미엄')를 이용해, ① 해외 거래소에서 가상자산을 매수 → ② 국내 거래소로 이체 후 고가에 매도 → ③ 매도대금을 허위 무역대금·용역대금 등으로 위장하여 해외 송금하는 행위는 외국환거래법상 불법 외환거래에 해당합니다.

- 이 경우 자본거래 신고 의무 회피와 허위 신고 금지 규정 위반이 동시에 성립할 수 있습니다.

절차상 주의

- 해외 송금은 실제 거래 내용과 송금 목적이 일치해야 합니다.
- 무역·용역대금 명목을 쓰려면, 실제 거래 계약서, 인보이스, 통관서류 등 객관적 증빙이 필요하며, 허위 작성 시 사문서 위조·행사죄가 추가됩니다.
- 무역업을 영위하는 법인은 거래 패턴·계약 내역이 정상 무역거래와 불일치할 경우, FIU·관세청 합동조사의 대상이 될 수 있습니다.

위반 리스크

- **형사처벌·과징금:** 고의성이 인정되는 대규모 거래는 형사처벌과 거액 과징금이 병과됩니다.
- **AML 제재:** 은행·거래소가 해당 거래를 STR 대상으로 FIU에 보고하며, 계좌 동결·거래 차단이 이뤄질 수 있습니다.

- **무역·외환 제재:** 관세청 조사로 수출입 신고 제한, 무역거래 정지 등의 행정 제재가 추가될 수 있습니다.

실제 사례: 무역업체가 해외 거래소에서 가상자산을 매입·국내 매도 후, 허위 무역대금 명목으로 해외 송금을 반복하다가 수십조 원 규모의 불법 외환거래로 적발되어, 대표이사와 관련 임직원이 구속·기소된 바 있습니다.

4.7. 가상자산 국경 간 거래의 외국환거래법 위반 해석이 어려운 이유는?

법적 근거의 불명확성: 우리나라에서 가상자산은 물리적 실체는 없으나 보유와 거래가 가능하며, 법적으로 재산권의 성격을 부여받고 있습니다. 그러나 한국은행법상 법정화폐가 아니고, 자본시장법상 증권이나 금융상품으로도 분류되지 않으며, 외국환거래법상 '대외지급수단'으로 명확히 규정되어 있지 않습니다.

- **'지급수단' 해당 여부:** 외국환거래법 제3조 제1항 제3호의 '지급수단' 범위(외국통화, 은행권, 주화, 유가증권 등)에 가상자산이 포함되는지 법적 정의가 불분명하여, 관련 거래를 '지급수단'의 이동으로 볼 수 있을지 해석이 어렵습니다.
- **'지급' 또는 '수령' 행위 해당 여부:** 외국환거래법 제16조에 명시된 '지급수단'의 '지급' 또는 '수령' 행위에 대한 신고 의무가 가상자산의 국경 간 이동에도 적용되는지에 대한 해석이 모호합니다.

불분명한 규제 범위: 현재 외환 당국인 한국은행과 기획재정부조차 가상자산 관련 행위를 외국환거래법 위반으로 단정 짓지 못하고 있습니다. 이로 인해 가상자산 자체는 외국환거래법상 직접적인 처벌의 객체가 되기 어렵고, 주로 가상자산 거래자금의 지급절차 위반을 중심으로 과태료나 벌칙이 부과되는 실정입니다. 또한, 가상자산의 내재가치 산정과 평가가 어렵고 변동성이 커 지급수단으로 지정·사용하는 데에도 제약이 많아, 거래자들은 신고 의무 이행에 법적 불확실성과 실무적 어려움을 겪고 있습니다.

4.8. 국경 간 이동 자체를 외국환거래법 위반으로 볼 수 있는지?

위반 여부를 단정하기 어려운 상황입니다.

- **적용 대상의 불확실성:** 현행 외국환거래법은 주로 전통적인 외국환이나 지급수단을 규제합니다. 가상자산을 이전하는 행위는 이와 성격이 달라, 자금 매개 없이 가상자산만을 주고받는 행위를 법률의 적용 대상으로 해석하기 어려운 부분이 있습니다.
- **'지급 또는 수령' 규정의 모호성:** 외국환거래법은 중개기관을 거치지 않은 '지급 또는 수령' 행위에 대해 신고 의무를 부과하지만, 가상자산의 국경 간 이동이 이 규정에 해당하는지에 대한 명확한 법적 해석이 아직 없습니다.
- **하급심 판례의 불확실성:** 실제로 하급심 판례에서도 가상자산 전송 행위 자체를 외국환거래법상 외국환업무로 보기는 어렵다고 판단한 사례가 있어, 법적 불확실성이 큰 상황입니다.

4.9. 가상자산 등을 '대체송금방식(ARS)'으로 이전해도 되나요?

원칙적 불가 및 위법 소지: 외국환업무취급기관을 통하지 않고 가상자산 구매 또는 매도 자금의 이체를 하는 경우, 외국환거래법상 '지급·수령 행위'에 해당할 수 있습니다. 또한 수출입거래에서 가상자산을 지급수단으로 사용하거나 영수하는 경우, 자본거래에 해당할 수 있어 별도의 신고·인가 의무가 발생하며, 이를 위반하면 외국환거래법 위반 소지가 있습니다.

또한, 이러한 행위를 위해 허위 계약서 등 거짓 증빙자료를 제출할 경우 외국환거래법에 따라 처벌받을 수 있습니다.

'대체송금방식(ARS)': 이는 금융제도권 밖에서 운영되는 금융서비스로, 은행 등 공식적인 외국환업무취급기관을 통하지 않고 가상자산 등을 이용해 자금을 이동시키는 방식입니다.

- 은행권에서 가상자산 관련 자금을 자금세탁 혐의거래로 간주하여 이체를 원천적으로 차단하는 경우가 많아, 이를 회피하기 위해 허위 계약서 등 거짓 증빙자료를 제출하거나 ARS를 이용하는 경우가 발생합니다.
- ARS는 이주 노동자 급여 송금, 자금세탁, 밀수대금 정산, 마약 자금, 테러 자금 등 각종 범죄수익 자금 이동에 악용될 수 있습니다.
- 가상자산의 국외 이동이나 가상자산을 지급수단으로 활용하는 행위 등도 ARS로 간주될 수 있습니다.

위반 시 제재

- 외국환업무취급기관을 통하지 아니하고 지급 또는 수령할 경우, 사전에 한국은행에 신고해야 하는 규정을 위반한 것으로 간주됩니다.
- 50억 원을 초과하는 경우 형사처벌 대상이 되며(1년 이하 징역 또는 1억 원 이하 벌금), 5억 원 이하의 경우 최대 1억원 이하의 과태료가 부과됩니다.

4.10. 가상자산 국경 간 거래 관련 외국환거래법 위반 유형은?

실질적인 거래 내용에 따라 외국환거래법 위반으로 단속 및 수사가 이루어지고 있습니다. 특히 다음 유형들이 문제가 될 수 있습니다.

- **미등록 외국환업무 영위:** 가상자산을 매개로 국내외 송금 업무를 수행하는 것은 외국환거래법상 '외국환업무'에 해당할 수 있습니다. 법원도 비트코인을 송금 수단으로 사용한 사례에 대해 미등록 외국환업무 위반으로 인정한 바 있습니다. 이는 가상자산을 외국환으로 보지 않더라도, 외국환업무에 밀접하게 관련된 부대업무로 수행했다면 위반이 될 수 있다는 의미입니다.
- **외화 송금 시 허위 신고:** '김치 프리미엄' 차익을 노리거나 기타 목적으로 외화 송금 시 은행에 허위 증빙을 제출하는 행위는 외국환거래법 위반으로 적발될 수 있습니다.
- **자본거래 규제 위반:** 가상자산 관련 거래의 실질이 자본거래에 해당할 경우, 별도의 신고 의무가 발생합니다. 특히 증권, 파생상품, 외화지급수단 등의 거래에 가상자산이 활용되거나, 특정 거래(임대차, 증여 등)의 반대급부로 제공될 경우 자본거래 규제가 적용될 수 있습니다.

- **외환 신고 회피:** 무역대금, 해외 부동산 매입 자금 등을 가상자산을 이용해 위장 송금하거나, 신고 의무를 회피하기 위해 가상자산으로 수출대금을 받는 행위 등이 여기에 해당합니다. 당국은 가상자산을 자본도피 우회 수단으로 간주하고 수사할 가능성이 높습니다.
- **불법 자금 송금:** 가상자산을 불법 도박 자금 등 범죄 자금의 이동 수단으로 활용하는 경우 외국환거래법 위반이 됩니다.

4.11. 가상자산의 국경 간 거래에 대한 정부의 단속 방침은?

규제 강화가 예상: 현행 외국환거래법은 가상자산에 대한 규제 적용이 아직 명확하지 않은 상태입니다. 정부는 이러한 불확실성을 해소하기 위해 규제 체계를 강화하는 방향으로 정책을 추진하고 있습니다.

- **적용 범위 확대:** 가상자산의 국경 간 이동 자체를 외국환거래법상에 명확히 정의하는 법률 개성이 추신될 수 있습니다. 이에 따라 외국환거래빕의 직용 빔위가 넓어지고, 처벌 대상이 되는 유형도 증가할 것입니다.
- **새로운 규제 도입:** 스테이블코인 같은 특정 유형의 가상자산이나, VASP의 역할에 대한 새로운 규제가 도입될 수 있습니다. 기존 규제의 해석 또한 명확해질 것입니다.

단속 강화도 예상: 정부의 이러한 방침은 궁극적으로 국경 간 자금 이동에 대한 모니터링을 강화하고, 불법 외환 거래를 효과적으로 방지하는 데 중점을 두고 있습니다.

5

AML·트래블룰 관련 Q&A: 자금세탁방지와 규제

5.1. 법인이 OTC 브로커를 통해 가상자산을 매입해도 되나요?

원칙적 허용: 해당 OTC 브로커가 현지 규제기관에 정식 등록된 VASP라면 법인이 이를 통해 가상자산을 매입하는 것은 가능합니다.

절차 준수: 거래 시 다음 요건을 이행해야 합니다.

- **고객확인(KYC):** 거래소는 법인의 실소유자(UBO)·대표자 신원, 거래 목적, 자금 출처를 확인하고 기록해야 합니다.

- **거래계약서:** 법인은 OTC 브로커와 매매 조건, 수량, 가격, 결제 방식 등을 명시한 정식 계약서를 작성·보관해야 합니다.
- **세금계산서/영수증 발급:** 거래가 회계·세무상으로 투명하게 반영될 수 있도록 발급받아야 합니다.

위반 리스크: 무신고 또는 불법 사업자인 OTC 브로커를 이용하면, 법인도 특정금융정보법상 '무신고 영업 방조'로 간주될 수 있으며, 그에 따른 형사 제재를 받을 수 있습니다. 특히 해외 브로커라도 한국 내 영업활동이 인정되면 한국 규제 적용 대상이 됩니다.

5.2. 법인이 직접 OTC 거래를 해도 되나요?

원칙: 법인이 직접 OTC 거래를 수행하기 위해서는 가상자산 매도·매수업 또는 교환업 라이선스가 필요합니다. 특히, 원화-가상자산 거래를 위해서는 실명확인 입출금 계정이 필수적입니다. 2025년 2월 발표된 법인 가상자산시장 참여 로드맵에 따라 VASP에게 실명확인 입출금계정 발급이 허용되었으나, 현재는 특정 목적에 한정하여 매도만 가능한 상황입니다. 다만, 영업목적 없이 OTC 거래를 하는 경우에는 VASP 신고 및 실명확인 입출금 계정이 필요하지 않습니다.

위반 리스크: 미신고 VASP로 판단될 경우, 5년 이하의 징역 또는 5000만원 이하의 벌금에 처해질 수 있습니다. 또한, 미신고 VASP와 거래 한 VASP는 1억원 이하의 과태료가 부과될 수 있습니다.

5.3. 법인이 해외 P2P에서 가상자산 거래를 하려면 VASP 신고가 필요한가요?

원칙: VASP에 해당하려면 거래 플랫폼을 개설·운영하거나, 타인을 위해 가상자산을 보관·관리하거나, 지갑 서비스 등을 제공하는 경우여야 합니다. 단순히 자신의 계산으로 직접 가상자산을 매매하는 행위는 '이용자'의 거래로 분류되며, 원칙적으로 VASP 신고 대상이 아닙니다.

판단 기준

- **VASP에 해당하는 경우:** 불특정 다수인을 상대로 지속적·반복적으로 가상자산 매매를 중개·대리하거나, 거래 플랫폼을 운영하거나, 타인의 가상자산을 보관·관리하는 경우
- **VASP에 해당하지 않는 경우:** 법인이 자기 자산을 처분·취득하기 위해 P2P 게시판을 이용하는 경우 (단, 거래가 반복적·사업적 규모로 확대되면 VASP 해당 가능성 상승)

유의 사항

- 단순 이용자 지위라도, 거래 규모가 크거나 지속성이 인정되면 AML 규제상 고위험 거래로 모니터링될 수 있습니다.
- 개인키에 대한 통제권을 갖고 타인의 가상자산을 수탁하거나 제3자 간 거래를 중개하는 형태가 되면, 즉시 VASP 신고 의무가 발생하며, 미신고 영업시 특정금융정보법 위반으로 형사처벌 대상이 됩니다.

5.4. 가상자산 렌딩 서비스도 VASP 신고를 해야 하나요?

원칙: FIU의 VASP 신고에 관한 정보공개 현황에 따르면 가상자산 렌딩, DeFi 서비스, NFT 매매는 특정금융정보법상 신고 업무에 해당하지 않습니다.

판단 기준

- 가상자산 렌딩 서비스에 원화-가상자산 교환 거래가 수반된다면 VASP 신고 및 실명확인 입출금 계정이 필요합니다.

유의 사항

- 금융당국은 2025년 9월, 가상자산 대여 관련 가이드라인을 시행했습니다. 가이드라인의 주요 내용은 △ 레버리지 서비스(담보가치를 초과하는 대여 서비스) 및 금전성 대여 서비스(대여시점 원화가치로 상환) 제한 △ 고유자산 활용 원칙 △ 이용자 교육 △ 이용자별 대여한도 설정 △ 시가총액 20위내 또는 3개 이상 원화 거래소에서 거래지원 중인 가상자산으로 제한 등을 포함합니다.

5.5. 바이낸스는 국내에서 VASP 신고를 하지 않아도 되나요?

법적 허용 여부: 바이낸스는 국내에서 영업행위를 하지 않는 것으로 보아 **국내 VASP 신고가 필요하지 않습니다.** 해외 VASP가 국내에서 영업행위를 하

는지 여부는 ① **한국어 홈페이지 제공 여부**, ② **한국인 고객 유치 이벤트 등 마케팅 여부**, ③ **원화결제 지원 여부** 등을 고려하여 판단합니다. 바이낸스는 한국 이용자를 대상으로 한 서비스 제공이 없으므로, **국내 VASP로 보기 어렵습니다.**

유의사항: FIU는 국외 미신고사업자를 특정하여 안내하고 있으며('25.8.7일 현재 25개 미신고 VASP 명단) FIU **홈페이지**에서 확인할 수 있습니다.

5.6. 법인이 가상자산을 발행해도 되나요?

법적 허용 여부: 금전 또는 가상자산의 교환을 수반하는 가상자산 발행의 경우, **VASP 신고가 필요**합니다. 반면, Airdrop 등 금전적 대가 없이 발행되는 경우에는 VASP 신고가 필요하지 않을 것으로 보입니다.

행정지도 및 법률안: 2017년 금융당국의 ICO 금지 발표 이후, 국내에서의 가상자산 발행은 **사실상 금지**되어 있습니다. 현재 국회에서 논의 중인 디지털자산 혁신법에서는 디지털자산 발행업이 디지털사업자의 유형 중 하나로 포함되어 있어, 해당 법이 제정될 경우 **국내 가상자산 발행의 법적 근거가 마련될 것으로 보입니다.**

사례: 스위스 등 ICO가 합법적인 국가에서 가상자산을 발행한 뒤, **국내 VASP를 통해 거래 지원**하는 방식으로 프로젝트가 운영되고 있습니다.

5.7. 법인도 고객확인 의무 대상인가요?

▌ **원칙:** 법인도 고객확인 의무 대상이 됩니다. 거래소는 고객확인의무에 따라 법인의 **실지명의, 설립목적, 주된 사무소의 소재지, 연락처, 대표자의 성명·생년월일·국적**, 그리고 **실제 소유자**를 확인해야 합니다. **실제 소유자는 반드시 최종적으로 법인을 지배하는** 자연인이어야 합니다.

▌ **고객확인 필요서류:** 사업자등록증명원, 법인 인감증명서, 법인 등기부등본, 주주명부, 재무제표, 대표자 신분증, 대리인 신분증 등의 서류가 필요합니다.

▌ **실제 소유자 확인 방법:** 실제 소유자는 (ⅰ) 법인의 100분의 25 이상 주식을 소유하는자, (ⅱ) (ⅰ)을 확인할 수 없는 경우, 최대 출자자, 법인 임원 선임 과반수에 영향을 미치는 주주, 사실상 지배자 중 하나에 해당하는 자, (ⅲ) (ⅰ)과 (ⅱ)를 확인할 수 없는 경우 법인의 대표자를 실제 소유자로 합니다.

5.8. VASP에서 추가 서류를 요청하면 반드시 제출해야 하나요?

▌ **고객확인:** VASP는 이미 수립된 거래관계에서도 고객확인 정보가 변경된 것으로 의심되거나, 신생 법인의 과도한 거래 등 자금세탁 위험이 의심되는 경우, **고객확인 정보**(신원확인, 거래원천, 거래목적 등)**를 입증하는 자료를 요청**할 수 있습니다.

제재: 법인이 고객확인(신원확인, 거래원천, 거래목적 등)을 위한 정보를 제공하지 않을 경우, VASP는 해당 정보가 확인될 때까지 **이용약관에 따라 거래를 제한**할 수 있습니다. 결국, **법인이 고객확인을 위한 정보 제공을 거부**하는 경우 특정금융정보법에 따라 **해당 고객과의 신규 거래를 거절**하고, 이미 거래관계가 수립된 경우에는 **해당 거래를 종료**해야 합니다.

5.9. 법인이 VASP를 통해 그랩페이로 가상자산을 전송할 수 있나요?

원칙: 법인은 각 VASP의 트래블룰 정책에 따라 그랩페이(GrabPay, 전자지갑 서비스 지원 동남아시아 슈퍼앱)로 직접 가상자산을 전송할 수 없습니다. 개별 VASP는 내부 정책에 따라 위험도 평가를 통과한 VASP 및 개인지갑에 대해서만 가상자산 이전을 허용하고 있으며, 그랩페이는 허용된 거래 상대방에 해당하지 않습니다.

실무상 고려사항: 법인은 국내 VASP에서 가상자산을 직접 그랩페이로 이전할 수 없으므로, 먼저 국내 VASP에서 이전이 허용된 해외 VASP 또는 허용된 개인지갑으로 가상자산을 이전한 후, 해당 주소에서 그랩페이로 재전송할 수 있습니다.

5.10. 100만원 미만 전송 시, 미등록 주소로 전송이 가능한가요?

법적 허용 여부: 특정금융정보법에 따르면 100만 원 미만의 가상자산 전송에는 트래블룰이 적용되지 않습니다. 다만, 100만 원 미만이라도 미신고 VASP에게 전송하는 경우 특정금융정보법 위반에 해당하여 VASP에 과태료가 부과될 수 있습니다.

실무: 국내 VASP들은 미신고 VASP와의 거래를 방지하기 위해 **100만원 미만의 거래에 대해서도 트래블룰 적용을 확대하고 있는 추세**입니다.

유의사항: 트래블룰을 회피할 목적으로 **100만 원 미만으로 분할 송금하는 경우 STR 대상**이 될 수 있습니다.

5.11. 법인이 다른 법인에게 가상자산을 전송할 수 있나요?

원칙: VASP내 내부 이체(Internal Transfer)를 통한 법인 간 이전은 가능합니다. 그러나, VASP **외부로 이전**할 경우에는, 국내 **트래블룰 솔루션을 사용하는 VASP**를 통해서만 **다른 법인 명의 지갑**으로 가상자산을 전송할 수 있습니다.

유의사항: 해외 VASP나 개인지갑으로의 가상자산 이전은 **법인 명의의 지갑으로만** 가능합니다. 그 외의 주소로 전송하려면 **먼저 법인 명의의 지갑으로 이전한** 후 재전송을 해야 합니다.

5.12. 법인의 가상자산 거래가 STR 대상이 되면 어떤 조치가 취해지나요?

의심거래 보고 유형: 법인의 가상자산 거래는, 대표자나 직원과의 거래가 발생하는 경우, 해외 VASP로 가상자산을 지속적으로 출고하는 경우, 또는 입고 받은 가상자산을 즉시 매도한 후 거액의 원화를 출금하는 경우, **STR 대상**이 될 수 있습니다.

절차: VASP는 거래를 STR 대상으로 판단하면 FIU에 보고합니다. FIU는 자체 수집 자료와 의심거래 보고를 분석하여, 범죄 혐의가 확인될 경우 검찰, 경찰, 국세청, 관세청 등 **법집행기관**에 통보합니다. 법집행기관은 수사를 개시하며, STR 보고 대상 법인은 자료 제출 및 소명을 할 수 있습니다. 다만, 혐의가 명확할 경우 **입건·기소**까지 진행될 수 있습니다.

5.13. 법인이 믹서(Mixer, 익명화 서비스)를 사용하면 어떻게 되나요?

믹서의 의미: 믹서 또는 코인 믹싱 서비스는 여러 사용자의 가상자산을 한 지갑에 모아 섞은 뒤 다시 분배하는 방식으로, 거래 경로와 출처를 알아보기 어렵게 만드는 익명화 도구입니다. 합법적 프라이버시 보호 용도로도 쓰일 수 있지만, 범죄수익 은닉과 결합되면 강력한 규제 대상이 됩니다.

규제 위반 위험: 믹서 사용은 자금 흐름을 고의로 은폐하는 행위로 간주될 수 있어, 범죄수익은닉규제법 등 AML 규제 위반 위험이 매우 높습니다. 특히 법인이 이를 사용하면 자금세탁 방지 의무 위반의 위험이 있습니다.

위험성

- **해외 사례:** 미국과 EU 등에서는 믹서 운영자와 개발자가 기소·유죄 판결을 받은 사례가 있으며, 제재 명단(OFAC 등)에 오른 믹서와의 거래는 형사처벌로 이어질 수 있습니다.
- **국내 규제:** 한국에서도 VASP는 믹서 사용 거래를 차단하거나 STR 대상으로 지정할 수 있으며, AML 내부통제상 '고위험 거래'로 기록될 수 있습니다.

5.14. 가상자산 거래를 위한 내부통제기준은 어떻게 마련할 수 있나요?

내부통제기준: 가상자산 투자를 위해서는 투자 심의 절차 마련, 거래 목적 규정, 가격 변동성 등 불공정거래 방지 규정, 이해상충 방지 제도 마련, 투자 집행 관리 및 점검, 거래 모니터링, 세무처리 등을 포함한 내부통제기준이 필요합니다.

시장질서 교란 방지: 법인은 대량 매매로 가상자산 시장 가격에 급격한 변동이 발생하지 않도록 **종목·수량·시간 등을 고려한 분할 매매**를 수행해야 합니다.

이해상충 방지: 가상자산 거래를 담당하는 임직원이 내부 정보 등을 이용하여 재산상의 이익을 얻는 행위를 방지하기 위해, 사전 통제 절차 및 모니터링 조치를 마련해야 합니다.

※ **주의 사항:** 본 Q&A는 독자의 이해를 돕기 위해 관련 법규, 판례 및 실무 사례를 바탕으로 재구성한 정보입니다. 따라서 개별 사안에 적용할 경우 금융당국이나 국세청의 공식적인 유권해석 또는 법적 판단과 다를 수 있습니다.

특히, 법률 및 세금 관련 사항은 반드시 전문가와 상담하고, 최신 법규를 확인하시기 바랍니다.

【 부록1: 가상자산 투자 사건 관련 판결례 】

A. 형사

[1] 가상자산 투자 사기 판례 : 기망행위와 편취의 범의 판단

(부산지방법원 동부지원 2020. 9. 11. 선고 2020고단881 판결, 2021. 3. 16. 상고기각으로 확정)

1. 사건 개요

피고인은 제3자와 함께 X코인을 발행하고 홍보하기 위해 회사를 설립한 뒤, 홈페이지와 오픈채팅방을 통해 **A 거래소 개설, 상장, 최저 보장 금액 등을 적극 선전**하였다. 이를 통해 186명으로부터 약 9억 원대 현금과 시가 약 3억 원대의 이더리움을 모집하였다.

2. 판결 요지

법원은 ① 피고인이 거래소 운영에 대한 **전문적인 지식이나 경험이 없었고, ② 자금력도 없는 상태**에서 사업을 시작하였다고 보았다. 또한 ③ 피고인은 X코인을 **대형 거래소에 상장할 능력이 없어 A 거래소 이외에는 유통될 수 없었으며,** ④ 피고인의 **광고는 유동성 확보와 투자수요를 전제**로 하는 것이어서 실현가능성이 낮은 주장이라고 판단하였다.

법원은 피고인의 지식과 경험, 자금 사정, 코인의 유통 가능성, 허위 사실 고지 여부 등을 종합적으로 검토하였다. 그 결과 **피고인이 거래소가 정상적으로 운영되지 않고 투자자들에게 손실이 발생할 것을 인식하면서 허위 정보를 제공했다고 판단하였다. 법원은 기망행위와 편취의 범의**를 인정해 **유죄**를 선고하였다.

[2] 가상자산 투자유도 무죄 판례

(서울중앙지방법원 2021. 9. 10. 선고 2020고단8225 판결, 2022. 7. 1. 항소기각 확정)

1. 사건 개요

피고인은 A사가 발행한 B코인을 약 2억 5천만원어치 구입했으나, 거래가 이루어지지 않아 가격이 하락하는 상황에 놓여 있었다. 그는 **자신의 손실을 만회하기 위해 피해자에게 거래소 상장, 원금 보장과 높은 수익을 약속**하며 총 **6천만 원**을 송금받아 사기 혐의로 기소되었다.

2. 판결 요지

법원은 **피고인이 받은 돈을 모두 A 측에 전달**하였고, **A로부터 별도의 수수료 등을 얻은 사실이 없다는 점**을 주목했다. 또한 피고인이 피해자에게 한 설명은 당시 **A사가 투자자들에게 공지한 내용을 전달**한 것으로 보일 뿐, 이를 과장하거나 왜곡했다고 판단하지 않았다. 나아가 **원금보장 약정 역시 객관적인 증거가 없었**으며, 코인이 실제로 거래되지 못한 사정은 회사 내부 문제로 피고인에게 책임을 묻기 어렵다고 보았다. **피고인은 단순히 같은 투자자로서 투자 권유를 한 것에 불과**하다고 판단되었다. 결국 법원은 피고인에게 **편취의 고의가 없고, 기망행위에 해당하지 않는다**고 보아 **무죄**를 선고하였다.

[3] 가상자산을 이용한 폰지사기 사건

(대전지방법원 2022. 6. 10. 선고 2019고단4623, 2022고단187(병합) 판결)

피고인들은 DMI 마케팅플랜이 **▲ 화려한 수익을 약속하며 투자금을 모집하고, ▲ 신규 투자자 유치를 통해 기존 투자자에게 수익을 지급하는 전형적 피라미드 구조였으며, ▲ 코인을 결제수단처럼 홍보하고 상장 실적을 이용해 투자자를 기망**한 점에서, **사기죄와 유사수신행위, 방문판매업 위반**의 구성요건을 충족하는 폰지사기 범행으로 판단하고 공소사실을 모두 **유죄**로 인정하였다.

[4] NFT 발행을 통한 사기 사건

(서울동부지방법원 2022. 10. 21. 선고 2022고단1120 판결)

1. 사건 개요

피고인은 고양이 캐릭터 NFT 9,999개를 제작한 뒤, **「NFT 구매시 자체 KIT토큰 지급, 향후 굿즈 출시 및 게임 제작」 등의 실현 가능성이 없는 로드맵을 내세워 '캣슬 NFT' 프로젝트를 홍보**하고 오픈씨에 출시하였다. 이를 통해 피해자들에게 NFT 1,453개를 판매하고 약 1억 2천만 원 상당의 클레이튼 코인을 교부받았다.

2. 판결 요지

법원은 피고인이 블록체인 관련 경력이 없음에도 **경력을 허위로 기재**하고, **프로젝트 수행 의사·능력 없이 고수익을 보장하는 등 기망행위**를 통해 불특정 다수로부터 **재산상 이익을 편취한 후 잠적**한 점을 들어, **사기의 공소사실을 유죄**로 인정하였다.

[5] 공동사업계약에 따른 가상자산 임의 전송에 대한 배임죄 성부

(서울중앙지방법원 2022. 1. 14. 선고 2021고합826 판결, 2022. 1. 22. 확정)

1. 사건 개요

주식회사 B는 피해자 회사와 가상자산 OTC(장외거래소) 사업을 공동으로 추진하기로 계약하였고, 이에 따라 주식회사 B는 사업 운영을, 피해자 회사는 운영자금 부담을 맡았다. **피고인은 주식회사 B의 이사로서 해당 사업의 장외거래 업무를 총괄하면서, 고객의 요청이 없음에도 피해자 회사가 C 거래소에 보관 중이던 비트코인 77.14개(약 8억 2천만 원 상당)를 자신의 개인 지갑으로 이체**하여 **재산상 이익**을 취득한 혐의로 **특정경제범죄법위반(배임)**으로 기소되었다.

2. 판결 요지

법원은 비트코인의 재물성 인정에 다툼이 있더라도, 피해자 회사가 운영자금으로 교부한 비트코인은 공동사업계약에 따라 고객 요청이 있을 때만 전송할 의무가 있다고 보았다. 피고인이 이를 **임의로 자신의 계좌로 이전한 행위는 업무상 임무에 위배되는 것으로서 배임죄의 구성요건을 충족한다고 판단하여 유죄를 인정**하였다.

[6] 오송금된 비트코인을 임의 처분한 행위에 대한 횡령죄 또는 배임죄의 성부

(대전지방법원 2022. 7. 7. 선고 2021노3179 판결, 2023. 2. 2. 상고기각 확정)

1. 사건 개요

피고인은 **알 수 없는 경위**로 피해자의 가상자산 지갑에 있던 **비트코인을 자신의 가상자산 거래소 계정으로 이체받아 보관**하던 중, 이를 **임의로 환가하거나 다른 비트코인 매수**에 사용하였다. 이에 검찰은 피고인을 **횡령죄(택일적 죄명: 배임죄)**로 기소하였다.

2. 판결 요지

(1) 횡령죄 여부: 법원은 비트코인은 물리적 실체가 없는 디지털 전자정보에 불과하고, '재물' 또는 '관리할 수 있는 동력'에도 해당하지 않으며, 예금채권처럼 법적으로 지배 가능하지 않다고 판단하였다. 따라서 **비트코인은 횡령죄의 객체인 '재물'로 볼 수 없어, 피고인에게 횡령죄 무죄를 선고**하였다.

(2) 배임죄 여부: 비트코인이 법률상 원인 없이 피고인 지갑으로 이체되었더라도, 피고인이 피해자의 사무를 처리하는 **신임관계에 있지 않으므로 '타인의 사무를 처리하는 자'에 해당하지 않는다**고 보았다. 따라서 피고인에게 **배임죄 무죄**를 선고하였다.

[7] 해외로부터 전송받은 가상자산의 국내 매도 및 원화 지급 행위가 무등록 외국환업무에 해당하는지 여부

(서울중앙지방법원 2019. 12. 19. 선고 2019노2619 판결, 2019. 12. 27. 확정)

1. 사건 개요

피고인은 중국 등 **외국 의뢰인으로부터 비트코인을 자신의 지갑으로 전송**받아 **국내 거래소에서 매도**하고, **원화로 환전한 뒤 수수료(1~1.15%)를 공제**한 나머지를 의뢰인 또는 지정인에게 현금이나 계좌이체 방식으로 지급하였다. 이에 피고인은 **외국환거래법위반 혐의로 기소**되었다.

2. 판결 요지

법원은 피고인의 행위가 외국환거래법 제8조 제3항이 금지하는 무등록 외국환업무에 해당한다고 보았다. 그 이유는 ① 비트코인은 단순한 매개체에 불과하고, 실질적으로는 해외 자금을 받아 국내에서 원화를 지급하는 **불법 환치기와 동일**하며, ② 직접 외화를 취급하지 않았더라도 **경제적 효과상 외국환업무에 해당**한다면 넓게 해석해야 하고, ③ 피고인이 환전소 운영 경험과 **동종 전력**이 있으며 적극적으로 고객을 모집한 정황이 있어 **불법 송금의 효과를 충분히 인식**했다고 판단하였다. 따라서 피고인에게 **무등록 외국환업무 유죄**를 인정하였다.

[8] 외국인으로부터 전송받은 가상자산을 매도하여 상품권으로 교부한 행위가 환치기에 해당하는지 여부

(서울중앙지방법원 2021. 10. 22. 선고 2019노3615 판결, 2021. 10. 30. 확정)

1. 사건 개요

피고인은 환전소를 운영하면서 성명불상의 의뢰인으로부터 **가상자산을 전송받아 국내 거래소에서 매도한 뒤, 그 대금으로 상품권을 매입하여 의뢰인에게 전달**하였다. 이에 피고인은 **외국환거래법 위반 혐의로 기소**되었다.

2. 판결 요지

법원은 피고인의 행위가 환치기에 해당하려면, 의뢰인이 외국(중국)에서 외화를 사용해 가상자산을 취득하고 이를 피고인의 국내 지갑으로 송금했다는 사실이 입증되어야 한다고 보았다. 그러나 제출된 거래 내역만으로는 **▲ 가상자산이 실제 외국에서 취득된 것인지, ▲ 외국 거래소 지갑에서 송금된 것인지, ▲ 상대방 계정이 외국 계정인지, ▲ 거래 장소가 국외인지, ▲ 외화로 매입되었는지**가 확인되지 않았다. 또한 **피고인이 국가 간 송금 효과를 인식했다고 단정할 수도 없고, 실제로 국내에서 송금받은 경우도 있었으며**, 단순히 국내 자금세탁일 가능성도 배제할 수 없다. 이에 법원은 **외국환거래법 무죄**를 선고하였다.

[9] 블록체인 기반 핀테크 회사의 인프라 운영 기술과 경영 자료가 부정경쟁방지법상 영업비밀인지 여부

(서울중앙지방법원 2021. 11. 4. 선고 2021고단4809판결, 2021. 11. 12. 확정)

1. 사건 개요

피해 회사는 블록체인 기반 핀테크 금융서비스 기업으로, **ISO/IEC 27001 및 국내 ISMS 인증을 취득**하면서 관련 자료를 작성하고 **'대외비' 표시를 하여 관리**하였다. 피고인은 피해 회사의 보안전략팀 팀장으로 근무하다가 동종 업계로 이직하면서, 접근 권한이 없음에도 **위 자료를 무단 취득**하였다. 이에 피고인은 **부정경쟁방지법 위반 및 업무상 배임 혐의**로 기소되었다.

2. 판결 요지

법원은 해당 자료가 피해 회사의 보안·경영 전략을 담고 있어 **경쟁사 대비 약점을 파악하고 경쟁 우위를 확보할 수 있는 경제적 가치가 있는 자산**이라고 보았다. 따라서 위 자료는 부정경쟁방지법상 영업비밀에 해당하며, 피고인은 이를 부정한 목적에서 취득하여 영업비밀 보유자에게 손해를 끼치고 재산상 이득을 취득한 것으로 판단하였다. 따라서 피고인은 **부정경쟁방지법 위반 및 업무상 배임 혐의의 유죄**가 인정되었다.

[10] 김치 프리미엄 목적 불법 해외송금 관련 형사책임

(서울중앙지방법원 2024. 7. 23. 선고 2024노672 판결, 대법원 2024도12420로 상고 중)

1. 사건 개요

피고인들은 페이퍼컴퍼니 명의 계좌로 자금을 모아 해외 가상자산거래소에서 가상자산을 매수하고자, 실제 물품 수입이 없음에도 **거짓 송장 등 증빙자료를 첨부하여 외환 송금신청서를 제출**하였다. 이를 통해 은행이 해외 거래은행계좌로 송금하도록 하였고, 해외 공범이 해당 자금으로 가상자산을 매수하면, 피고인 등이 관리하는 **국내 거래소 계정으로 전송하여 반복적으로 매도**하였다. 이와 관련하여 피고인들은 **외국환거래법위반, 특정금융정보법위반, 업무방해 혐의로 기소**되었다.

2. 판결 요지

(1) **외국환거래법 위반: 등록된 은행을 통해 송금**이 이루어진 점을 고려할 때, **'등록 없이 외국환업무를 한 자'로 보기 어려워 외국환거래법위반은 성립하지 않는다.**

(2) **특정금융정보법 위반:** 가상자산 거래가 불특정 다수를 대상으로 한 **'영업'으로 보기 어렵고**, 피고인들이 특정 다수를 상대로 가상자산 거래를 한 것이 아니므로, 가상자산사업자로 보기 어려워 **특정금융정보법 위반은 성립하지 않는다.**

(3) **업무방해: 피고인들이 실제 무역거래를 가장하여 송금신청시 허위 증빙자료를 첨부한 행위**는 은행의 **외환송금 업무를 위계로 방해한 것으로 유죄가 인정**되었다. 다만, 은행이 송금신청서와 증빙서류 금액이 다름에도 송금한 부분은 은행의 불충분한 심사도 원인이므로 업무방해죄로 인정하기 어렵다고 판시하였다.

[11] 특정금융정보법상 가상자산사업자의 의미

(대법원 2024. 12. 12. 선고 2024도10710 판결)

1. 사건 개요

피고인은 공범들과 역할을 분담하여 일본에서 **불특정 다수 고객**으로부터 받은 자금을 원천으로 일본 가상자산거래소에서 가상자산을 매수하고, 한국 가상자산거래소에서 매도한 뒤, 매도대금을 회사 명의로 다시 일본으로 송금하는 **재정거래(차익거래)를 반복**하였다. 피고인은 **금융정보분석원장에게 신고하지 않고 가상자산 거래를 영업**으로 하였다는 이유로 **특정금융정보법 위반 등 혐의로 기소**되었다.

2. 판결 요지

법원은 '가상자산 거래를 영업으로 한 가상자산사업자'의 의미에 대해, 영리를 목적으로 가상자산 관련 **거래를 계속·반복하는지 여부**를 살펴야 하며, **거래 목적·종류·규모·횟수·기간·태양 등 개별 사정을 종합**해 사회통념상 합리적으로 판단해야 한다고 판시하였다.

자기 계산으로 오로지 자기 이익을 위해 가상자산거래소를 이용하는 일반 이용자는 특별한 사정이 없는 한 가상자산사업자로 보기 어렵지만, **불특정 다수 고객을 위해 거래를 수행하고 그 대가를 받는 경우에는 원칙적으로 가상자산사업자**로 볼 수 있다고 판단하였다. 따라서 피고인은 가상자산사업자에 해당하여 **특정금융정보법 위반 혐의의 유죄**가 선고되었다.

[12] 가상자산을 이용한 환치기 행위의 외국환거래법 위반 여부

(서울북부지방법원 2025. 2. 19. 선고 2024노1830 판결, 대법원 2025도4431로 상고 중)

1. 사건 개요

피고인 A는 대만 환치기 조직으로부터 공급받은 가상자산 F를 이용하여 **보이스피싱 조직원** 등으로부터 받은 **원화를 F로 환전**해 주고, 보이스피싱 조직원 등으로부터 받은 원화는 국내에 있는 **대만 환치기 조직원들에게 F의 대금 명목으로 지급**하였다. 피고인 D는 피고인 A에게 **고용**되어 **현금 수령과 F 거래 확인 등 교환 실무를 담당**하였다. 피고인들은 이와 관련하여 외국환거래법위반 등의 혐의로 기소되었다.

2. 판결 요지

(1) 외국환거래법 위반: 피고인 D가 외국인 B의 전자지갑에서 자신의 전자지갑으로 가상자산 F를 전송받고, 그 대가로 외국인 C에게 원화를 지급한 행위는 **대한민국과 외국 간 지급·추심 및 수령에 직접적·밀접하게 관련된 부대업무**에 해당하여 **외국환거래법 유죄**가 인정되었다.

(2) 특정금융거래정보법 위반: 가상자산사업자의 거래를 '영업으로 하는 자'는 통상 사업의 경제적 효과가 자신에게 귀속되도록 관리·운영하는 자를 의미하며, **단순한 직원이나 보조자는 이에 포함되지 않는다.** 따라서 **특정금융거래정보법 위반**은 **무죄**로 판시하였다.

[13] 가상자산에 대한 부패재산몰수법상 몰수·추징 가능성

(서울고등법원 2023. 6. 22. 선고 2023노303 판결)

1. 사건 개요

가상자산을 이용한 사기 범행 사건에서, 해당 가상자산이 통신사기피해환급법상 '자금'에 해당하는지 여부가 쟁점이 되었으며, 이를 근거로 부패재산몰수법에 따른 몰수·추징이 가능한지가 쟁점이 되었다.

2. 판결 요지

법원은 부패재산몰수법에 따라 사기범죄 관련 재산을 몰수·추징하기 위해서는, 특정사기범죄(부패재산몰수법 제2조 제3호 가목)에 해당해야 한다고 보았다. 통신사기피해환급법상 전기통신금융사기에 해당하려면 '자금의 송금·이체'가 있어야 하나, 가상자산은 재산적 가치가 있고 전자적 증표로 이전될 수 있다고 하더라도, 법상 '자금'과 동일시되는 규정이 없으므로 이를 금전 등 '자금' 그 자체나 동등한 것으로 볼 수 없다. 따라서 가상자산은 통신사기피해환급법상 특정사기범죄의 '자금'에 해당하지 않아, 부패재산몰수법상 몰수·추징 대상이 되지 않는다고 판단하였다.

[14] 가상자산에 대한 불법영득의사의 판단기준

(서울고등법원 2023. 12. 7. 선고 2023노2534 판결)

1. 사건 개요

피고인은 피해자의 휴대전화를 강취한 후, **피해자가 보유한 KOK코인이 저장된 'KOK플레이' 애플리케이션에 접속**하여 약 120만 원 상당의 KOK코인 12,000개를 **자신의 전자지갑으로 이체**한 혐의로 **컴퓨터등사용사기죄** 등으로 기소되었다.

2. 판결 요지

법원은 **불법영득의사**란 타인의 재산을 자기 것으로 삼으려는 의사뿐 아니라, **일시적으로라도 경제적 용법에 따라 이용·처분하려는 의사까지 포함**된다고 보았다. 또한, **가상자산은 경제적 가치를 지닌 전자적 증표**로, **피해자 지갑에서 피고인 지갑으로 이전**되는 순간 **피고인이 처분권을 취득**하게 된다고 보았다. 그리고 피고인이 자신의 전자지갑에 가상자산을 보관하며 **언제든 환가 가능한 상태**에 둔 점, **반환이 가능했음에도 체포될 때까지 반환하지 않은 점** 등을 종합하면, 피고인에게 **불법영득의사**가 인정된다고 판단하였다. 이에 법원은 피고인에 대하여 **컴퓨터등사용사기죄 유죄**를 인정하였다.

B. 민사

[1] 가상자산공개(ICO)와 손해배상책임의 성부

(서울중앙지방법원 2021. 5. 13. 선고 2019가합530075 판결, 2022. 11. 17. 상고기각으로 확정)

1. 사건 개요

가상자산거래소 운영본부장이었던 원고는 피고 회사가 추진한 L토큰 프로젝트에 참여하였다. 원고는 2018년 9월 M 주식회사와 토큰당 0.015달러 기준으로 이더리움과 L토큰을 교환하기로 계약을 체결하고, 같은 해 10월 피고 C의 지갑으로 2,916 이더리움을 송금하였다. 그러나 M 주식회사는 실제로 설립되지 않았고, L 토큰도 발행되지 않은 상태에서 프로젝트는 중단되었다. 이에 **원고는 L 토큰 미교부로 인한 손해배상을 청구**하였다.

2. 판결 요지

(1) 불법행위책임 관련: 피고 회사는 기술개발 계약 체결, 자문계약 체결, 일부 비용 사용 등이 확인되어, **사적 유용 정황은 없었고, 형사사건에서도 무혐의 처분**을 받았다. 따라서 피고들이 애초부터 추진 의사 없이 **투자자를 기망하여 자금을 편취했다고 보기 어렵다**.

(2) 채무불이행책임 관련: 교환계약 체결 당시 **토큰은 발행 전** 단계였고, **원고도 이를 인지**하고 있었다. 교환계약은 **단순히 교환비율을 정한 것**에 불과하고, 실제 **토큰 교부는 법인 설립과 발행을 전제로 한 정지조건부 의무**로 보아야 한다. **ERC-20 토큰 발행만으로 경제적 가치가 보장되지 않으며, 백서에도 환불 불가**가 명시되어 있었다. 따라서 **피고 회사가 투자금 반환이나 프로젝트 성공을 보장할 의무를 부담한다고 해석할 수 없다**.

(3) 결론: 법원은 피고들이 원고를 속였다고 인정하기 어렵고, 교환계약에 기한 손해배상책임도 성립하지 않는다고 판단하여 **원고의 청구를 기각**하였다.

[2] 렌딩(Lending) 방식의 가상자산 투자의 법적 성격

(서울남부지방법원 2020. 7. 28. 선고 2018가합1415 판결)

1. 사건 개요

원고는 피고의 권유를 받아 비트커넥트(BitConnect) 투자에 참여하였다. 그러나 2018년 1월 미국 당국의 조치로 비트커넥트 거래소가 폐쇄되자, 원고는 피고를 상대로 소송을 제기하였다. 원고는 ① **피고에게 자금을 '대여'하였으므로 대여금 반환 청구**와 ② 설령 대여가 아니라면 **피고의 기망행위 또는 유사수신행위에 따른 불법행위 책임을 묻는 손해배상청구**를 하였다.

2. 판결 요지

(1) 대여금 반환 청구: 원고가 지급한 금원은 비트커넥트 사이트에 직접 투자한 것으로 보이며, 원고가 실제로 배당금을 수령한 정황 등을 고려할 때 이는 **투자행위로 평가되었다. 법원은 원고가 피고에게 자금을 대여한 사실을 인정하지 않았다.**

(2) 불법행위 손해배상 청구: 원고는 실제로 비트커넥트 사이트에 투자하여 일정 기간 수익금을 지급받았고, 비트커넥트 코인도 폐쇄조치 전까지는 **시세를 형성하며 거래**되었다. 이에, 피고가 투자 설명을 한 사실은 인정되나, 피고가 원고에게 직접 **원금 반환을 보장**하거나 **사이트 운영자들과 공모하여 기망행위**를 하였다고 보기 어렵다고 보았다. 따라서 **유사수신행위나 기망에 기초한 불법행위책임도 인정하지 않았다.**

[3] 가상자산 '지급' 청구의 적법성

(서울남부지방법원 2020. 9 3. 선고 2019가합112183 판결, 2020. 9. 26. 확정)

1. 사건 개요

원고는 피고와의 컨설팅 계약을 근거로, 피고를 상대로 **Y토큰 3억 개의 지급**을 청구하는 소송을 제기하였다.

2. 판결 요지

법원은 **'지급'**은 가상자산을 화폐처럼 취급하여 금전채권을 행사하는 것인데, Y토큰은 **법화가 아니므로 금전채권의 대상으로 볼 수 없다**고 판단하였다. 또한 **'물건'**은 **유체물이나 관리할 수 있는 자연력**에 한정되는데, 가상자산은 이에 해당하지 않으므로 **인도청구의 대상도 될 수 없다**고 보았다. 다만 **가상자산은 경제적 가치를 지닌 무형재산**으로 평가될 수 있으므로, 권리자가 **소유권 이전을 위한 전자적 조치의 이행을 청구하는 소**는 제기할 수 있다고 판시하였다. 법원은 원고의 **가상자산 '지급'청구는 부적법**하다고 보아 **소를 각하**하였다.

[4] 손해액 산정을 위한 가상자산 시가의 평가 기준과 방법

(전주지방법원 정읍지원 2022. 5. 11. 선고 2021가합1488 판결, 광주고등법원(전주) 2022나10816호로 항소 중 소취하)

1. 사건 개요

원고는 2018년 9월경 피고와 가상자산 '칠리즈 코인'의 매수, 관리, 보관 등에 관한 위임·임치계약을 체결하였다. 피고는 원고로부터 지급받은 자금으로 칠리즈 코인 438,133개 또는 280,000개를 매수하였으나, 2020년경 해당 가상자산을 임의로 처분하고 매도대금을 원고에게 전혀 지급하지 않았다. 이에 원고는 피고의 채무불이행을 이유로 **칠리즈 코인 시가 상당액**을 기준으로 손해배상을 청구하였다.

2. 판결 요지

(1) 채무불이행과 손해배상 책임: 법원은 실제 매수한 칠리즈 코인 수량을 28만 개로 인정하였다. 원고가 반환을 요구하자 피고가 "이미 매도했으므로 다시 살 수 없다"는 취지로 응답한 점을 들어, 피고가 계약 이행을 거절하였다고 판단하였다. 따라서 피고는 **이행거절로 인한 손해배상 의무**를 부담한다고 판단하였다.

(2) 손해액 산정 기준: 법원은 채무불이행에서 **손해액 산정**은 **이행거절 당시의 급부 목적물 시가를 기준**으로 해야 한다고 설시하였다. 칠리즈 코인이 가상자산거래소에 상장된 경우, 특별한 사정이 없는 한 **이행거절 당일의 거래소 종가**를 기준으로 가액을 평가해야 한다고 보았다. 또한 가상자산은 거래소별 거래 가격이 상이하므로, **채무자가 이용한 거래소의 가격을 기준으로 평가하는 것이 타당**하다고 판단하였다.

(3) 책임 제한: 법원은 원고가 초기 투자금으로 지급한 금액이 상대적으로 적고, 관리 확인을 적극적으로 하지 않은 점을 참작하여, 공평한 분담 원칙에 따라 피고의 **책임을 60%로 제한**하였다.

[5] 가상자산 거래소의 투자자 보호의무 및 손해배상책임의 성립 여부

(서울중앙지방법원 2024. 4. 18. 선고 2022가합519467 판결, 서울고등법원 2024나2023871로 항소 중)

1. 사건 개요

가상자산 거래소를 운영하는 A 주식회사는 해외에서 발행된 가상자산 '픽셀'에 대한 거래 지원 요청을 받아 심사 후 상장을 결정하였다. 그러나 이후 **계획 유통량 공시와 달리 발행물량 전부가 실제로 유통**되고 있음을 확인하고, 픽셀을 거래 유의종목으로 지정한 뒤 **상장폐지를 결정**하였다. 이에 해당 웹사이트의 회원으로 거래한 **원고들은 공시 위반에 따른 유통량 증가로 손실**을 입었다며, A 회사를 상대로 **채무불이행 또는 불법행위에 기한 손해배상을 청구**하였다.

2. 판결 요지

법원은 가상자산 거래소 운영자는 서비스 이용계약 및 신의성실 원칙에 따라 **스스로 정한 기준과 절차에 따라 상장 및 상장폐지 대상을 선별**하고, 상장된 가상자산의 **거래 적절성을 이용자들에게 알려 투자자를 보호할 의무**를 부담한다고 판시하였다.

다만, 특별한 법령상 근거가 없는 한 가상자산 거래소가 한국거래소와 동일한 수준의 규제를 받는다고 볼 수는 없으며, **상장 및 상장폐지 여부**는 원칙적으로 **거래소의 자율적 판단**에 맡겨져야 한다고 보았다. 이에 따라 ① 픽셀의 상장 및 상장폐지 과정에서 A 회사의 **계약상 의무 위반을 인정하기 어렵고(채무불이행책임 불성립)**, ② 신의칙상 **투자자 보호의무 위반 역시 인정되지 않는다**고 보아**(불법행위책임 불성립)**, A 회사의 **손해배상책임을 부정**하였다.

☞ 이 판결은 현행 제도하에서 **가상자산 거래소의 상장 및 상장폐지 결정에 관한 자율성을 재확인한 사례**로서, 해당 결정이 **자의적**이거나 **부정한 동기·목적에 기초한 것이 아닌 한, 투자자 보호의무 위반을 이유로 손해배상책임을 묻기 어렵다**는 점을 명확히 한 것으로 평가된다.

[6] 전산오류로 인한 가상자산 잔고 회복분에 대한 부당이득반환청구 가부

(서울고등법원 2024. 8. 22. 선고 2023나2049623 판결, 피고들이 상고 취하하여 확정)

1. 사건 개요

원고는 가상자산 거래소를 운영하는 회사이고, 피고들은 원고가 운영하는 가상자산 거래소의 회원이다. 피고들은 이더리움 및 이더리움클래식의 출고를 요청하였고, 해당 가상자산은 외부 블록체인 네트워크를 통해 피고들이 지정한 전자지갑으로 전송이 완료되었다. 그러나 불상의 원인으로 '전자지갑 서버'가 제한시간(3분) 내에 출고 요청 결과를 회신받지 못하였고, 이로 인해 **시스템이 출고를 비정상 처리된 것으로 오인하여 피고들의 잔고를 원상회복 처리**하였다. 이에 원고는 피고들이 회복된 잔고에 해당하는 이더리움 등을 반환해야 한다고 주장하며 **부당이득반환청구 소송을 제기**하였다.

2. 판결 요지

(1) **부당이득 해당 여부:** 법원은 피고들의 **출고 요청**을 **'원고가 이더리움 등을 전송하면 피고들이 수수료를 지급하는 계약'에 관한 청약**으로 보았다. 원고가 이에 응하여 신호 전송을 실시한 것은 **승낙의 의사표시**에 해당하여 개별 전송계약이 성립한 것이므로, **출고 처리 완료 시** 피고들은 당초 의도한 '제3자 등에게의 이더리움 전송'의 **목적을 달성**한 것이다. 따라서 피고들의 잔고는 차감되었어야 함에도 전산오류로 잔고가 회복된 것은 법률상 원인 없는 이익에 해당하므로, 회복된 잔고 상당의 이더리움 등은 **피고들이 부당이득한 것**으로 본다.

(2) **반환의 방법 및 범위:** 이더리움 등은 개별적 식별성이 중요한 것이 아니고 실제 거래에서 금전과 유사하게 거래되는 성격을 가진다. 따라서 **금전 유사 대체물**로서 피고들이 **이를 처분하였는지 여부를 불문하고 현존하는 것으로 추정**되므로, 피고들은 **부당이득한 이더리움 등 전부를 반환**할 의무가 있다.

C. 행정

[1] 게임 내 NFT 아이템 제공이 게임산업법상 금지된 경품 및 사행성 조장에 해당하는지 여부

(서울행정법원 2023. 1. 13. 선고 2021구합65484 및 2021구합69899 판결, 2023. 2. 2. 각 확정)

1. 사건 개요

피고 게임물관리위원회는 원고의 게임에 대해 ① **우연히 NFT화 가능한 아이템을 획득**할 수 있고, ② 해당 아이템의 **소유권이 이용자에게 귀속되어 게임 외부로 이전·교환거래가 가능**한 점을 들어, **"경품 등을 제공하여 사행성을 조장하는 경우"**에 해당한다는 이유로 **등급분류를 취소·거부**하였다. 이에 원고는 등급분류결정 취소·거부에 대한 취소소송을 제기하였다.

2. 판결 요지

법원은 **NFT 및 NFT화 아이템의 대체가능성·환가성·유통가능성**에 비추어 재산상 가치를 인정할 수 있다고 보았다. 따라서 이 사건 게임에서 제공하는 NFT화 가능한 아이템은 게임산업법에서 금지하는 **경품**에 해당하며, 이러한 제공행위는 그 자체로 **사행성 조장**에 해당한다고 판단하였다.

[2] 현금 인출 방식을 이용한 재정거래 행위에 대한 외국환거래법상 과태료 부과의 적법성

(부산지방법원 2022. 2. 7.자 2021과91 결정, 2022. 2. 16. 확정)

1. 사건 개요

신청인은 일본에서 **국내 발행 카드의 외화 현금서비스**를 이용해 수회에 걸쳐 한화 약 69억 원 상당의 엔화를 출금하고, 일본에서 가상자산을 구매하여 국내로 전송한 뒤 이를 매도하여 **시세차익을 얻는 재정거래**를 수행하였다. 세관 및 법원은 이행위를 외국환거래법 위반으로 판단하고 과태료 약 2억 7천억 원을 부과하였다.

2. 판결 요지

법원은 신청인의 행위가 **건당 금액이 미화 1만 달러를 초과하는 경우** 신고 의무를 규정한 외국환 거래법 위반한 행위에 해당한다고 판단하였다. 또한 외국환거래규정상 신고 의무가 면제되는 **자본거래**에 해당하지 않는다는 점을 근거로, 신청인에 대한 **과태료 부과가 적법**하다고 결정하였다.

[3] 비거주자의 가상자산 거래 소득의 국내원천소득 해당 여부 및 가상자산 거래소의 원천징수의무 여부

(서울고등법원 2024. 10. 25. 선고 2024누42477 판결, 상고기각 확정)

1. 사건 개요

원고(가상자산 거래소)가 비거주자인 회원들에게 지급한 **가상자산을 거래하여 얻은 차익**은 구 소득세법상 **'비거주자의 국내원천 기타소득'**에 해당한다고 보아 원고에게 원천징수 불이행을 이유로 기타 소득세 징수처분을 하였다. 이에 원고는 해당 처분의 취소를 구하는 소송을 제기하였다.

2. 판결 요지

(1) 비거주자의 가상자산 거래 소득의 국내원천소득 해당 여부: ① 구 소득세법 제119조 제12호 마목은 '부동산 외 국내자산의 양도로 인한 소득'을 규정하는데, 이는 '국내에 존재하는 자산'을 전제로 해석해야 한다. ② 같은 호 카목의 '이와 유사한 소득' 문구만으로 모든 경제적 성질상 국내 원천이 있다고 볼 수 있는 소득을 포괄 규정했다고 보기는 어렵다. ③ **가상자산은 블록체인 기술을 기반으로 하여 중앙 서버에 귀속되지 않고 분산적으로 기록되므로, 특정 거래소에서 거래된다고 하여 이를 곧바로 '국내에 있는 자산'으로 단정할 수 없다.** ④ 가상자산 소득은 이후 개정 소득세법에서 별도로 규정되었으며, 구법상 열거된 과세 소득에 포함되지 않는다. ⑤ 이 사건 처분은 거주자에게는 과세할 수 없으면서 비거주자에게만 과세하는 결과를 초래하여 거주자와 비거주자를 차별적으로 취급하고 있다.

위 사정을 종합하면, 가상자산이 재산적 가치가 있는 무형재산에 해당한다고 하더라도 원고가 비거주자에게 지급한 가상자산 거래 차익은 구 소득세법 제119조 제12호 마목 또는 카목에서 정한 **국내원천소득에 해당하지 않으며, 이를 전제로 한 기타소득세 징수처분은 위법**하다.

(2) 가상자산 거래소의 원천징수의무 여부: 법원은 가상자산 거래 차익이 구 소득세법상 국내원천소득으로 인정된다 하더라도, 구 소득세법상 원고가 이 사건 지급액에 대한 **원천징수의무를 부담한다고 해석하기 어렵다**고 보았다.

D. 신청

[1] 가상자산 거래소 운영자에게 채무자 전자지갑에 대한 거래 중지를 구하는 가처분의 인용 여부 (광주고등법원 2023. 8. 3.자 2021라1021 결정)

1. 사건 개요

채무자는 채권자에게 비트코인 1,345개를 이전하기로 하는 이행각서를 작성하였으나 이를 이행하지 않았다. 채권자는 위 이행각서에 기한 청구권을 피보전권리로 하여, ① **채무자에 대하여 채무자 전자지갑 내 비트코인에 대한 처분금지**, ② **가상자산 거래소 운영자인 제3채무자에게 채무자 비트코인 지갑 계좌의 거래중지**를 명하는 가처분을 신청하였다. **제1심**은 ① **부분은 인용**하였으나 ② **부분은 기각**하였고, 이에 채권자가 즉시항고하였다.

2. 판결 요지

(1) 채무자에 대한 처분금지 가처분의 인용: 법원은 채무자가 보관하는 비트코인에 대한 처분금지 가처분을 인용하였다.

(2) 거래소 운영자(제3채무자)에 대한 거래중지 가처분의 인용 여부: ① 이행각서에 표시되어 있는 채무자의 지갑이 채무자 개인 지갑이라고 하더라도, 통상 **가상자산사업자를 통해 이전·거래되므로 장차 거래소 전자지갑으로 이전되어 보관될 가능성을 배제할 수 없는 점,** ② 채권자가 **가처분 목적물**을 **'채무자가 제3채무자들에게 개설하여 보유 중인 비트코인 지갑'으로 특정**한 점 등 위 사정을 종합하면, 제3채무자에 대한 가처분 신청 부분 역시 **피보전권리와 보전의 필요성이 소명**되었다고 판단하였다.

[2] 가상자산거래소의 거래지원 종료결정에 대한 효력정지가처분 인용 여부

(서울중앙지방법원 2024. 10. 18.자 2024카합21018 결정)

1. 사건 개요

채권자는 가상자산 A 코인을 발행한 회사이고, 채무자는 가상자산 거래소 B를 운영하는 회사이다. 채무자는 채권자가 관리하는 지갑에서 **보안 문제**가 발생하고, A 코인의 이동이 **유통계획과 불일치**한다는 이유로 **A 코인을 투자유의종목으로 지정**하였다. 이어 채권자의 **로드맵 미이행, 사업·개발 지연 등으로 사업의 지속 가능성을 확인하기 어렵다**는 이유를 들어 **A 코인에 대한 거래지원 종료를 결정**하였다. 이에 채권자는 해당 거래지원 종료결정의 효력정지를 구하는 가처분을 신청하였고, 법원은 채무자가 답변서를 제출하지 않고 심문기일에도 출석하지 않았음을 이유로 이를 인용하였다. 이후 채무자가 이의신청을 제기하였다.

2. 판결 요지

(1) 피보전권리: 채권자는 거래지원 종료에 관한 계약 조항이 약관규제법에 위반된다고 주장하였으나, 법원은 해당 조항이 **약관에 해당한다고 보기도 어렵고**, 설사 약관에 해당한다고 하더라도 ① **투자자 보호를 위하여 필요한 경우에 한하여 투자유의종목으로 지정**하고, **그 사유가 해소되지 않을 경우**에 한해 **거래지원을 종료**하도록 하고 있는 점, ② 거래지원 종료가 곧바로 계약 해지의 성격을 띠는 것이 아니라 투자유의종목 지정이라는 **최고 절차와 유사한 절차**를 거치도록 하고 있는 점 등을 고려할 때 **불공정조항으로 보기 어렵다**고 판단하였다. 따라서 법원은 **계약 효력 정지를 위한 피보전권리의 존재를 인정하지 않았다.**

(2) 보전의 필요성: 법원은 **해외 거래소에서 A 코인 거래가 가능**하다는 점, 향후 투자 유의종목 지정 사유가 해소되면 **B 거래소가 재상장을 검토할 수 있는** 점, 다른 **투자자들의 손해와 위험을 예방할 필요성이 크다**는 점 등을 고려하여, 거래지원 종료결정의 효력을 정지할 **보전의 필요성에 관한 소명이 부족**하다고 판단하였다.

☞ 가상자산 거래소의 상장폐지(거래지원 종료) 결정에 대해 발행회사가 효력정지 가처분을 신청하는 사례는 빈번하지만, **법원은 원칙적으로 거래소의 자율적 판단을 존중**해 왔으며, 본 사건 역시 그러한 법원의 태도를 재확인한 사례라 할 수 있다.

【 부록2: 블록체인·가상자산 주요 용어 해설 】

A. 기술 및 인프라

01. 블록체인 (Blockchain)

블록체인은 거래 기록을 '블록' 단위로 묶어, 이를 시간 순서대로 '체인'처럼 연결해 분산된 컴퓨터 네트워크에 저장하는 기술 구조이다. 중앙 서버 대신 여러 노드가 동시에 장부를 보관하고 검증하기 때문에, 마치 모든 참가자가 똑같은 복사본 장부를 들고 있는 셈이다. 이 구조는 검열 저항성·투명성·보안성이 뛰어나고, 데이터 위변조가 사실상 불가능해 신뢰 기반 거래 인프라로 쓰인다. 대표 사례로 비트코인, 이더리움의 메인넷이 있다.

02. 스마트 계약 (Smart Contract)

스마트 계약은 '조건이 충족되면 자동 실행되는 디지털 계약'이다. 예를 들어 "대금이 입금되면 자동으로 소유권이 이전"되는 코드를 작성하면, 조건 성립 시 사람이 개입하지 않아도 블록체인 상에서 즉시 실행한다. 한 번 기록되면 수정할 수 없고 누구나 실행 결과를 확인할 수 있어 계약 불이행 위험이 줄어든다. 이더리움 등을 기반으로 가상자산 거래, 탈중앙금융(DeFi), NFT 거래, DAO 운영 등에 활용한다.

03. 메인넷 (Mainnet)

메인넷은 실제 가상자산과 데이터가 오가는 '운영용 블록체인 네트워크'이다. 테스트넷이 연습장이라면, 메인넷은 진짜 경기장이며 이곳에서 발생하는 거래는 실질적 효력을 가진다. 보안성과 안정성이 핵심이며, 비트코인·이더리움 등 주요 프로젝트마다 독립된 메인넷을 운영한다.

04. 테스트넷 (Testnet)

테스트넷은 개발·테스트 전용 블록체인 환경이다. 실제 자산이 오가지 않으며, 새로운 기능, 스마트 계약, 업그레이드 시뮬레이션 등에 사용한다. 실전 전에 시도하는 리허설 무대에 비유할 수 있다.

05. 지갑 (Wallet)

블록체인 지갑은 가상자산을 보관·전송·수신하는 디지털 도구이다. 공개키(주소)와 개인키로 작동하며, NFT나 토큰 거래, 스마트 계약 참여에 필수적이다. 형태에 따라 하드웨어 지갑(콜드월렛)과 온라인 지갑(핫월렛)으로 나눈다.

06. 하드웨어 지갑 (Hardware Wallet, Cold Wallet, 콜드월렛)

하드웨어 지갑은 인터넷에 연결하지 않은 상태에서 개인키를 오프라인 저장하는 방식을 말한다. 금고 속 금괴처럼 해킹 위험이 낮아 장기 자산 보관에 적합하다. USB 형태의 전용 기기나 종이 지갑, 보안 전용 저장매체 등을 활용한다.

07. 온라인 지갑 (Online Wallet, Hot Wallet, 핫월렛)

온라인 지갑은 인터넷에 상시 연결된 상태의 지갑이다. 빠른 거래와 서비스 연동이 가능해 빈번한 자산 이동에 적합하지만, 보안 위협이 높아 관리가 필요하다.

08. 개인키 / 공개키 (Private Key / Public Key)

공개키는 블록체인 주소로 쓰이며 누구나 열람 가능하다. 개인키는 해당 주소 자산의 통제권을 가지는 비공개 암호이며, 유출 시 자산을 즉시 잃을 수 있으므로 철저한 보안이 필수이다.

09. 암호화 기반 인증 (Cryptographic Authentication)

암호화 기반 인증은 공개키·개인키 쌍과 같은 암호학적 기법을 사용해 사용자의 신원을 검증하는 절차이다. 비밀번호 대신 개인키로 서명(디지털 서명)하고, 그 서명이 공개키로 유효함을 확인한다. 위변조가 어렵고 블록체인 등 Web3 환경에서 널리 사용한다.

10. 디지털 서명 (Digital Signature)

디지털 서명은 개인키로 생성하는 고유한 값으로, 암호화 기반 인증에 사용되는 핵심 기술이다. 서명과 함께 거래 승인을 처리하며, 데이터의 위변조 방지 및 서명자의 신원을 동시에 보증한다.

11. 공개키 암호 방식 (Public-Key Cryptography)

공개키 암호 방식은 암호화와 복호화에 서로 다른 키를 쓰는 방식이다. 한 쪽 키로 암호화한 정보는 반드시 다른 쪽 키로만 복호화 가능하다. 보안 통신, 전자서명 등에 사용한다.

12. 노드 (Node)

노드는 블록체인 네트워크에 참여하는 개별 컴퓨터이다. 거래 검증, 블록 저장, 데이터 전파를 담당하며, 각 노드가 동일한 장부 사본을 보유해 탈중앙성과 무결성을 유지한다.

13. 탈중앙화 (Decentralization)

탈중앙화는 중앙 관리자 없이 다수의 참여자가 공동으로 검증·운영하는 구조이다. 마치 장부 사본을 모두가 들고 있어 일부 기록을 잃어도 전체 기록이 유지되는 방식이다.

14. 트랜잭션 (Transaction)

트랜잭션은 블록체인에서 발생하는 모든 활동의 기본 명령 단위이다. 자산 송금, NFT 발행, 스마트 계약 실행 등이 이에 해당하며, 네트워크 검증을 거쳐 블록에 포함되면 되돌릴 수 없는 기록으로 남게 된다.

15. 컨펌 (Confirm)

컨펌은 사용자가 보낸 트랜잭션이 블록에 포함되어 확정되는 과정을 의미한다. 트랜잭션이 포함된 블록이 시간이 지남에 따라 더 많은 블록에 의해 연결 (확정 횟수 증가)될수록, 해당 거래는 되돌리기 불가능한 상태가 된다.

16. 거래 해시 (Transaction Hash)

거래 해시는 각 트랜잭션을 구별하는 고유 암호 문자열이다. 블록체인 탐색기에서 특정 거래의 상태, 포함된 블록 번호, 수수료 등을 조회할 때 사용한다.

17. 블록 번호 (Block Number)

블록 번호는 블록이 생성된 순서를 나타내는 고유 식별자이다. 블록체인 탐색기에서 특정 블록에 포함된 모든 거래를 시간 순서대로 찾아볼 때 사용한다.

18. 블록체인 탐색기 (Blockchain Explorer)

블록체인 탐색기는 블록체인 상의 모든 데이터를 실시간으로 조회할 수 있는 웹 기반 도구이다. 거래 해시나 블록 번호를 입력하여 거래의 진행 상황, 주소의 자산 내역, 블록의 상세 정보 등을 투명하게 확인할 수 있다.

19. 온체인 모니터링 구조 (On-chain Monitoring System)

온체인 모니터링 구조는 블록체인 상의 거래 흐름을 자동 추적·기록하는 체계이다. 회계감사, 수익 분배, 로열티 정산, 리워드 지급 등에서 투명성을 확보한다.

20. 대체불가능토큰 (NFT) 민팅 (Minting)

NFT 민팅은 새로운 NFT를 블록체인에 최초 생성·등록하는 과정이다. 예술 작품을 공식적으로 발행하는 '인쇄'에 비유할 수 있다.

21. 분산 저장 (Distributed Storage)

분산 저장은 데이터를 중앙 서버 대신 여러 노드에 나누어 저장하는 방식이다. 일부 노드가 중단돼도 데이터가 유지되며, IPFS 등 탈중앙 파일시스템에서 활용한다.

22. Layer 1 / Layer 2

Layer 1은 메인 블록체인을 의미하며, 모든 거래가 최종적으로 기록되고 보안의 기반이 된다(예 이더리움, 비트코인). Layer 2는 Layer 1의 한계를 보완하기 위해 그 위에서 작동하는 보조 네트워크로, Layer 1의 보안을 상속받으면서도 처리 속도를 높이고 수수료를 낮춘다(예 Arbitrum, Optimism).

23. 보조체인 (Sidechain)

보조체인은 Layer 1과는 별도로 독립적인 보안 모델을 갖는 블록체인이다. 메인 블록체인과 양방향으로 연결되어 자산을 이동시키고, 자체적인 검증 방식을 통해 처리 속도와 수수료 문제를 보완한다. Layer 2와 달리 메인 체인에 보안을 의존하지 않는 것이 특징입니다(예 이더리움의 Polygon PoS).

24. 브릿지 (Bridge)

브릿지는 서로 다른 블록체인 간 자산 이동을 가능하게 하는 기술이다. 높은 보안이 요구된다.

25. 멀티시그 (Multi-signature)

멀티시그는 여러 명이 서명해야 자산을 이동할 수 있는 지갑 구조이다. 기업 보관금·DAO 자금 운영에서 필수적이다.

26. MPC (Multi-Party Computation)

MPC는 개인키를 여러 조각으로 나누어 각자 보관하고, 조각들이 협력해 서명하는 암호 기술이다. 개별 조각이 유출돼도 전체 키가 드러나지 않아 보안성이 높다.

27. 하드포크/소프트포크 (Hard Fork / Soft Fork)

하드포크는 호환 없이 체인이 분리되는 규칙 변경 방식이고, 소프트포크는 호환성을 유지하며 변경하는 방식이다.

28. 디앱 (DApp, Decentralized Application)

디앱은 중앙 서버 없이 스마트 계약으로 실행되는 애플리케이션이다. 가상자산 지갑 연동이 필요한 경우가 많다.

29. 오라클 (Oracle)

오라클은 블록체인 외부 데이터를 온체인으로 전달하는 시스템이다. 스마트 계약이 환율·날씨 등 현실 세계 정보에 반응하도록 한다.

30. 가스 (GAS, 수수료)

가스는 블록체인 거래나 스마트 계약 실행에 필요한 연산 비용이다. 이더리움에서는 네트워크 혼잡도에 따라 변동된다.

31. 영지식 증명 (ZK 프로토콜, Zero-Knowledge Proof)

영지식 증명은 어떤 사실이 참임을 '추가 정보 공개 없이' 증명하는 암호 기술이다. 예를 들어 20세 이상임을 생년월일 없이 입증할 수 있다.

32. 웹3 (Web3)

웹3는 블록체인 기반 사용자 주도형 인터넷을 지향하는 개념이다. 사용자가 데이터를 직접 소유하고, 탈중앙화된 네트워크를 통해 가치를 교환하는 디지털 생태계를 만든다.

33. 메타데이터 (Metadata)

메타데이터는 데이터에 관한 설명 정보를 담은 데이터이다. 예를 들어 NFT 이미지의 제목, 제작 시간 등이 메타데이터에 속한다.

34. 토큰 ID (Token ID)

토큰 ID는 각 NFT나 토큰을 식별하는 고유 번호 또는 값이다.

35. 에스디케이 (SDK, Software Development Kit)

SDK는 특정 기능을 앱에 쉽게 구현할 수 있도록 도구와 코드 묶음을 제공하는 개발 키트이다.

36. 웹3 인증 모듈 (Web3 Authentication Module)

웹3 인증 모듈은 블록체인 지갑 로그인, 서명 기반 인증, 토큰 보유 확인 등을 지원하는 모듈이다. ID·비밀번호 없이 지갑만으로 로그인 가능하게 한다.

37. 자동 유동성 공급자 (AMM, Automated Market Maker)

자동 유동성 공급자는 일반 주문장 없이도 스마트 계약이 수식으로 가격을 계산해 토큰을 교환하는 방식이다. 이용자는 유동성 풀에 토큰을 넣어 거래를 지원할 수 있다.

38. 스테이킹 (Staking)

스테이킹은 코인을 네트워크에 예치해 보상을 받는 행위이다. 지분증명(PoS) 방식 블록체인에서 네트워크 운영에 참여하는 방법이기도 하다.

B. 자산 유형 및 구조

39. 디아이디 (DID, Decentralized ID)

중앙기관 없이 블록체인 상에서 개인이 자신의 신원 정보를 직접 보유하고 통제할 수 있는 자기 주권 신원 체계다. 마치 신분증을 스스로 지갑에 보관·관리하는 개념과 같다.

40. 롤업 (Rollup)

Layer 2 확장 기술의 하나로, 여러 거래를 하나로 묶어 Layer 1에 한 번에 기록한다. 여러 소포를 한 박스에 넣어 보내는 것처럼 처리 속도를 높이고 수수료를 절감한다.

41. 체인 상호운용성 (Chain Interoperability)

서로 다른 블록체인들이 서로 소통하며 자산, 데이터, 스마트 계약을 자유롭게 주고받게 하는 기술이다. 마치 외국어를 번역해주는 통역사와 같은 역할을 한다.

42. 토큰 (Token)

블록체인 위에서 특정 기능·가치를 지닌 디지털 자산 단위이다. 자체 블록체인 없이 기존 네트워크(예 이더리움, 솔라나)에서 작동하며, 가치저장·지불수단·거버넌스·서비스 이용권 등 다양한 기능을 수행한다.

43. 코인 (Coin)

자체 블록체인 네트워크를 기반으로 발행된 가상자산이다. 예) 비트코인(BTC), 이더리움(ETH).

44. 유틸리티 토큰 (Utility Token)

특정 플랫폼이나 서비스에서 기능 사용권을 주는 토큰이다. 투자보다는 서비스 이용이나 참여 목적에 중점을 둔다.

45. 증권형 토큰 (Security Token)

주식, 채권, 부동산 등 실물자산의 권리를 토큰화한 것으로, 증권과 성격이 유사해 각국 자본시장 규제를 받는다.

46. 결제형 토큰 (Payment Token)

상품 구매나 서비스 이용 시 통화처럼 쓰이는 토큰이다. 비트코인과 스테이블코인이 대표적이다.

47. 가상자산 (Virtual Asset)

가상자산은 특정 기술(블록체인 등)을 기반으로 전자적으로 이전 및 거래가 가능한 자산이다. 한국에서는 법령(가상자산 이용자 보호법 등)에 의해 법적 정의와 규율 범위가 명확히 명시된 용어이다.

48. 디지털자산 (Digital Asset)

디지털자산은 가상자산을 포괄하는 더 넓은 상위 개념이다. 전자적인 형태로 저장하고 거래할 수 있는 모든 무형의 자산을 뜻한다. 가상자산뿐만 아니라, 전자문서, 게임 아이템, NFT 등 다양한 종류의 디지털 형태 자산을 모두 포함한다.

49. 엔에프티 (NFT, Non-Fungible Token)

하나뿐인 고유 디지털 자산으로, 이미지·영상·음악·게임 아이템 등과 연결돼 희소성과 소유권을 나타낸다. 블록체인에 저장된 고유 식별자와 메타데이터로 원본을 식별한다.

50. 로열티 구조 (Royalty Structure)

NFT가 2차 거래될 때마다 창작자나 권리자에게 일정 비율의 수익을 자동으로 분배하는 구조다.

51. 피에프피 엔에프티 (PFP NFT, Profile Picture NFT)

SNS 프로필 사진으로 활용되도록 제작된 NFT로, 희소성과 소유권을 기록하며 커뮤니티 정체성과 연결된다. 종종 멤버십 혜택을 포함한다.

52. 멤버십 엔에프티 (Membership NFT)

서비스 이용권이나 프리미엄 혜택이 담긴 NFT로, 이벤트 참여·우선 구매·전용 콘텐츠 이용 등과 연계된다.

53. RWA(Real World Asset)

RWA는 부동산, 미술품, 채권 등 현실 세계의 실물자산을 블록체인 상의 토큰으로 전환하는 기술이다. 이를 통해 고가의 실물자산을 작은 단위로 쪼개서 소액으로도 보유하고 거래할 수 있게 한다.

54. 아이피에프에스 (IPFS, InterPlanetary File System)

IPFS는 파일을 분산된 여러 컴퓨터에 저장하는 시스템이다. 파일의 위치가 아닌 고유한 해시값을 기준으로 파일을 찾아 접근하기 때문에, 중앙 서버 없이도 파일을 안전하게 보관하고 관리할 수 있다. 주로 NFT의 이미지나 기타 디지털 콘텐츠를 블록체인에 직접 저장하지 않고, IPFS에 보관하는 방식으로 활용한다.

55. 온체인/오프체인 자산 (On-chain/Off-chain Asset)

온체인 자산은 블록체인 네트워크 상에 직접 존재하며 블록체인의 규칙에 따라 관리되는 자산이고, 오프체인 자산은 블록체인 외부의 데이터나 실물과 연결된 자산이다. 블록체인에 기록되더라도 그 가치나 소유권은 외부 시스템이나 현실 세계에 기반을 둔다.

56. 스테이블코인(Stablecoin)

가격 변동성을 줄이도록 설계된 가상자산이다. 주로 법정화폐(예 미 달러)에 연동돼 1:1 가치를 유지하며 결제, 송금, 디파이 등에 쓰인다.

57. 알고리즘 스테이블코인 (Algorithmic Stablecoin)

별도의 담보 없이 알고리즘으로 공급량을 조절해 가치를 안정시키려는 스테이블코인이다. 일부 실패 사례로 신뢰성 논란이 있다.

58. 디핀 (DePIN, Decentralized Physical Infrastructure Network)

개인들이 통신망, 충전소 등 물리 인프라를 직접 구축하고 토큰으로 보상받는 분산형 네트워크다. (예) Helium)

59. 토큰 이코노미 (Token Economy)

토큰을 매개로 가치가 생성·이동·보상되는 경제 시스템이다. 참여 유도, 권한 분배, 수익 창출 구조를 포함한다.

C. 제도·회계·세무

60. 국제회계기준 (IFRS, International Financial Reporting Standards)

전 세계 상장기업들이 함께 따르는 회계의 공통 언어라 할 수 있는 기준이다. 마치 세계 여러 나라가 같은 언어로 소통하듯, IFRS는 기업들의 재무 상황을 투명하고 비교 가능하게 만드는 기준이다. 한국에서는 이를 바탕으로 한국 실정에 맞게 다듬은 한국채택국제회계기준(K-IFRS)을 사용한다. 가상자산은 대부분 눈에 보이지 않는 무형자산으로 분류한다.

61. 한국채택국제회계기준 (K-IFRS, Korean International Financial Reporting Standards)

IFRS라는 세계 공통 회계 언어를 한국 기업 환경에 맞게 수정한 '한국어 버전'이다. 2011년부터 상장기업과 큰 규모 비상장기업에 단계적으로 도입하여, 국제적 비교와 투명성을 높이는 데 목적이 있다.

62. 무형자산 (Intangible Asset)

물리적으로 손에 잡히지 않는, 마치 기업이 가진 보이지 않는 보물 같은 자산이다. 가상자산, 소프트웨어, 브랜드 등이 이에 속하며, 미래에 경제적 가치가 있을 것으로 기대되는 것들이 포함된다. 회계적으로 인정받으려면 '식별 가능성, 통제력, 미래 경제 효과'라는 기준을 충족해야 하며, 취득원가와 내용 연수에 따라 가치가 점차 줄어드는 것을 상각하거나 손상평가한다.

63. 재고자산 (Inventory)

기업이 팔기 위해 쌓아둔 상품이나 제조 중인 제품을 뜻한다. 제조업에서는 원재료, 반제품, 완제품을 포함하며, 유통업에서는 판매용 상품이 이에 해당한다. 재고자산은 '취득원가'와 '순실현가능가치' 중 낮은 금액으로 평가하며, 불필요하게 많거나 가치가 떨어졌을 땐 평가손실로 인식한다.

64. 회계상 금융상품 (Financial Instrument)

돈과 관련된 계약서 같은 것으로, 한쪽은 자산, 다른 쪽은 부채나 자본이 되는 계약을 말한다. 현금, 채권, 주식, 파생상품 등이 이에 속하며, 위험회피부터 투자, 자금조달까지 다양한 목적에 사용한다. 회계기준에 따라 공정가치나 상각후원가 등으로 평가한다.

65. 실물재고 (Physical Inventory)

장부에 기록된 재고와 실제 창고에 있는 재고를 일일이 확인하는 과정이다. 실물재고는 기업의 '장부 속 이야기'와 '현실'을 비교하는 검증 절차로, 재무제표 신뢰성을 높이는 데 꼭 필요하다.

66. 기타자산 (Other Asset)

무형자산이나 재고자산으로 분류하기 애매한 가상자산 등 다양한 비표준 자산을 말한다. 경제적 효익과 통제 가능성이 있으면 취득원가를 기준으로 기업 내부 회계정책에 따라 분류한다.

67. 현금성 자산 (Cash Equivalents)

마치 '금고 속 현금'과 즉시 교환 가능한 단기 금융자산이다. 현금, 요구불예금, 단기예금 등이 이에 포함된다.

68. 지급준비성 자산 (Payment Reserve Asset)

계약이나 규제로 인해 단기 지급을 위해 따로 챙겨둔 자산을 뜻한다. 결제나 지급에 바로 쓰일 수 있는 현금성 자산이나 유동자산 중 일부이다.

69. 일본의 비유동 무형자산 (Non-current Intangible Assets in Japan)

일본회계기준 하에서 1년 이상 보유하면서 물리적 형체는 없는 자산이다. 소프트웨어, 상표권, 특허권, 영업권(노렌), 개발비 등이 여기에 포함되며, 20년 이내 정기상각이 기본이며 보수주의 원칙에 따라 회계처리한다.

70. 단기매매자산 (Short-term Trading Assets)

일본 기준에서 단기 시세차익을 노리고 보유하는 금융자산이다. 매도 전까지 시세 변동으로 인한 차익 실현이 목적이며, 시가로 평가하고 평가손익을 당기 손익에 반영한다.

71. 손상차손 (Impairment Loss)

자산의 가치가 눈에 띄게 떨어져 멈출 수 없는 '가치 하락의 빨간불' 상태를 의미한다. 자산의 회수 가능 금액이 장부가액보다 낮아지면 그 차액만큼 손실로 인식하며, 가상자산 가격 하락 시에도 영향을 준다.

72. 평가손실 (Valuation Loss)

자산의 시가나 회수 가능액이 장부보다 낮아질 때 그 차액만큼 손실로 보는 회계처리이다. 재고자산, 유형자산, 금융자산 등에서 발생하며, 손상차손과 비슷하지만 보다 넓은 의미로 쓰인다.

73. 손상 회계 위험 (Impairment Accounting Risk)

자산 가치가 하락했는데도 적시에 회계에 반영하지 않아 재무상태를 과대 포장하는 위험이다. 이는 회계 왜곡을 부르고 신뢰성과 투명성을 해칠 수 있어 엄격한 감시가 필요하다.

74. 회계감사 (Audit)

외부감사인이 기업의 재무제표를 꼼꼼히 살펴 진짜인지 확인하는 과정이다. 가상자산 보유 기업에서는 실재성과 평가 방법이 핵심 쟁점이다.

75. 감사 의견의 불확실성 (Uncertainty in Audit Opinion)

감사인이 기업의 재무제표 검토 중 중요한 회계 추정이나 기업 지속능력, 소송 등 불확실 요소가 있어 감사의견에 영향을 주는 상황이다. 강조사항 공시부터 한정, 부적정, 의견거절까지 다양한 의견이 나올 수 있다.

76. 내부통제 (Internal Control)

기업의 재무보고 신뢰성, 법규 준수, 자산 보호 및 효율적 경영을 위해 만든 '회사 내 안전망'이다. 업무분장, 승인 절차, 접근 권한 관리, 모니터링 등이 포함되며, 외부감사와 지배구조의 핵심 기반이 된다.

77. SOC 1 / SOC 2 보고서 (Service Organization Control Report)

미국 기준의 내부통제 감사보고서로, SOC 1은 재무보고 관련, SOC 2는 보안, 가용성, 기밀성 등 비재무 영역을 다룬다. 가상자산거래소, SaaS, 커스터디 서비스 회사 등이 신뢰 확보용으로 활용한다.

78. 공정가치 평가 (Fair Value Accounting)

자산의 가치를 마치 시장에서 팔 수 있는 가격, 즉 '실시간 시세'로 평가하는 방식이다. K-IFRS는 가능한 시장 가격을 우선 적용하고, 없으면 평가 기법을 사용한다. 가상자산도 일부 국가에서는 공정가치 평가가 허용된다.

79. 재무제표 (Financial Statements)

기업의 재무 상태와 경영 성과를 한눈에 보여주는 '기업의 경제 이야기책'이다. K-IFRS 기준으로 재무상태표, 포괄손익계산서, 자본변동표, 현금흐름표, 주석 등 5가지 문서로 구성되어 있다.

80. 자산 재분류 (Asset Reclassification)

마치 옷장을 정리하듯, 자산을 무형자산, 재고자산, 투자자산 등으로 용도에 따라 다시 분류하는 절차이다. 분류에 따라 회계처리 방식도 달라진다.

81. 자산 분류 (Classification of Assets)

기업이 보유한 자산을 유동성과 회수 가능성, 용도에 따라 체계적으로 정리해 구분하는 작업이다. 주로 유동자산과 비유동자산으로 나뉘며, K-IFRS 기준에 맞게 적절히 분류해야 한다.

82. 자산 회계 분리 기능 (Asset Accounting Separation Function)

가상자산, NFT, 포인트 등 다양한 디지털 자산을 사업 목적, 보유 주체, 회계 기준별로 구분하여 별도의 회계 장부에 기록하는 기능이다.

83. 감사의견 거절 (Disclaimer of Opinion)

감사인이 기업 재무제표의 신뢰성을 증명할 충분한 정보를 얻지 못해 의견을 내지 못하는 상태다. 가상자산 실재성 증명 실패 시 발생할 수 있다.

84. 주석 공시 (Footnote Disclosure)

재무제표의 본문 외에 상세한 설명을 더해, 가상자산 보유량, 취득원가, 공정가치 등 중요한 정보를 알기 쉽게 공개하는 부분이다.

85. 공시 대상 (Disclosure Items)

기업이 재무제표 및 주석에서 반드시 공개해야 하는 핵심 정보이다. 회계정책, 주요 추정치, 자산·부채 내역, 수익·비용 구성, 위험관리 정보 등이 포함되며, 기업 경영과 재무 상태에 중대한 영향을 미치는 사항을 모두 담아야 한다.

86. 사업보고서 (Business Report)

한국 상장기업이 법령에 따라 정기 제출하는 보고서로, 기업의 사업 현황, 재무 상태, 성과, 지배구조, 내부통제, 위험요인 등을 종합적으로 담아 투자자 보호와 기업 투명성 제고에 활용하는 문서이다.

87. 분기보고서 / 반기보고서 (Quarterly Report / Semiannual Report)

사업 연도 중간에 제출하는 중간 보고서로, 경영성과와 재무 상태를 정기적으로 알리는 문서이다. 분기보고서는 주로 1분기와 3분기 기준, 반기보고서는 상반기 기준이며, 주요 계약, 위험 요인, 중간 재무자료를 포함한다.

88. 연간 보고서 (Form 10-K)

미국 상장사가 SEC에 매년 제출하는 공식 연간 보고서이다. 감사받은 재무제표, 경영 분석, 리스크 공시, 사업 개요, 지배구조 등 상세 정보가 포함되며, 강한 법적 구속력을 가진다.

89. 자본금 계상 (Capital Stock Recognition)

토큰 발행 시 현물출자 혹은 자본금 항목으로 회계처리할지 판단하는 과정이다. 명확한 기준이 없어 실제 업무에서 이슈가 많다.

90. 계약부채 (Contract Liability)

고객에게 상품이나 서비스를 제공하기 전에 미리 받은 대가로, 기업이 이행해야 할 의무를 부채로 인식하는 항목이다. 토큰 선판매 시 자주 발생하며, 수익 인식과 연동된다.

91. 계약자산 (Contract Asset)

기업이 약속한 의무를 일부 이행했으나 청구할 권리가 아직 확정되지 않은 상태의 자산이다. DAO 운영, NFT 개발 등에서 수익 인식 기준을 충족하는 가상자산이 이에 해당할 수 있다.

92. 기타금융부채 (Other Financial Liabilities)

금융상품 기준에 따라 기업이 지급 의무가 있는 경우 분류하는 금융부채이다. 리워드 토큰이 현금처럼 외부 거래 가능하거나 교환 조건이 명확하면 인식된다.

93. 기타지급수단 (Other Payables)

직접 현금 지급 의무는 없지만, 물품, 서비스, 사용 권리로 전환 가능한 항목이다. 리워드 포인트나 쿠폰, 토큰 등 지급 의무가 있는 경우 보통 이 계정으로 회계처리한다.

94. 선수수익 (Unearned Revenue)

상품이나 서비스를 제공하기 전에 미리 받은 금액으로, 수익 인식 요건을 아직 충족하지 않아 부채로 처리되는 항목이다. 계약 부채의 하위 개념으로 분류된다.

95. 수익 인식 (Revenue Recognition)

기업이 고객에게 상품이나 서비스를 제공하고 대가를 받을 권리를 획득한 시점에 수익으로 회계처리하는 과정이다. 통제권 이전이 핵심 기준이며, 토큰 유통이나 NFT 사용 시점에 적용된다.

96. 기타 영업외수익 (Other Income)

주 영업활동 외에서 발생하는 비정기적 또는 부수적 수익이다. 이자수익, 배당수익, 외화 환산이익 등이 포함되며, 미국 회계기준에서는 별도 항목으로 구분한다.

97. 토큰 지급과 세무처리

직원이나 고객에게 토큰을 지급할 때 급여, 마케팅, 기부 등 목적에 따라 과세 기준이 달라진다.

98. Airdrop(에어드롭)

블록체인 프로젝트가 마케팅, 초기 사용자 확보 등을 위해 가상자산을 특정 지갑에 무상 배포하는 행위이다. 회계상 수익 또는 자산으로 보고, 세무상으로는 익금으로 인식하여 과세한다.

99. 원가법 (Cost Method)

자산을 취득원가 기준으로 평가하고 손익 인식을 제한하는 보수적 회계 방식이다. 가상자산에 자주 적용된다.

100. 시가평가 (Mark-to-Market)

자산의 시장가치를 반영해 평가하는 방식이다. IFRS에서는 원칙적으로 가상자산에 허용되지 않지만, 일부 회계정책에서는 활용된다.

101. 취득원가 (Acquisition Cost)

자산을 취득할 때 실제로 지출한 금액과 그 자산을 사용가능하게 만드는 데 든 모든 부대비용의 합이다. 매입가격, 관세, 운송비, 설치비 등이 포함되며, 토큰이나 NFT 획득 시 평가 기준이 된다.

102. 양도소득세 (Capital Gains Tax)

자산을 팔아 얻은 이익에 부과되는 세금이다. 가상자산도 일부 국가에서 과세 대상이 된다.

103. 부가가치세 (VAT)

재화나 서비스 판매 시 부과되는 간접세이다. NFT나 디지털 콘텐츠의 경우 부가가치세 적용 여부는 국가별로 다르다.

104. 실재성 증명 (Existence Proof)

회계감사 시 장부에 기록된 자산이나 거래가 실제 존재하거나 발생했다는 것을 증명하는 절차이다. 실물 확인, 제3자 확인서, 거래 문서 검토, 지갑 주소와 서명 로그 등이 활용된다.

105. 세무조정 (Tax Adjustment)

회계상 손익을 세법상 과세소득으로 변환하기 위해 차이를 조정하는 과정이다. 회계와 세법 사이에는 일시적 또는 영구적 차이가 있어 이를 맞추는 절차이다.

106. 법인세 신고 (Corporate Tax Filing)

기업이 연간 소득에 대해 납부할 세금을 신고하는 절차이다. 가상자산의 평가, 매각, 지급 등도 과세 대상에 포함된다.

D. 사업·거버넌스 구조

107. 탈중앙화 자율조직 (DAO, Decentralized Autonomous Organization)

중앙 관리자가 존재하지 않고, 스마트 계약과 블록체인에 기록된 규칙에 따라 자율적으로 운영되는 조직이다. 토큰 보유자들이 제안과 투표를 통해 자금 집행, 규칙 변경, 프로젝트 방향 등을 결정한다. 기존 기업과 달리 탈중앙성, 투명성, 자동화를 핵심 가치로 삼는다. 일종의 '온라인 협동조합'과 비슷하지만, 모든 운영 절차가 디지털 코드로 만들어져 자동 실행된다.

108. DAO 거버넌스 (DAO Governance)

DAO의 운영 규칙과 의사결정 체계를 의미하며, 참여자인 토큰 보유자들이 직접 설계하고 집행한다. 전통 기업처럼 이사회나 경영진이 없고, 대신 투표를 통해 주요 사안을 결정한다. 투표 방식, 참여 조건, 실행 절차를 명문화하여 투명성을 확보한다. 참여 확대와 민주적 운영이 장점이지만, 의사결정 지연과 투표권 집중 같은 과제가 존재한다.

109. 위임투표 (Delegated Voting)

참여자가 자신의 투표권을 신뢰하는 다른 개인이나 그룹에 위임하여 행사하는 방식이다. 이렇게 하면 거버넌스에 활발히 참여하지 않는 구성원도 간접적으로 의사결정에 영향을 미칠 수 있다. DAO 및 탈중앙화 프로토콜에서 참여율을 높이고 효율성을 확보하는 데 자주 사용한다.

110. 쿼럼제 (Quorum System)

의사결정이 유효하려면 일정 수 이상의 참여자 또는 투표가 있어야 한다는 규정이다. 소수 인원에 의해 중요한 결정이 좌우되는 것을 방지한다. DAO뿐 아니라 이사회, 협회, 의결 기구 등 다양한 조직에서 활용된다. 이 제도는 거버넌스의 정당성과 안정성을 높이는 핵심 장치이다.

111. 실행집행자 (Execution Committee 또는 Executor)

DAO 투표로 결정된 안건을 실제로 이행하는 주체 또는 팀이다. 스마트 계약 실행, 자금 송금, 서비스 개시 등 구체적인 후속 조치를 담당한다. 실행집행자가 제대로 작동하지 않으면 DAO의 의사결정이 현실에서 반영되지 못한다.

112. DAO 운영기관 (Operator)

DAO가 위임한 권한에 따라 일상 운영과 실무 집행을 담당하는 실체이다. 예산 집행, 파트너십 협상, 개발 관리, 커뮤니티 운영 등 다양한 과제를 수행한다. 이를 통해 집행력과 책임성을 동시에 확보한다. 오프체인에서 DAO를 대표하는 역할을 할 수도 있다.

113. 거버넌스 토큰 (Governance Token)

DAO의 운영에 참여할 수 있는 권한을 부여하는 토큰이다. 이 토큰을 보유하면 제안 제출, 투표 등 의사결정 과정에 참여할 수 있으며, 이는 전통적인 기업의 주주 의결권과 비슷한 역할을 한다. 토큰의 수량이나 보유 조건에 따라 행사할 수 있는 영향력의 크기가 달라진다.

114. 거버넌스 토큰 보유자 (Governance Token Holder)

거버넌스 토큰 보유자는 제안 제출, 의결, 규칙 변경, 자금 집행 승인 등을 통해 프로젝트의 방향을 결정하는 데 직접적인 영향을 미친다. 보유한 토큰 수량에 비례해 영향력을 행사하며, 모든 활동은 블록체인에 투명하게 기록된다.

115. 멀티시그 보유자 (Multisig Signer)

DAO의 자금 또는 핵심 계약 접근 권한이 있는 멀티시그 월렛에서 거래 실행에 필요한 서명을 맡은 지정 참여자이다. 여러 명이 함께 열쇠를 써야 금고가 열리는 구조로 보안을 강화한다. 이를 통해 단일 관리자에 대한 의존도를 줄이고 투명성을 확보한다.

116. 스마트 거버넌스 (Smart Governance)

제안 제출, 정족수 확인, 실행 명령 등이 모두 코드화되어 스마트 계약으로 자동 수행되는 거버넌스 구조이다. 인간 개입 없이 조건 충족 시 즉시 실행되므로 효율성이 높다. 다만 코드 설계 오류 시 위험이 그대로 반영될 수 있다.

117. DAO 헌장 (DAO Constitution)

DAO의 철학, 권한 구조, 의사결정 절차 등을 규정하는 문서이다. 조직 운영의 기준점이 되며, 분쟁 발생 시 해석의 근거 역할을 한다. 프로젝트 성격에 따라 법적 구속력이 있을 수도 있고, 커뮤니티 합의 문서일 수도 있다.

118. 운영재단 (Foundation)

DAO의 실체가 오프체인에서 법률과 제도 안에서 활동할 수 있도록 돕는 법인이나 비영리단체이다. 은행 계좌 개설, 계약 체결, 고용, 지식재산권 등록 등 법적 행위를 대리한다. DAO와 현실 세계를 연결하는 창구 역할을 한다.

119. 델라웨어주 유한책임회사 (LLC, Limited Liability Company)

미국 델라웨어 주법에 따라 설립되는 조합 형태의 기업 구조이다. 법인격과 유한책임을 부여하며 설립과 관리가 비교적 간단하다. DAO가 법적 실체를 부여받을 때 자주 채택되는 방식이다.

120. 파트너 DAO (Partner DAO)

두 개 이상의 DAO가 연합해 공동으로 생태계를 운영하는 모델이다. 자금, 기술, 의사결정을 공유하며 공동 목표를 추진한다. 프로젝트 간 시너지 효과를 만드는 데 유리하다.

121. NFT 마켓플레이스 (NFT Marketplace)

NFT를 발행, 전시, 판매할 수 있는 블록체인 기반 온라인 플랫폼이다. 대표적으로 OpenSea, Magic Eden, Binance NFT 등이 있다. 각 플랫폼은 지원 네트워크, 수수료, 로열티 정책에서 차이를 보인다.

122. 추가 콘텐츠 연계 (Additional Content Linkage)

NFT 보유자에게 영상, 음원, 이벤트 참여권 같은 부가 콘텐츠·서비스를 연동하는 기능이다. 이를 통해 NFT의 사용성과 매력을 높인다.

123. 유틸리티 부여 (Utility Grant)

NFT나 토큰에 소유권 외의 기능, 보상, 접근 권한 등을 추가하는 것이다. 이는 커뮤니티 활동 촉진과 자산 가치 상승에 활용된다.

124. 토큰 게이팅 (Token-Gating)

특정 NFT나 토큰을 가진 사람만 접근할 수 있는 콘텐츠, 상품, 가격 혜택을 제공하는 방식이다. 사용자의 지갑을 자동 인식해 조건을 적용한다.

125. 커스터디 (Custody)

투자자 대신 가상자산을 안전하게 보관·관리하는 전문 서비스이다. 자체 키 관리의 부담을 덜고 보안·회계·감사 절차를 강화한다.

126. 프로그래머블 커스터디 (Programmable Custody)

보관 중인 자산을 사전에 설정한 조건과 스마트 계약 규칙에 따라 자동 이동·관리하는 서비스이다. 효율성과 보안성을 동시에 도모한다.

127. MPC 커스터디 (MPC Custody)

개인키를 분산 저장하고, 다수가 공동 서명해야 거래가 실행되는 방식이다. 단일 해킹 위험을 줄이고 운영 권한을 분산시킨다.

128. 지갑 보관 계약 (Wallet Custody Contract)

커스터디 서비스 제공자와 이용자 간, 보관 범위·접근 권한·보상 책임 등을 명시한 계약이다. 회계상 자산 실재성 증명에도 사용된다.

129. 온체인 거버넌스 (On-chain Governance)

스마트 계약을 활용해 블록체인 상에서 제안·투표·집행을 모두 자동화하는 시스템이다. 절차가 코드로만 작동해 투명성과 추적 가능성이 높다.

130. DAO 회계처리 (DAO Accounting)

DAO 활동에서 발생한 수익과 비용, 토큰 지급 등을 회계 장부에 반영하는 방식이다. 국제 기준 부재로 현재는 해석과 적용이 유연하다.

131. DAO 참여자 리스크 (DAO Participant Risk)

참여자의 익명성, 역할 규정 부족, 법적 책임 부재로 인한 위험이다. 문서화와 계약으로 통제할 필요가 있다.

132. 공동 운영 계약 (Co-Operation Agreement)

여러 주체가 NFT 프로젝트나 DAO를 공동 운영할 때 체결하는 계약이다. 역할, 기술, 자금, 지식재산권 배분을 명시한다.

133. 탈중앙 커뮤니티 (Decentralized Community)

중앙 관리자 없이 자발적으로 형성·운영되는 블록체인 기반 커뮤니티이다. 참여자 주도로 콘텐츠 제작, 행사, 토큰 생태계가 운영된다.

134. DAO 기반 브랜드 운영 (DAO-based Brand Operation)

브랜드 운영·디자인·지식재산 활용을 DAO 구조에 개방해 소비자가 의사결정에 참여한다. 팬 커뮤니티와 브랜드 전략이 결합된 형태이다.

135. 서비스형 DAO (DAO-as-a-Service)

DAO의 설계, 운영, 회계 관리를 지원하는 플랫폼 또는 외주 서비스이다. 초기 Web3 프로젝트나 커뮤니티에서 채택이 많다.

136. 화이트라벨 (White Label)

구축된 솔루션이나 제품을 다른 기업이 자체 브랜드로 제공할 수 있게 하는 방식이다. 완성된 기술에 외형과 로고만 바꿔 커스터마이징한다.

137. 가상자산 수납 기능 (Cryptocurrency Payment Acceptance)

비트코인, 이더리움, USDC 등의 가상자산을 결제수단으로 받아 정산하는 기능이다. 기존 카드 결제나 계좌이체를 대체하거나 보완한다.

138. DAO 투표 시스템 (DAO Voting System)

DAO 의결을 진행하는 온라인 기반 시스템이다. Snapshot, Tally 등 온체인·오프체인 솔루션을 통해 정족수, 투표 방식 등을 설계·운영한다.

E. 투자·리스크·제도 환경

139. 미국 증권거래위원회 (SEC, U.S. Securities and Exchange Commission)

미국의 증권법 집행기관. 자산이 증권에 해당하는지 여부를 판단하고 관련 규제를 수행한다.

140. 미국 국세청 (IRS, Internal Revenue Service)

미국 연방 세무 행정을 총괄하는 기관. 가상자산을 재산(property)으로 분류하고 과세 기준을 설정한다.

141. 일본 금융청 (FSA, Financial Services Agency)

일본의 금융 감독기관으로, 가상자산 교환업자 등록, 회계 지침, NFT·DAO 정책 수립 등을 담당한다.

142. 싱가포르 통화청 (MAS, Monetary Authority of Singapore)

싱가포르의 금융·통화 정책 감독기관으로, 디지털 자산 허가제, 라이선스 체계, 증권성 판단 기준을 운영한다.

143. 독일 연방금융감독청 (BaFin, Federal Financial Supervisory Authority)

독일의 금융시장 감독기관으로, 가상자산을 금융상품으로 분류하고 STO 인가, 수탁업 라이선스 발급 등을 수행한다.

144. 유럽 가상자산 규제안 (MiCA, Markets in Crypto-Assets Regulation)

EU의 가상자산 통합 규제 프레임워크로, 발행, 공시, 수탁, 스테이블코인 규제를 통일적으로 적용한다.

145. 하위 테스트 (Howey Test)

미국에서 자산의 증권성을 판단하는 4가지 요건(투자, 공동사업, 수익 기대, 타인의 노력에 의한 수익)으로 구성된 기준.

146. 증권성 판단 (Securities Determination)

토큰이 법적으로 증권에 해당하는지 여부를 평가하는 절차로, 증권일 경우 공시·등록·투자자 보호 의무가 발생한다.

147. 사기적 스킴 (Fraudulent Scheme)

허위사실 제공이나 사실 은폐를 통해 투자자를 기망하는 불법 구조로, 자본시장법 또는 형법 위반 가능성이 있다.

148. 장기 유동성 축소 (Long-term Liquidity Contraction)

거시 금융 환경 변화로 시장 유동성이 점진적으로 축소되어 투자 수요가 감소하는 현상.

149. 보유 책임의 부담 (Burden of Custodial Responsibility)

가상자산을 직접 보유하는 사용자가 프라이빗 키, 지갑 보안, 접근권한 관리 등을 직접 책임져야 하는 구조.

150. 내부자 거래 리스크 (Insider Trading Risk)

내부 정보 보유자가 이를 이용하여 사전 매매를 하는 행위로, 한국 자본시장법 및 미국 SEC 규정에 위반될 수 있다.

151. 자금세탁방지 (AML, Anti-Money Laundering)

불법 자금을 금융시스템에 유입시키는 것을 방지하기 위한 제도·기술적 조치. KYC, STR, 거래 모니터링이 포함된다.

152. 자금추적 시스템 (Funds Tracking System)

자금의 흐름을 실시간 또는 사후적으로 추적·분석하여 자금세탁, 불법거래 등을 식별·차단하는 기술 기반 체계.

153. 개인식별정보 (PII, Personally Identifiable Information)

개인을 직접 또는 간접적으로 식별할 수 있는 정보로, 이름, 주민번호, 이메일 주소 등이 포함된다.

154. 일반개인정보보호법 (GDPR, General Data Protection Regulation)

EU의 개인정보 보호법으로, 데이터 주권, 명확한 동의, 목적 제한 등을 규정하며 위반 시 고액의 벌금을 부과한다.

155. 중국 개인정보보호법 (PIPL, Personal Information Protection Law)

중국의 개인정보 보호법으로, 개인정보 수집 최소화, 명확한 고지, 국외 이전 제한 등을 규정하며 위반 시 높은 벌금이 부과된다.

156. 개인정보 보호 (Personal Information Protection)

개인식별정보를 수집·보관·이용·삭제하는 과정에서 관련 법령을 준수하는 절차와 조치.

157. 가상자산 서비스 사업자 (VASP, Virtual Asset Service Provider)

가상자산 매매, 보관, 이전, 중개 등의 서비스를 제공하는 사업자로, 신고·등록·보고 및 AML/CFT 의무가 부과된다.

158. 실명 확인계정 (Real-Name Verified Account)

본인 실명 확인 후 개설된 금융거래 계좌로, 자금세탁방지와 불법거래 차단을 위해 사용된다.

159. 실명 확인 입출금 시스템 (Real-Name Verified Deposit/Withdrawal System)

가상자산 거래소에서 본인 명의 계좌와 연동해 원화 입출금을 가능하게 하는 시스템.

160. 정보보호 관리체계 (ISMS, Information Security Management System)

정보자산 보호를 위해 정책·절차·기술을 통합 관리하는 인증 제도.

161. 스마트 계약 보안감사 (Smart Contract Security Audit)

스마트 계약 코드의 취약점을 사전에 점검하는 절차.

162. 토큰 발행 일정 (Token Issuance Schedule)

토큰 발행 시기, 분배 계획, 락업·베스팅 조건 등을 명시한 일정.

163. 투자자 보호 조항 (Investor Protection Clause)

투자 관련 위험 고지, 환매 조건, 분쟁 해결 절차 등을 포함하는 계약 조항.

164. 크리에이티브 커먼즈 (Creative Commons)

창작자가 일정 조건 하에 저작물을 자유롭게 사용할 수 있도록 허용하는 공개 라이선스.

165. 상업적 제한 라이선스 (Commercial Restricted License)

비영리 목적 사용은 허용하나 상업적 이용은 제한하거나 별도의 허가를 요구하는 라이선스.

166. 사용자별 이용약관 (User-specific Terms of Use)

각 NFT나 디지털 자산별로 개별 설정된 사용 조건을 규정한 약관.

167. 발행 계약서 (Issuance Contract)

NFT나 토큰 발행을 위해 창작자와 플랫폼 또는 발행 주체 간 체결하는 계약 문서.

168. 토큰 발행주체 (Token Issuer)

토큰이나 디지털 자산을 최초로 발행한 기관, 개인, 기업 등.

169. 토큰 수령 방식 (Token Receipt Method)

사용자가 토큰, NFT, 보상 등을 받는 절차나 방법.

170. 유예기간 (Vesting)

특정 조건이나 조치가 공식적으로 적용되기 전까지의 지연 기간.

171. 회수 조항 (Clawback Clause)

조건 미충족 또는 위반 시 발행된 토큰이나 보상 등을 회수할 수 있도록 한 계약 조항.

172. 환율 기준 (Exchange Rate Standard)

디지털 자산을 다른 통화로 환산할 때 적용하는 기준 환율.

173. CoinMarketCap 전일 평균가 (CoinMarketCap Daily Average Price)

CoinMarketCap이 집계한 특정 코인의 전일 24시간 평균 거래가격.

174. 사전 공시자료 (Pre-disclosure Document)

토큰 발행이나 판매 이전에 제공되는 프로젝트 요약 자료로, 목적·수익구조·위험정보를 포함한다.

175. 프로젝트 파산 리스크 (Project Bankruptcy Risk)

운영자 이탈, 커뮤니티 붕괴 등으로 프로젝트가 중단될 가능성.

176. 기술적 가용성 (Technical Availability)

NFT나 토큰이 정상적으로 작동하고 접근 가능한 상태인지 여부.

177. 커뮤니티 리스크 (Community Risk)

프로젝트 참여자 간의 분쟁, 공격, 이탈 등으로 발생하는 공동체 기반의 불안정성.

【참고문헌 등】

- 강동현·이선영·정지성, 「비트코인, 기업의 자산이 되다: 보유 전략부터 비즈니스 모델까지」, 코빗리서치, 2025.04.04.
- 국세청, 「2024 해외 납세자가 알아야 할 세금 상식」, 2004. 2.
- 이정엽·이석준·김성인, 「가상자산 판례백선 – 민사·신청편」, 박영사, 2023.
- 이정엽·이석준·김성인·장민석·한웅희, 「가상자산 판례백선 – 형사·행정편」, 박영사, 2024.
- 이호능·천홍욱, 「무역금융범죄의 싸이클」, 한국관세무역개발원, 2024.
- 정석문, 미국 현지 답사 시리즈 2: 미국 커스터디 기업 탐방 노트, 코빗리서치, 2023.10.13.

  , 홍콩 현지 답사: 크립토 허브로서의 새로운 도약, 코빗리서치, 2024.02.21.
- 정석문·최윤영, 국내 법인의 가상자산 시장 참여가 필요한 이유, 코빗리서치, 2022.10.14.

  , 기관투자자를 위한 가상자산 배분 전략, 코빗리서치, 2022.02.25.
- 정석문, "Gradually, then Suddenly" 임계점에 도달한 기관투자자, 코빗리서치, 2021.11.16.
- 최윤영·김민승, 금융 환경 변화에 따른 정책 제언, 코빗리서치, 2025.06.20.

  , 기관투자자를 위한 가상자산 배분 전략 2.0, 코빗리서치, 2024.04.23.

  , 기관투자자의 굳건한 비트코인 투자, 코빗리서치, 2022.05.18.

  , 주요국 가상자산 규제 방향과 시사점, 코빗리서치, 2024.05.24.

  , ASC 350-60 도입과 가상자산 회계 처리 기준, 코빗리서치, 2025.03.07.

  , BTC, ETH의 탈중앙화와 FIT21 법안 점검, 코빗리서치, 2024.07.10.
- 기획재정부, 2024. 7., 보도자료: 「가상자산 과세 시기 2027년으로 유예」.

- 국무조정실, 2017. 12. 13., 보도자료: 「가상통화 관련 긴급회의 개최」.
- 국회입법조사처, 2024, 「디지털자산기본법(가칭) 제정 논의 동향과 과제」, 입법·정책보고서 제40호.
- 금융위원회·관계기관, 2017. 9. 4., 보도자료: 「가상통화 관계기관 합동 TF 개최」.
- 금융위원회, 2021. 3. 25., 보도자료: 「특정금융거래정보법 개정 시행에 따른 가상자산사업자 신고·수리 제도 안내」.

  , 2023. 2. 6., 보도자료: 「토큰 증권 발행·유통 규율체계 정비방안」.

  , 2023. 12. 21., 보도참고: 「가상자산 회계·공시 규율 강화」.

  , 2024. 7. 19., 보도자료: 「가상자산 이용자 보호법 시행 관련 주요 제도 설명」.

  , 2025. 2. 13., 보도자료: 「법인의 가상자산 시장 참여 로드맵」.
- 코트라(KOTRA), 「2025 UAE 진출전략」, KOTRA자료 24-199.
- 코트라(KOTRA)·주한 UAE 대사관, '한-UAE 경제 협력 세미나' 발표자료, 2025.5.20.
- 포스텍, '블록체인 및 디지털자산 전문가 과정' 강의자료(www.blockchain.postech.ac.kr).
- 한국회계기준원·기업회계기준심의위원회, 2023. 12. 28., 「가상자산 회계처리 감독지침」.
- 가상자산 전문 언론 '디지털에셋'(www.digitalasset.works), 가상자산 관련 기사
- 디지털자산 전문 장형년 세무사 블로그(https://blog.naver.com/crypto_tax), "가상자산(디지털자산) 과세 제도" 등
- 블록체인 관련 매거진 블록체인 투데이(www.blockchaintoday.co.kr), 가상자산 관련 기사
- ADGM – FSRA, 2018. 6. 25., Guidance – Regulation of Crypto Asset Activities in ADGM (OCAB Framework).

, 2019. 5. 14., Guidance – Regulation of Crypto Asset Activities in ADGM (OCAB Framework).

, 2021. 3. 31., Anti-Money Laundering and Sanctions Rulebook (AML).

, 2023. 10. 15., Guidance on Accepted Virtual Assets Framework (criteria and notification requirements).

, 2023. 12. 18., Guidance – Regulation of Virtual Asset Activities in ADGM.

, 2024, Authorisation & Supplementary Forms (Virtual Assets Application (VAS) Form; AVA notification).

, 2025. 6. 10., Guidance – Regulation of Virtual Asset Activities in ADGM (Application process & fees).

- Autorité des marchés financiers (AMF), 2019, Loi PACTE: Régime applicable aux prestataires de services sur actifs numériques (PSAN/DASP).
- Bangko Sentral ng Pilipinas (BSP), 2021. 1., Guidelines on Virtual Asset Service Providers, Circular No. 1108.
- BaFin, 2020, Merkblatt: Hinweise zum Tatbestand des Kryptoverwahrgeschäfts, 2 März 2020.
- BitcoinTreasuries.net, 2025. 8. 11., "Public Companies Holding Bitcoin."
- Boston Consulting Group, 2023, Real-World Assets: Tokenization of Everything, BCG Report.
- Bundesministerium der Finanzen (BMF), 2022, Einzelfragen zur ertragsteuerrechtlichen Behandlung von virtuellen Währungen und von sonstigen Token.

- Bundesanstalt für Finanzdienstleistungsaufsicht (BaFin), 2020, Guidance Notice on the Treatment of Crypto Assets under German Supervisory Law.
- Christian Catalini / Joshua S. Gans, 2016, "Some Simple Economics of the Blockchain," MIT Sloan Research Paper No. 5191-16.
- Circle, 2023. 3. 7., "USDC expands to Tron to enable faster, cheaper transactions across Asia."
- ConsenSys, 2022, Infura Announces Plan to Foster a Decentralized Infrastructure Ecosystem (DIN)
- Deloitte Insights, 2022, The Future of the Corporation: How DAOs Could Reshape Organizational Design.
- Deloitte Luxembourg, 2022, Stablecoins: How should accounting and auditing standards apply.
- Deloitte US, 2023, Stablecoins: What are they and how might they impact financial services.

  , 2023, The Tokenisation of Assets and Implications for Accounting.
- DFSA, 2022. 3. 8., Consultation Paper No. 143: Regulation of Crypto Tokens.

  , 2024. 3. 8., Digital Assets Law No. 2 of 2024 (DIFC).

  , 2024. 5. 1., Prudential – Investment, Insurance Intermediation and Banking Business Module (PIB).

  , 2024. 9. 30., Explainer: Regulation of Crypto Tokens.
- DMCC, 2024, Crypto Centre Package – Appendix 1: DMCC Activities (incl. VA proprietary trading).

- Dubai Government, 2022. 3. 11., Law No. 4 of 2022 Regulating Virtual Assets in the Emirate of Dubai (establishing VARA).
- EBA, 2024, Guidelines amending ML/TF Risk Factors Guidelines to include CASPs.
- EBA & ESMA, 2024, Joint Guidelines on suitability of members of the management body under MiCA.
- ESMA, 2023, Consultation Paper on MiCA Level 2 Technical Standards (First Package).

  , 2023, Consultation Paper on MiCA Level 2 Technical Standards (Second Package).

  , 2024, Final Reports on MiCA Technical Standards.
- European Commission, 2020, Impact Assessment accompanying the Proposal for a Regulation on Markets in Crypto-Assets (MiCA).

  , 2024, Commission Implementing Regulation (EU) 2024/2984.

  , 2025, Commission Delegated Regulation (EU) 2025/421.

- European Union, 2023, Regulation (EU) 2023/1114 on Markets in Crypto-Assets (MiCA).
- EY, 2021, Accounting and Auditing Considerations for Digital Assets Custody, EY Thought Leadership.
- FASB, 2023. 12. 13., Accounting Standards Update No. 2023-08.
- FATF, 2021, Updated Guidance for a Risk-Based Approach to Virtual Assets and VASPs.

- Financial Services Agency (FSA, Japan), 2017, Amendments to the Payment Services Act(金融庁, 2017年4月施行, 「資金決済に関する法律の改正」).
- FSA, 2020, Implementation Guidelines for the Amended Financial Instruments and Exchange Act(金融庁, 2020年5月施行, 「金融商品取引法の施行指針」).
    - , 2020, Explanatory Materials on the Amendments to the Payment Services Act – STO制度化(金融庁, 2020年5月施行, 「資金決済法改正に関する説明資料 — STO制度化」).
    - , 2021, Supervisory Guidelines for Crypto-Asset Exchange Service Providers(金融庁, 改定時点不明(最新版確認), 「暗号資産交換業者に対する監督指針」).
- Gavin Wood, 2014, "Why We Need Web3: A Decentralized Internet," personal blog.
- Government of the Hong Kong SAR, 2022, Policy Statement on the Development of Virtual Assets in Hong Kong.
- Hong Kong Exchanges and Clearing Limited (HKEX), 2024, Launch of Asia's First Spot Virtual Asset ETFs.
- Hong Kong Monetary Authority (HKMA), 2025, Implementation of Stablecoin Issuance and Licensing Regime.
- Hong Kong Securities and Futures Commission (SFC), 2023, Guidelines for Virtual Asset Trading Platform Operators.
- IASB, 2018, Conceptual Framework for Financial Reporting.
- IFRS Interpretations Committee, 2019, Holdings of Cryptocurrencies (Agenda Decision).

- Internal Revenue Service (IRS), 2019, Revenue Ruling 2019-24.
- International Consortium of Investigative Journalists (ICIJ), 2025. 7. 18., "Landmark Cryptocurrency Legislation Passes U.S. House..."
- Japanese Institute of Certified Public Accountants (JICPA), 2020, Accounting Guidance on Treatment of Crypto-Assets.
- Jens Groth, 2003, "A Verifiable Secret Shuffle and its Application to E-Voting," ACM CCS.
- MAS, 2019, Payment Services Act 2019 (Act 2 of 2019).
  - , 2022, Guidelines on Provision of Digital Payment Token Services to the Public (PS-G02).
  - , 2023. 8. 15., Response to public consultation on Stablecoin-Related Activities.
  - , 2024, FAQs on the Payment Services Act including stablecoin treatment.
  - , 2024, Regulatory Framework for Stablecoins (SCS).
- Messari, 2023, The Rise of DePIN: Decentralized Physical Infrastructure Networks.
- MicroStrategy Inc., 2023, Annual Report on Form 10-K (FY 2022).
- National Tax Agency (Japan, NTA), 2022, FAQ on the Tax Treatment of Crypto-Assets.
- Nick Johnson, 2017, Ethereum Name Service (ENS) Documentation.
- Protocol Labs, 2017, Filecoin: A Decentralized Storage Network.
- PwC, 2020, Crypto-Custody: Key Considerations for Financial Institutions.

, 2023, Web3 and Digital Assets: Tax, Accounting and Governance Perspectives.

- RAK Digital Assets Oasis (RAK DAO), 2023–2024, Business setup guidance.
- Sam Williams et al., 2018, Arweave Whitepaper.
- SCA and VARA, 2024. 9., MoU on Virtual Asset Supervision.
- Securities and Commodities Authority (SCA) & VARA, 2024. 9., MoU on Virtual Asset Supervision.
- Starbucks Coffee Company, 2022, Starbucks Odyssey: A Web3 Loyalty Program.
- Stellar Development Foundation, 2023. 5. 18., "Stellar enables low-cost, fast remittances in Southeast Asia."
- State of Delaware, 2021. 7. 23., Delaware Blockchain Amendment: Legal Recognition of DAO LLCs.
- Swiss Financial Market Supervisory Authority (FINMA), 2018, Guidelines for enquiries regarding the regulatory framework for ICOs.
- U.S. House Committee on Financial Services, 2025. 7. 10., Fact Sheet: Digital Asset Market CLARITY Act.
- U.S. Senate Committee on Banking, Housing, and Urban Affairs, 2025. 7., Fact Sheet: The GENIUS Act Protects Consumers.
- UAE Ministry of Finance, 2022, Federal Decree-Law No. 47 of 2022 on Corporate Tax.
- VARA, 2023, Virtual Assets and Related Activities Regulations 2023.

  , 2023. 2. 7., Company Rulebook.

  , 2023. 2. 7., Licensing Requirements.

, 2023. 2. 7., Licensing Framework.

, 2023, Market Conduct Rulebook.

, 2023–2025, Company Rulebook (updated).

- Washington Post, 2025. 7. 17., "House Passes First Major Regulation for Crypto Industry."
- World Bank & Bank Indonesia, 2022, How to Build a Regulatory Sandbox.
- World Economic Forum (WEF), 2022, The Macroeconomic Impact of Cryptocurrency and Stablecoins.